世运之枢轴
——义宁陈氏家族文化评传

中国现代文化世家丛书（第二辑）

苏克勤 著

郑州大学出版社

图书在版编目(CIP)数据

世运之枢轴:义宁陈氏家族文化评传/苏克勤著.—郑州:郑州大学出版社,2015.12(2016.8 重印)
(中国现代文化世家丛书.第二辑)
ISBN 978-7-5645-2737-2

Ⅰ.①世… Ⅱ.①苏… Ⅲ.①家族-文化研究-修水县 Ⅳ.①K820.9

中国版本图书馆 CIP 数据核字(2015)第 307422 号

郑州大学出版社出版发行
郑州市大学路 40 号　　　　　　　邮政编码:450052
出版人:张功员　　　　　　　　　发行电话:0371-66966070
全国新华书店经销
河南安泰彩印有限公司印制
开本:710 mm×1 010 mm　1/16
印张:18.5
字数:277 千字
版次:2015 年 12 月第 1 版　　　　印次:2016 年 8 月第 2 次印刷

书号:ISBN 978-7-5645-2737-2　　定价:49.00 元
本书如有印装质量问题,请向本社调换

中国现代文化世家丛书编辑委员会名单

◎

主　　编　詹福瑞　党圣元　张鸿声
执行主编　骆玉安
成　　员　（以姓氏笔画为序）
　　　　　马　达　王　锋　王同毅
　　　　　王振羽　王莉娟　孔庆茂
　　　　　叶　新　冯保善　刘士林
　　　　　刘成纪　刘运来　苏克勤
　　　　　李风宇　李道魁　吴　昕
　　　　　何晓红　沈卫威　张　霞
　　　　　张功员　张志林　张鸿声
　　　　　赵金钟　骆玉安　党圣元
　　　　　徐　栩　凌　青　黄　轶
　　　　　詹福瑞
主编助理　张　霞　席静雅

·代总序·
跨越时空的文脉

◎

在中华民族五千年的文明史上,"家"与"国"总是作为一个不可分割的社会有机体相伴而存。历史的长河滚滚向前,更迭不已的朝代衍生的名门望族难计其数。这些显赫家族中的一部分在繁衍存续中以文化为纽带,形成独特的群体,成为文化世家。这些文化世家及其杰出人才为华夏文化的传承与发展发挥过巨大的示范作用,在一定程度上影响着中国历史与文化发展的进程。如:齐鲁大地上以孔子肇始的孔氏世家,享誉儒林两千余年,堪称"中国第一文化世家";义宁的陈氏家族以陈宝箴、陈三立、陈寅恪而负盛名;杭州钱塘的钱氏家族,因千余年来文风昌盛、人才辈出而被誉为江南望族;安徽桐城方氏家族,自明末至今一直享誉文坛,有"中国近世三百年第一文化世家"之称。

改革开放以后,特别是20世纪90年代以降,中国进入新的文化复兴时期,国人比以往任何时代都更加重视科技、教育和文化,也更加珍视人才。事实表明,代表先进文化最高水平的社会群体,正是那些位居学术最高领域的专家、学者等文化精英。中国现代转型以来,那些文化、思想领域的领军人物,在推动社会变革和学术创新等方面贡献巨大。研究发现,这些专家、学者和精英人物,大都出身于文化世家,有着良好的家庭文化背景和丰厚的学养。文化世家所呈现的人才辈出的现象,成为中国现代史上一道亮丽的景观。

在我国文化典籍中,"世家"一词早有所见,其注解也多有不同。《孟子·滕文公下》中出现"仲子,齐之世家也"①之说;《史记》以"世家"记述王侯诸国大事,有《世家》30篇;欧阳修所撰《新五代史》,沿用司马迁《史记》的体例,书中也开举《列国世家》10篇。我国古代王侯开国,子孙世代承袭,所以称世家。后来,人们将世代显贵、以某种专业世代相承的家族或大家泛称为世家。《现代汉语词典》对"世家"有如下3种解释:封建社会中门第高,世代做大官的人家;《史记》中诸侯的传记,按着诸侯的世代编排;指以某种专长世代相承的家族。②

根据研究和多方因素理解,"世家"当指有特殊职业或专长、社会地位显赫,或代表某一领域、阶层特色并世代传承的家族。考虑到文化的特殊性,文化世家则是文化在家庭、家族中长期积淀,并经过多代人不断赓续、传承而形成的特有文化现象,是以家风、家训、家教等文化单元为标志,以家族杰出人物群体为代表的世代相传的家族体系。

现代文化世家则是源自19世纪末,成长于20世纪初,繁盛于20世纪中期并延续至今的,以家族文化传承为基本特色的不同家族的集成。中国现代文化世家总是以家族的一个或多个、能够影响或引领某一时代或某一领域发展的杰出人物为代表,进而形成一个具有浓郁的家族特色、对社会产生广泛而重要影响的群体。

中国现代文化世家的兴起和成长大致在19世纪末20世纪初至今100年多的时间。历史地看,20世纪以来的中国文化留给我们许多值得深思的空间。从1840年至1949年这段充满屈辱的历史,国人经受的痛苦是空前绝后的;然而,这一时期的中国却呈现出文化多姿、人才辈出的局面,所谓"国破山河在,家脉代代传"。这是中国根亲文化的魅力和生命力之所在。

---

① 《孟子》,中华书局2006年版,第142页。
② 《现代汉语词典》,商务印书馆2012年版,第1185页。

实际上，中国现代文化世家的家族脉络根须还可以上溯至300多年前的明末清初时期。那时，中国开始出现资本主义萌芽。商业资本的发达不仅带来经济繁荣和人口大量流动，也促使人们思想的开放和转变。封建的小农经济依然占统治地位，人们在获取有限的物质满足后，在精神上也有了更加新异的追求。特别是到了清朝末年和民国年间，西方列强的入侵和洋务运动的助推，让许多有钱人家对家族的振兴和子女的抚养有了颠覆性的认识。尽管"学而优则仕"的思想根深蒂固，但富家子弟求学读书并非为了单一的科举及第。由于视野的开阔，富裕人家往往不惜重金聘请名师对子女进行一对一的培养，或让年幼的子女体面地进入私塾，或挤进洋人的教堂，甚至远渡重洋，为的是让子孙后代冲出家门，获取更加宽阔的人生发展空间，去施展抱负，光宗耀祖。这样，官富子弟不仅躲避了战乱的袭扰，更能浸染异域文化，从而成就了大批人才。

晚清至民国时期，中国经历了前所未有的动荡局势。一方面，清廷的腐败无能引起民众造反；另一方面，外族入侵加剧了中国的贫弱。社会贫富悬殊，阶层急剧分化。当时的局面是，寻常百姓不仅生活窘迫，甚至生死难测；富豪家族生活安逸，甚至花天酒地，更可破财消灾，让自己的子弟躲避人祸，享受现代优质教育。即使是割据一方的军阀，也往往处心积虑地让自己的亲属弃武从文，期望发迹于文化世家。时局动荡，社会倒退，却难以遏制文化的萌动与繁荣。而乱世时期的富家子弟往往不乏有志之士，他们倾心文化功名，客观上造就了家族文化的繁荣，使文化世家风起云涌。

从人才学的角度进行考察，文化世家的整体成长往往又伴随国运兴衰而行，其历程也往往变幻纷呈，瑰丽多姿。中国的历史就是这么怪异，有时越是动荡不安，文化越是奇异多姿。春秋战国时期是这样，三国两晋南北朝时期是如此，近代的清末民国时期也概莫能外。

20世纪初，中国最后一个封建皇帝被赶出宫廷，伴随频仍的天灾和人祸（战乱和政治腐败），裹挟中西文化泥沙的巨浪席卷中国大地，中国彻底沦为半殖民地半封建社会。民国时期虽时局动荡，军阀混战，但文化却一直未能断裂，反而出现极度繁荣的景观。这一时期，军阀的利益、地盘纷争不断，文化的发展空间相对宽松；军阀的粗野庸俗，反而衬托出文化的精细高雅与尊贵，追求风雅成为时尚，文人地位也随之攀升，这在客观上促进了人才成长和文化繁荣的局面。现有史料足以证明，即使在1928年那样战火纷飞的动荡年月，成立伊始的国民政府中央研究院仍然做着遴选院士的长远计划，并终于在20年后的1948年成功地评选出中国首届81名院士。首届院士不乏文化世家子弟，如梁思成、梁思永兄弟，冯友兰、冯景兰兄弟等。这一现象值得我们研究和探讨。

1949年中华人民共和国的成立，标志着一个新时代的到来。由于时局稳定，加上国家恢复生产和经济建设都亟需大批各行各业的人才，许多流亡于海外的专业人才（多为旧时代文化世家子弟）纷纷回国。他们在参加新中国建设的同时，因为其卓越成就和高尚品德，成为科技文化领域的典范，从而使家族文化成为优化社会环境的重要因素，促进了家族文化繁荣时期的来临。随着时局的动荡变迁，特别是"十年动乱"，许多家庭遭遇灾难，甚至出现家族内部政治斗争，相互陷害、亲情无存、文化割裂；加上中国计划生育政策的实施，家庭结构的变化，家族文化遭遇内外夹击，影响了家族文化的繁荣与发展。时至今日，已经难以见到中国传统家庭四世同堂、子孙满院的格局，而文化的一度断裂，也从根本上影响了文化世家的发展，我们也很难见到20世纪中期那样的文化世家了！

沉舟侧畔千帆过，病树前头万木春。20世纪90年代至今，随着科教兴国战略的实施，中国对科技和人才的重视程度前所未有，迎来了科技发展和人才成长的最佳机遇。同时，随着时局的稳定，和谐社会的发展，人们在享受现代科技带来的现代化便捷生活的同时，也渴望回归自然，怀念旧日民族文化传统。从20世纪乡土文学受到热捧，到同乡会、同学会、恳亲会、姓氏寻根、家谱赓续等活动，无不带有浓郁的中华民族传统文化色彩，同时也为家族文化的凝练创造了良好的氛围。中国家族文化在和谐发展的当世焕发出勃勃生机。

随着人类社会的不断进步，家族文化必然也会有新的发展，虽然嫡亲家族还需等待时日，而松散的家族联系必然也能够成就新兴的文化世家，成为新的人才成长的独特环境。况且，随着国家计划生育政策的调整和综合国力的不断增强，人们生活水平的不断提高，和谐社会的健康发展，新时期中国文化世家也必然会以新的形态呈现并在人才成长链中发挥出榜样和示范的作用。

中国现代文化世家根植于中华民族的肥沃土壤,深受民族文化浸润,有着鲜明的特色。

中国现代文化世家中的家族文化根基源自中华民族传统文化。我们选入的所有现代文化世家,都弥漫着中华民族的文化氛围。不管是新会的梁氏家族,还是无锡的钱氏家族,或者是唐河的冯氏家族、湘乡的曾氏家族、义宁的陈氏家族,他们首先是以中国传统文化为主要特征的书香门第。这些家族的杰出人物不仅有着良好的家风和深厚的家学渊源,而且其中的杰出代表人物从私塾开始多有大师引路,并大都出国留学,深受异域文化的影响,可谓学贯中西,所以在他们身上总能闪现出新异文化的光芒,通透着文化的锐气。如东至周氏家族中的周一良,在其出生的次日,母亲萧琬即患急病猝然离开人世,幸被父亲周叔弢的德国朋友、牧师卫礼贤抱回家让夫人用牛奶喂养了一年才送还周家,再由周一良的三姑母(旧式的文化女性、孀居而又无子女)扶养。周叔弢对儿子煞费苦心,不惜重金请来名宿大儒坐馆家塾。周一良的老师如张悫、毓康、温肃、唐兰等,或为当世鸿儒,或是文化名流,或与"大清天子同学少年"(陈寅恪语),而且还有外籍教师教学外语,使其通晓英、德、日等国语言,后来他成为中国著名的历史学家。又如,义宁的陈氏家族中,陈寅恪是中国现代最负盛名的诗人之一,还是中国现代历史学家、古典文学研究家、语言学家,被称为"清华百年历史上四大哲人"之一。其父陈三立是著名诗人、"清末四公子"之一,其祖父陈宝箴曾任湖南巡抚。因陈寅恪身出名门而又学识过人,在清华任教时被称作"公子的公子,教授之教授"。

综观中国现代文化世家展示的家族文化,有着明显的世代传承特色。每一个家庭中的杰出人物都不是单打独斗的,而是呈现出群英荟萃、相映生辉的局面(这一点在梁启超的子女中展示得更加明显)。他们或是科举精英,或是乱世怪才,有人甚至当上了皇帝的老师(翁同龢曾是同治、光绪两代帝师)。这些家族成员文化层次极高,职业新潮,特色明显。比如东至周氏家族中的周馥为一品监生,周学海为两榜进士的良医,周学熙曾任民国时期的财政大员,周明夔(叔迦)为佛学大师,周绍良是著名的红学家、敦煌学家、佛学家、收藏家和文物鉴赏家,周一良是著名的历史学家。又如新会梁氏家族中的梁启超是国学大师,他的子女梁思顺、梁思成、梁思永、梁思忠、梁思庄、梁思达、梁思懿、梁思宁、梁思礼等,也都成为当世英才。再如唐河冯氏家族的冯沅君、冯友兰、冯景兰、冯宗璞分别在文学、哲学、史学、地质学等方面成就卓著。这些代表人物堪称时代精英,他们从事的职业、徜徉的领域都留下了时代光辉;他们的成果都能够荣登当世的最高境界。他们身上的人文精神也成为时代楷模,激励了一代甚至数代人在人生的道路上健康成长,并在后人的追捧中不断发展、完善。

中国现代文化世家中的家族动辄几十甚至几百年的家族史,在当地声名显赫,德高望重,也大多恭行自律,家教严谨,讲究门风,形成独特的家训。如无锡钱氏家族的"姓钱但不爱钱",常熟翁氏家族的"读书""为善",湘乡曾氏家族的"耕读传家"等。中国现代文化世家以姓氏血缘为纽带,各个家族都有自己严格的宗祠家谱,家族特色明显;重视独特文化的凝练和世代延续,在传承中注重创新。如湘乡的曾氏家族能够在继承中兴名将遗风的同时,不仅人才辈出,还使良好的家风得以传承和创新。家族文化的兴衰与家族精英关系密切,一个家族的文化兴盛与衰落往往都离不开精英人物引领潮头、发扬光大。

中国现代文化世家的兴盛年代处于晚清、民国向现代转型时期,许多世家穿插了家学深厚、贤良德高的优秀女性。旧式中国社会,虽说女性的地位总体不高,但人们往往又把家风的树立、门户的筑垒寄望于良家女子,所谓"妻贤夫祸少,子孝父心宽"。这些家族中的女性不仅践行家族文化,而且以卓越的成就承担起家族文化的传承与创新。那时,相对稳定的大家庭模式和女性主内的家庭管理方式,客观上给女性施展管理才能提供了平台。殷实的家境使妇女可以免于生计所迫,让她们安心在家操持家务,教育孩子;有些女性从幼年开始即经受先进文化的熏陶,接受良好教育,成为女中豪杰。同时,女性受到的良好教育形成更加浓郁的文化氛围,并通过生活中悉心关心幼年家庭成员,以其无微不至的人文关怀、女性崇高的品德和良好的言行举止,影响家族成员健康成长。

在家庭成员成长过程中,女性发挥作用最典型的当属曾氏家族中曾国藩次子曾纪鸿之妻郭筠(字诵芳)。郭筠1岁即由父亲郭沛霖(曾国藩好友)做主许配曾家,12岁不幸丧父,幼年已成曾家女主人。因忙于家务无暇读书,直到和曾纪鸿完婚郭筠才有饱读诗书的机会。更为不幸的是,郭筠34岁又丧夫成寡。令人钦佩的是,郭筠持家教子有方,成为曾家富厚堂拿得起放得下的第一夫人。在富厚堂,曾家子孙几十口人都听她的号令!郭筠写有《曾富厚堂日程》,并有以自己的艺芳馆书斋名目、王闿运作序而传世的《艺芳馆诗存》。郭筠晚年立有6条"家训",策勉男女儿孙谋求自强自立,同时不要求年幼女性缠足,不赞成八股文章,也不愿孙辈去考秀才,却要他们学外国文字,接受新式教育。① 正是曾家有了这位贤惠的郭夫人,才使得曾氏家族能够在曾国藩等长辈虽过世经年仍然呈现一派繁荣昌盛的景象,并且这种景象在传承曾国藩治家精神的同时,又有新的、与时俱进的历史性转变。

中国现代文化世家开放的文化心态使得家族文化深受异域文化浸染,形成文化锐度,易于人才的脱颖而出。由于其时间跨度正处于中国社会的转型时期,时局的动荡、中西文化的碰撞,彻底颠覆了国人一贯的保守矜持、故步自封的性格,生存的需要逼迫他们在被动了解西方文化(其实早期更应该是科学和宗教文化)的同时,审视中国传统文化。他们发挥了自己的聪明才智,溅出奇异的光华,形成高锐度的思想和科学成果。这样,这些家族的子弟往往能够在同一时代、同一群体中或特立独行,或鹤立鸡群,或脱颖而出。

中国现代文化世家的精神动力来自兼容并蓄的开放心态和中西贯通的文化精神,这种精神催生人才的花丛枝繁叶茂;同时,其宽阔的文化视野形成兼容并蓄的文化发展路径,从而使得家族文化总能跟上时代的步伐,文化生命力强健。经济实力的增强往往能够带动精神境界的进一步提高,国家是这样,民族是这样,家庭也同样如此。成长于跨世纪的中国现代文化世家,由于世代显赫,随着经济、政治地位的提高和家族影响力的增强,其文化心态也逐步开阔。其家族代表不仅对中国传统文化批判、审视和合理吸纳,也同时关注西方文化,做到兼容并蓄;同时,新的事物、新的思想也成为他们的关注对象。所以他们总能成为时代的弄潮儿,紧

---

① 岳南:《南渡北归·南渡下》,湖南文艺出版社2013年版,第521~522页。

跟时代步伐,在守成的同时不乏创新,使家族文化具有极强的生命力。现代文化世家群体彰显的中国家族文化,是中国现代文化的主要组成部分。其涵盖的勤奋进取、艰苦奋斗、自强不息、爱国爱家、亲情友谊等人类先进文化的重要因素,将贯通时空,成为民族富强、家庭兴旺、个人成才的重要动力。

"中国现代文化世家丛书"已列入国家出版基金项目。根据策划者的总体目标,这套丛书要汇集20~30个在中国现代史上文化渊源比较深厚、影响力巨大的家族。这是一项内容丰富、任务艰巨的工程。为兼顾学术高度,丛书所选作者大都在各自承担家族传承的研究方面积累有丰富的史料和扎实的学术功底,具有较强的书稿撰写和文化品位把握能力。在承担丛书任务时,他们对前人已有的研究成果认真梳理,并多有创新。这些,都为丛书的品牌形成打下了坚实的基础。

"中国现代文化世家丛书"将影响中国现代历史进程的文化世家集中整理并大规模展示,以史学和传记文学的视角进行研究,意义重大。以家庭作为社会细胞进行文化解剖,以大量鲜活的中国现代杰出人物群体和翔实的史料展示跨世纪文化环境,表现健康向上、和谐进步的优秀文化,必将丰富和创新社会主义先进文化内容,对整个社会产生积极的影响。以展示影响中国历史的文化家族及其杰出人物群体为追求目标,不仅对国人产生示范效应,在世界范围内也会引起关注,从而丰富国际文化内涵,具有更加长远的文化战略意义。以时代、家族、人物作为研究、建设和传播中国文化的方法和路径,不仅创新了文化研究和文化传播的方法,也为民族文化的传承与创新提供了参考依据。深刻挖掘家族文化的伦理内涵,凝练和传承家族文化中的传统文化,通过家族文化与现代文化的冲突与融会,能够全新缔造中国人文精神,丰富国学内涵,推动民族文化复兴。

文化世家中的家族文化是中华民族优秀传统文化的重要组成部分,它源自中国传统文化,又富于创新,是民族文化传承创新的重要典范。从目前关注的这些文化世家看,其之所以能够在所处时代世代显赫,最重要的原因是这些家族沉淀了最精华的民族文化,吸收了最富于生命力的民族精神;同时,这些家族往往又能够冲破中国传统文化藩篱,吸收异域文化精华,其家庭成员往往能够进取守成,跨世系、跨时代延续发展。可以毫不夸张地说,中国现代文化世家的存在和发展,最典型地体现了中国文化的传承与创新。

中国现代文化世家展示的人才群体及其依存的文化形态,是国家和谐文化建设的重要载体。文化世家在历史上的成长和发展,曾经为中国社会的和谐稳定以至崛起发挥重要作用,也是传统文化中不可或缺的构成要素。这些家族中优秀人物的荣辱沉浮以及家族的兴衰变迁,从一个侧面展示了中国近代社会发展的轨迹,透视了中国知识分子忧国忧民的心路历程。我们完全可以通过中国现代文化世家的发展史去了解中国社会生态发展演变的梗概和脉络。

家庭教育、家族文化传承及其凝成的文化环境等对培养和造就杰出人才的重要作用,传承和创新民族文化,在更广阔视野下探寻优秀文化对人才的影响,都是当今不可忽视的文化命题。"中国现代文化世家丛书"首次以家族文化的形式作为切入点,系统挖掘中国传统文化和世界先进文化碰撞产生的独特文化,探究在这一背景下的中国家族文化及其对人才成长、家族兴起、国家富强的影响,推动我国学界对中国现代家族文化的重视和研究,其学术意义非同寻常。

党和国家领导人高度重视包括中国优秀传统文化在内的先进文化建设,确定了文化大发展大繁荣的宏伟目标,肯定了家族文化等优秀传统文化在"文化强国"战略中的基础性地位,倡导传承与创新文化。2013年9月26日,习近平总书记在会见第四届全国道德模范及提名奖获得者时说:"中华文明源远流长,蕴育了中华民族的宝贵精神品格,培育了中国人民的崇高价值追求。自强不息、厚德载物的思想,支撑着中华民族生生不息、薪火相传,今天依然是我们推进改革开放和社会主义现代化建设的强大精神力量。"2015年2月17日,中共中央、国务院在人民大会堂举行春节团拜会,习近平同志发表重要讲话,他明确指出:"中华民族自古以来就重视家庭、重视亲情。家庭是社会的基本细胞,是人生的第一所学校。不论时代发生多大变化,不论生活格局发生多大变化,我们都要重视家庭建设,注重家庭、注重家教、注重家风,紧密结合培育和弘扬社会主义核心价值观,发扬光大中华民族传统家庭美德,促进家庭和睦,促进亲人相亲相爱,促进下一代健康成长,促进老年人老有所养,使千千万万个家庭成为国家发展、民族进步、社会和谐的重要基点。"党的十八大报告中明确指出,"文化是民族的血脉,是人民的精神家园。全面建成小康社会,实现中华民族伟大复兴,必须推动社会主义文化大发展大繁荣,兴起社会主义文化建设新高潮,提高国家文化软实力,发挥文化引领风尚、教育人民、服务社会、推动发展的作用"。中共中央十七届六中全会通过的《中共中央关于深化文化体制改革推动社会主义文化大发展大繁荣若干重大问题的决定》也特别强调:"优秀传统文化凝聚着中华民族自强不息的精神追求和历久弥新的精神财富,是发展社会主义先进文化的深厚基础,是建设中华民族共有精神家园的重要支撑。"

我们试图通过"中国现代文化世家丛书"的出版,并通过遴选出来的在中国现当代具有代表性的文化家族群体,挖掘中华民族传统文化中的精髓,展现中国文化在近代社会的传承与发展,厘清中国传统文化血液流淌和分布的脉络,进而为当下的文化大繁荣大发展提供有益的借鉴和参考,为实现中华民族复兴的梦想发挥积极作用。

骆玉安

2013年10月一稿,2015年8月修改于郑州

目录

楔子

第一章 义宁陈氏话渊流

第一节　义门陈氏溯源考 … 009
第二节　开基义宁陈公元 … 019
第三节　绍亭先生陈克绳 … 025
第四节　凤义乡里陈伟琳 … 028

第二章 海内奇士陈宝箴

第一节　新举人襄办团练 … 032
第二节　海内奇士建奇功 … 037
第三节　宦海浮沉志不隳 … 042
第四节　行新政抚督三湘 … 048
第五节　遽世西山留谜案 … 055
第六节　是非功过任评说 … 062

第三章 诗坛领袖陈三立

第一节　翩翩公子真名士 … 065
第二节　幕后推手擘新政 … 079
第三节　凭栏神州袖手人 … 086
第四节　纵横文坛称诗老 … 097
第五节　忧愤捐世念家国 … 115
第六节　同光领袖称诗豪 … 121

第四章 艺坛三绝陈衡恪

第一节　历逢坎坷命多舛 … 129
第二节　领袖画坛逞雄才 … 138
第三节　三绝名世载史册 … 143

第五章	第一节	留学东西觅新知 … 153
史学大师陈寅恪	第二节	水木清华尊师高 … 162
	第三节	流离南北忙著述 … 171
	第四节	栖身岭表著红妆 … 187
	第五节	一代宗师驾鹤归 … 201

第六章	第一节	学诗晚成陈隆恪 … 213
玉树琼花满庭芳	第二节	风流词客陈方恪 … 224
	第三节	文史名家陈登恪 … 253
	第四节	绿色情缘陈封怀 … 256

第七章
与时俱进启示录——一个
文化世家的绝唱

参考书目…………………………………… 274

后记………………………………………… 277

楔子

◎

现代著名学者型作家钱钟书,借其长篇小说《围城》中的几位重要人物,对中国古典诗歌有过一番评论,并以书香世家子弟董斜川之口,写了这样一段精彩而又经典的情节:

"大学里教你国文的是些什么人?"斜川无兴趣地问。

鸿渐追想他的国文先生都叫不响,不比罗素、陈散原这些名字,像一支上等哈瓦那雪茄烟,可以挂在口边卖弄,便说:"全是些无名小子,可是教我们这种不通的学生,已经太好了。斜川兄,我对诗词真的一窍不通,偶尔看看,叫我做呢,一个字都做不出。"苏小姐嫌鸿渐太没面子了,心痒痒地要为他挽回体面。

斜川冷笑道:"看的是不是燕子庵、人境庐两家的诗?"

"这是普通留学生所能欣赏的二毛子旧诗。东洋留学生捧苏曼殊,西洋留学生捧黄公度。留学生不知道苏东坡、黄山谷,心目间只有这一对苏黄。我没说错罢?还是黄公度好些,苏曼殊诗里的日本味儿,浓得就像日本女人头发上的油气。"

苏小姐道:"我也是个普通留学生,就不知道近代的旧诗谁算顶好。董先生讲点给我们听听。"

"当然是陈散原第一。这五六百年来,算他最高。我常说唐以后的大诗人可以把地理名词来包括,叫'陵谷山原',三陵:杜少陵,王广陵——知道这个人吗?——梅宛陵;二谷:李昌谷,黄山谷;四山:李义山,王半山,陈后山,元遗山;可是只有一原:陈散原。"说时,翘着左手大拇指。鸿渐懦怯地问道:"不能添个'坡'么?"

"苏东坡,他差一点。"

鸿渐咋舌不下,想东坡的诗还不入他的法眼,这人做的诗不知怎样好法,便问他要刚才写的诗来看。……

钱钟书是中国现代学术史和文学史上屈指可数的大家,他在《围城》中借董斜川的狂傲之口,恰到好处地表达了对中国唐代以后古典诗歌的一些基本认识,这种"钱氏笔法"无疑将清末和民国时期古典诗人的桂冠戴在了陈散原的头上。而钱钟书借董斜川之口的这番议论,既可以说是他对陈散原的尊敬与推崇,又可以说是清末和民国时期文坛及学界对陈散原的一个基本共识。

陈散原,即陈三立,别号散原老人,江西义宁州人,系清末维新改革家、湖南巡抚陈宝箴之子,艺术巨匠陈衡恪、史学大师陈寅恪之父,也是义宁陈氏家族中众多俊杰中的代表人物。义宁陈氏家族一门数代,组成了一个强大的家族文化方阵,被世人尊崇为义宁陈氏文化世家。

作为文化世家的义宁陈氏家族,封疆大吏、湖南巡抚陈宝箴是这个家族的真正发迹人,他的长子、诗坛领袖陈三立在这个家族中起着承上启下的重要作用,而他的孙子陈寅恪则是这个家族中最为辉煌夺目的一颗明星,并将义宁陈氏家族的文化推向了极致,其他诸如陈衡恪、陈隆恪、陈登恪和陈封怀等人,也都如众星拱月一般,分别成为这个文化世家中的一个个亮点,各自闪耀着光芒。

与义宁州毗邻不远的九江,简称"浔",古称柴桑,又称江州,亦名浔阳,或称浔州,地处三江之口,有"七省通衢"之誉,是赣北的门户,这里是东晋时期大诗人陶渊明（365—427）的故乡。这位在中国文学史上具有里程碑式意义的诗人，不但对中国文学史影响深远，而且对义宁陈氏家族也影响至深。但对义宁陈氏家族影响更大的则是陈氏家族的宁州同乡、宋代诗坛巨擘黄庭坚（1045—1105）。

东晋的陶渊明与宋代的黄庭坚，两人均为中国文学史上屈指可数的大诗人，对当地的文化教育事业都产生了极其深远的影响。陶渊明是义宁陈氏祖辈敬仰的大诗人，陈宝箴、陈三立都曾有在陶渊明的故乡栗里置地建房、与陶翁结邻而居的想法，但后来都因故未果而成为憾事。直到1929年秋冬之际，陈三立方才告别繁华的都市生活，息影庐山，居此数年，了结了他平生愿与陶翁结邻的夙愿。而陈三立的儿子隆恪、孙子封怀等，先后也都曾在庐山工作过。九江庐山，义宁陈氏家族祖孙四代都曾在此留下一段难以抹去的人生印记，这其中的缘由不是几句简短的话所能道尽的。

与九江相距不远的修水，古称宁州，后改称义宁州，尽管这里地处丘壑纵横的偏僻山区，却是一个人文荟萃、俊彦辈出的"文章奥府"，因而人们便称这里是"濂溪弦铎之地，山谷桑梓之乡"。宁州籍大诗人黄庭坚在《道院记》中就称："有泰伯、虞仲、季子之风，故处士有岩石之雍容，有屈原、宋玉、枚皋之笔，故文章有江山之秀。"同为宋人的吴曾，在《能改斋漫录》中也称："分宁虽深僻险绝，然代出伟人。"古代宁州一向文化发达，名人辈出，其中尤以大诗人兼大书法家黄庭坚最为知名。双井村，是宋代江西诗派鼻祖黄庭坚的故乡，这里距义宁陈家所居的竹塅村仅20公里，赵宋一朝，仅双井村一地就走出了48名进士、108名举人，所以，清代《同治义宁州志》称此地"地灵人杰，古艾多贤"，又云"自古文风鼎盛，有文章奥府之称，虽偏深险僻而代出伟人"。

《嘉庆一统志》中载："黄庭坚宅在义宁州西二十五里，双井北岸，有永思堂，旁有钓台，下有水曰'明月湾'。"黄庭坚与苏东坡同为宋诗的主要代表，他还是"江西诗派"的开山之祖，而江西诗派又是宋以后的最大诗派，文人骚客宗学法程者，代不乏人，颇为兴盛。在众多的江西诗派俊杰中，黄庭坚以后最为杰出的人物则莫过于陈三立。

古代的义宁州地处偏远山区,在全国的名声原不甚响,却因在北宋时走出了著名文学家、书法家黄庭坚而名扬海内。自黄庭坚以后,到清朝末年,这里又走出了一位名震寰宇的大诗人陈三立,使义宁州的声誉再度鹊起并显耀于天下。陈三立,即陈散原,他一生最为人称道之处主要在以下两个方面:其一,他在壮年时期赞画其父陈宝箴推行湖南新政,使湖南省的风气为之一变,面貌也焕然一新,俨然成为全国之冠;其二,他在淡出政坛后,潜心于诗文著述,并以实绩而被称为当时屈指可数的古文名家之一,又与郑孝胥、陈宝琛、陈衍等以同光诗派领袖的身份显耀于文坛。清末至民国时期的同光诗派,可与八百年前的江西诗派相媲美,二者相映生辉,而陈三立则是公认的同光诗派的领袖,为人钦仰,为世所尊。从这个意义上来说,中国古典诗歌最后的代表人物当数陈三立。因此,日本汉学家又将陈三立称为中国古典诗歌的"最后殿军"和"末路英雄"。

陈三立是清末至民国时期"同光体"诗派的领袖,与宋代大诗人黄庭坚为同乡。而出生于分宁县双井镇的宋代前贤黄庭坚,无论是诗歌创作,还是德行人格,对陈三立都产生了直接的影响。对于故乡的这位前辈先贤,陈三立少年时代对他就推崇备至。光绪二十八年(1902),陈三立在《肯堂为我录其甲午客天津中秋玩月之作诵之叹绝苏黄而下无此奇矣用前韵奉报》诗中写道:

> 吾生恨晚生千岁,不与苏黄数子游。
> 得有斯人力复古,公然高咏气横秋。
> 深怀犹惜长谈地,大月难窥激骨忧。
> 旷望心期对江水,为君洒泪忆南楼。

由此可以看出陈三立对黄庭坚的尊崇之高。从陶渊明到黄庭坚,其间约700年;从黄庭坚到陈三立,其间约800年。这三人都可以说是中国文化史特别是中国文学史上具有里程碑式的重要人物。

义宁陈氏家族声名显赫,源远流长,特别是自陈宝箴之后,相继又涌现出陈散原、陈衡恪、陈寅恪、陈封怀等卓越人物,被尊为"义宁陈氏五杰",他们对中国近现代文化的发展影响甚巨,意义重大,自可光耀千秋,名垂青史。义宁陈氏家族除了这五杰外,尚有陈隆恪、陈方恪、陈登恪等众多的学人,他们在各自的领域也都学有专攻,蔚然有成,建树颇丰,被人仰慕,为人称道。正所谓"陈氏一门,四代英才""义宁陈氏,一门四杰""义宁陈氏,五杰并出"。义宁陈氏家族当仁不让地称得上是中国近现代著名的文化世家。

巍巍华夏,钟灵毓秀,物华天宝,人杰地灵。在漫长的五千年文明史中,曾涌现出众多卓有声望的文化世家,其中最知名的有山东曲阜孔子世家、浙江钱塘钱氏家族、安徽桐城方氏家族等。而近现代文化世家更是浩如繁星,不胜枚举,江西义宁陈氏家族是其中之一。大型工具书《辞海》,祖孙三代皆列其中并做专条介绍且独占四人者,泱泱中华独有义宁陈氏一家。这充分说明了义宁陈氏家族在中国文化史上所占有的崇高地位。

其实,江西义宁陈氏家族是地地道道的移民,从这个家族中走出来的文化智士,与中国历史上的文天祥、袁崇焕、洪秀全、刘永福、冯子材、黄遵宪、孙中山、朱德、叶剑英、郭沫若、林风眠等人一样,也都是地地道道的"客家人"。

在中国众多的近现代文化世家中,义宁陈氏家族与广东新会的梁氏(梁启超、梁思成、梁思永)家族,是其中优秀的代表,这种典范作用堪称中国近现代文化世家中的"双子星座"。在中国近现代文化发展的进程中,陈氏家族和梁氏家族这一"双璧"具有重要的、不可替代的典型意义。这种典型意义不仅表现在学术领域,还表现在政治、经济、军事、交通、文学、艺术、历史等许多方面;不仅体现在学术层面,还集中体现于对学术发展趋势的把握和学术精神的追求。在对学术发展趋势的把握上,陈、梁两家有着颇多相似之处:立足传统,融会新旧;与时俱进,学贯中西。这两点均为陈、梁两家所共有,却是许多文化世家所不具备的,也是陈、梁两家有别于其他文化世家的重要特征。尽管义宁陈氏与新会梁氏各有千秋,但在对学术的追求上,义宁陈氏似乎又要高出新会梁氏一筹,这集中体现在陈氏家族的学术代表陈寅恪的身上——独立之精神,自由之思想!

作为中国近现代史上屈指可数的文化世家,义宁陈氏家族所经历的文化传承过程,有其曲折而又独特的历史。近现代的义宁陈氏家族史,不但折射出中国近现代历史文化的起伏进程,而且折射出中国近现代历史发展的关键所在。基于此,义宁陈氏家族在传承中国传统文化学术和伦理道德观念上,以及对中国近现代的政治、经济、文学、艺术的发展上,也都产生了积极和深远的影响。特别是在陈宝箴崛起后,义宁陈氏家族历经数代而不衰,实可以说是满门英杰,俊彦辈出,兼以桃李众多而誉满天下。所以,吴宓在《读〈散原精舍诗〉笔记》中就称赞陈氏家族"一家三世,为中国近世模范人家……父子秉清纯之门风,学问识解,惟取其上,所谓文化贵族。降及衡恪、寅恪一辈,犹然如此,诚所谓君子之泽也……故义宁陈氏一门,实握世运之枢轴,含时代之消息,而为中国文化与学术德教所托命者也"。

古人称"地以人显",又称"人以地名"。我国古代以人、地合称的美名甚多,如杜甫称"杜少陵",韩愈称"韩昌黎",黄庭坚称"黄双井"等。而对于江西义宁陈氏家族的成员,清末民初即有人称陈三立为"义宁公子";民国年间的学界又称陈寅恪为"义宁先生",同时还称陈寅恪的著述和学术为"义宁之学",而关于陈寅恪的人格及其思想则又被后人称为"义宁精神"。因此,作为一个文化世家的徽号,"义宁陈氏"或"义宁陈氏家族"早已是声名远播。

中华文明史不仅孕育了众多出类拔萃的俊彦英杰,同时也涌现出具有很高文化含量的书香世家。这些文化世家源远流长,人才辈出,子孙相传,薪火不断,又犹如一颗颗璀璨夺目的明珠,镶嵌在中华历史发展的长河之中,丰富了华夏民族的文化宝库。江西修水桃里乡竹塅村的陈海陵所辑录的《纂辑各种对联》中,曾载有陈三立撰写的《题陈氏宗祠联》。云:

颍水溯真源,二千年积善累基,文范至今光史籍;
江州缅遗迹,百八庄同宗别派,义门终古衍家传。

陈三立这副对联,不仅简要说明了义宁陈氏家族的来龙去脉,也道出了陈氏家族的文化传承历史。名满天下的义宁陈氏家族,既是中国近现代史上众多文化世家中的光辉典范,也是中国近现代文化史上一道独特而又靓丽的风景线。

第一章 义宁陈氏话渊流

◎

江西省义宁州泰乡七都桃里竹塅,即今江西省修水县义宁镇桃李片区竹塅村,是义宁陈氏家族的故乡。

"西接洞庭开晓楚,东倾彭蠡浸晴吴。"这是形容江西修水的一句古诗。修水县,古称艾邑,后置宁州,再改为义宁州,位于江西省西北部,地处江西、湖北、湖南、安徽四省交会地带,是赣西北的门户,作为"吴头楚尾"的义宁州,自古就是兵家必争之地,战略位置十分重要。对此,义宁陈氏家族的真正发迹人陈宝箴,在《记义宁州牧叶公济英御城死难事》一文中就称:"(义宁州)居江楚之交,实为江西之门户。"在《义宁同仇录·序》中,陈宝箴又写道:"(义宁州)崇山峻岭,形势险要,阴江楚冲,错接楚壤。武昌不守,则江西陆路门户实资管钥焉。"晚清时期著名政治家、思想家、外交家郭嵩焘,在《诰赠光禄大夫陈琢如先生墓碑铭》中也云:"义宁以一城,扼江楚之冲。"

义宁州地处山区,境内群山环绕,沟壑纵横,中间则是低山起伏,丘陵遍地。梅中生1991年10月主编的《修水县志》,对这里的地形曾有如下描述:"修水县,位于江西省西北部修河上游。居幕阜山脉和九岭山脉之间,与湘、鄂毗邻,新石器时代晚期即有人类在此生活。商封艾侯国,春秋为艾邑,先后属吴、越、楚所辖。汉建艾县,隋代并入建昌县,唐代为武宁县,德宗贞元年间析武宁县西八乡置分宁县,唐、宋两朝均为上望等级的泱泱大县。元代升为宁州;清嘉庆六年(1801)改名义宁州。宣统二年(1910)划出县南一部分另设铜鼓厅,民国元年(1912)称义宁县,民国三年(1914)改称名修水县,1985年归九江市管辖。"1914年,义宁县易名为修水县并沿用至今。

晚清以降,义宁州的陈氏家族中相继走出了众多的文化名人,堪称中国近现代史上文化世家的光辉典范,也是文化家族个案中值得深入研究的一个重要课题。

第一节 义门陈氏溯源考

陈姓是中国卓有声望的一个大姓,名列中国第五大姓,总人口约6130万人,占全国总人口的4.6%左右。作为中国近现代史上声名显赫的文化世家之一的义宁陈氏家族,他们的祖先来自于北方的中原地区,后历经辗转播迁才在江西修水落户,所以这个家族还是名副其实的"客家人"。

关于陈氏家族,口碑相传有这样一首俚诗:"陈氏遍天下,淮阳是老家;陈姓八千万,始祖皆胡公。"俚诗中所称的"胡公",即陈氏家族的受姓始祖陈胡公,也即陈妫满。

史载,中国陈姓基本都源于虞舜,因此虞舜可以说是陈姓家族的鼻祖。舜名列三皇五帝之中,名重华,字都君,生于姚墟,故以姚为姓,后在南巡时病卒于苍梧,葬于九嶷山。但是,陈姓的受姓始祖则是商末周初的妫满。妫满是虞舜之第33世孙,乃周文王的好友阏父之子。

关于义宁陈氏家族起源乃至繁衍流变,身为陈氏传人、义宁陈氏家族的真正发迹人陈宝箴,在光绪二十一年(1895)为义宁州怀远客家陈姓重修《义门陈氏宗谱》的序中,说得甚为明白,他这样写道:

吾宗陈氏,出自有虞。《说文》:"舜居姚墟,因以为姓。"《左氏传》称,陈胡公立,周赐之姓。推本舜居妫汭之文,以妫为之姓。更历战国及秦,子孙遂以国,相衍为陈氏,名贤魁杰相嬗不绝。今追溯旧谱,自胡公传至吾宗旺公,盖七十有五世,皆远有端绪可寻。然则吾陈受姓之由,其源流固尤远哉,始陈氏在汉居颖(颍)川,至文范先生而世益显,由是以颖(颍)川为望族。更三十有二世至旺公,著籍江州,即所称"义门陈氏"也。传十世至宋进士曰魁公者,实始挈眷九十七人自江州徙汀洲(州),为入闽之始迁祖。魁公子五人,传十一世,乃复由闽播迁,散处粤东、江右、楚南诸郡县,遂各以近代迁祖起一世。

吾义宁之宗,十八郎公之后居多,则魁公第五子峰公裔也。入国朝,嘉庆甲戌肇修谱牒。至咸丰乙卯,二次纂修,吾宗之长、前福建安溪知县文凤、与宝箴实与其役,乃合子姓之居义宁、武宁、奉新三邑者,证以宋时嘉祐谱,条列而编辑之。①

一、鼻祖重华公舜帝

民国三十二年(1943)重修的光义堂《义宁陈氏宗谱》记载,商朝末年,周文王姬昌与有虞氏之32世孙阏父友善,因重其为人,故将自己的长女大姬(太姬)嫁给其子妫满为妻。

阏父是有虞氏的后裔,其鼻祖为三皇五帝之一的虞舜。史载,虞氏部落原生活于北方黄河流域的蒲坂②,舜是这个部落的首领。

而在比舜更早的黄帝时期,陈锋氏部落因与黄帝部落是姻亲关系,于是后来也便成了黄帝部落中的重要一支,黄帝的孙媳和曾孙媳也都以陈为姓氏,并来自于陈锋氏部落。陈锋氏部落原生活于今天的陕西宝鸡陈阪一带,其后裔在随黄帝部落的东行大迁徙时,先迁至蒲坂,再迁至宛丘,是谓陈州之山。

---

① 此序实际上写于光绪二十年(1894)冬月谷旦。
② 蒲坂,位于今山西永济黄河东十里,也称蒲州,这里过去曾长期是并州河东府的治所,古城遗址现仍可觅。

《史记》中载，黄帝与西陵氏之女育有三子：昌意、玄嚣和龙苗。昌意之子高阳氏颛顼继黄帝之位；玄嚣之孙高辛氏帝喾又继颛顼为帝；龙苗这一支则南下定居，是为南蛮百越之祖。帝喾娶陈锋氏之女为妻，生子放勋；又娶娵訾氏女，生挚。帝喾崩，而挚代立，挚以不善①，放勋继之，史称帝尧。

尧晚年寻找继承人时，得四岳之荐称舜颇有孝行，遂欲传位于舜。舜即黄帝九世孙。②

舜是一个德才兼备的君子，他幼年丧母，其父续娶，继母不慈，他却逆来顺受，并以孝闻名天下，后为尧帝所重而举之为帝，且将自己的两个爱女娥皇、女英都嫁他为妻。

舜执政后，以禹为司空，契为司徒，皋陶为司寇，倕为共工，益为虞，夔为典乐，龙为纳言，天下为之大治。后来，舜南巡时病逝于苍梧，葬于九嶷山。舜代尧帝11年，在位39年。故郑樵在《通志·氏族略》云："虞有二姓，曰姚曰妫。因姚墟之生而姓姚，因妫水之居而姓妫。"司马迁所作《史记》，载舜之谱系如下：

黄帝→昌意→颛顼→穷蝉→敬康→句望→桥牛→瞽叟→虞舜

司马迁的《史记·陈杞世家》开篇即称："陈胡公满者，虞帝舜之后也。昔舜为庶人时，尧妻之二女，居于妫汭，其后因为氏姓，姓妫氏。舜已崩，传禹天下，而舜子商均为封国。夏后之时，或失或续。至于周武王克殷纣，乃复求舜后，得妫满，封之于陈，以奉帝舜祀，是为胡公。"公元前2070年，舜传位于禹，禹又传位于其子启。启即位后，建立夏朝，此前的禅让制从此变成了"家天下"。夏朝初年，禹封舜之子商均于虞，故址在今河南省虞城县西南，史称有虞氏，后称虞国，这里至今尚存商均墓并保存完好，墓址所在村名亦曰"商均村"。而居于妫水的另一支舜后裔则被夏王远封于遂，故址在今山东省宁阳县西北，是为虞遂。

---

① "不善"，一解为其行恶，一解为早崩。
② 上古传说中的帝王谱系说法不一，兹依此说。

商灭夏后,改封虞遂于陈,此地为上古太昊伏羲之故都,也是尧的母亲陈锋氏部落的故地,名曰宛丘,又名陈州之山,在今河南省淮阳县东南。所以又可以说,妫姓陈国诞生于商朝。

二、陈姓始祖陈妫满

公元前1046年,周武王伐纣灭商,建立周朝,又封商均之后裔妫满于陈,以取代原来虞遂及其后裔的封地。妫满的父亲阏父,本是周文王姬昌的密友,又是舜之第32世孙(即第33世),因此,妫满也即舜之第33世孙(第34世)。

也就是说,自舜帝到满公之间还有一个相当长的历史时期,据陈立钦《中华陈氏源流》中记载,其发展源流约略如下:

虞舜→商均→箕伯→强余→虞颉→虞思→有龙(友龙)→寿肸→叔仪→康仲→但妫→发公→妫方→振公→维公→寿固→敖公→胜公→元捷→偃公→姑猛→公允→蔺公→填叔→野公→无致→菑公→叔止→献子→业寿→原寿→梦延→阏父→满公

阏父是商、周之际有名的制陶专家,他为人正直,德才兼备,且以制陶有功而深得文王器重,文王因重其人,故将自己的长女太姬(也名大姬,又称元女)嫁与其子妫满为妻。所以,文王与阏父是在朋友的基础上又成了姻亲之家。文王次子姬发伐纣灭商后,称武王,封阏父之子妫满于宛丘,是为陈侯之国,史称陈满。如此说来,妫满与周武王成了亲密的郎舅关系。① 故《世本》中载云:"周武王封舜裔妫胡公满于太昊之墟,子孙以国为氏。"《史记·陈杞世家》中也载:"至于周武王克殷纣,乃复求舜后,得妫满,封之于陈,以奉帝舜祀,是为胡公。"就这样,妫胡公满便成了陈国的第一代君主。此外,武王还封黄帝之后裔于蓟,尧之后裔于祝,再加上封舜之后裔于陈,故有"三恪"称谓,表示姬周家族未将黄帝、尧、舜这三家

---

① 妫满墓至今仍保存完好,址在河南省淮阳县柳湖,当地人俗称为"铁墓"。

的后裔视为周朝的臣子,而是尊为周朝的客人,"三恪"之家因而受到了周王室的敬重。

妫满的封地宛丘,古称陈州之山。陈满受封于此后,是为陈国,其后裔也便冠以"陈"姓,故有"天下陈氏自宛丘"之说。

周成王九年(前1034),妫满病殁,谥胡公。胡公被陈氏家族的后裔称为受姓始祖,或陈氏受姓大始祖,陈氏后裔后来也都以他的封地"陈"为姓,故史称妫满为"陈满",也称"胡满",又尊其为"满公""胡公"或"胡满公"等。胡公后裔中除陈姓这一大姓外,还有以其封地、名、号等为姓者,如袁、田等58姓,皆尊奉胡公为受姓始祖。

胡满受封于陈,这是陈氏家族冠"陈"为姓氏的最早源头,陈姓也便来源于此。其后,陈氏家族中又有不乏功名卓著者。故司马迁《史记·陈杞世家》中又称之曰:"舜之后,周武王封之陈,至楚惠王灭之,有世家言。"

三、复姓之祖陈田轸

西周时期,地处沃野中原的陈国,因系周武王的嫡系亲戚,且又是贤惠的妫满、大姬(太姬)夫妇所创下的基业,国位二等,爵位为侯。陈国政治开明,物产丰饶,国泰民安,但到了春秋初年,陈国却数度发生动乱,导致元气大伤,日渐式微,从此一蹶不振,等到了陈国最后一个君主陈潜公(也作陈闵公)时,于周敬王四十年(前480)竟被后来居上的楚国一举消灭,陈国从此亡国。

陈国自建立开始,到陈潜公亡国止,其间历20世、26王,共588年。从此,陈国由西周时期的一个强盛诸侯大国变成了仅有方圆百里的小县。陈国虽然灭亡了,但因此地是陈姓家族的发祥地,故历史上一直都沿称这里为"老陈户"。

进入春秋时期,陈国历经内忧外患,国力渐弱。宣公二十一年(前672),也即齐桓公十四年,陈国太子御寇在内讧中被杀,陈国动乱再起。大夫陈完,系胡公之第11世孙,原为陈厉公之子,因与太子御寇相善,故惧祸及己身而投奔齐国。陈完到齐国后,为了生存,隐姓埋名,改称田姓①,并以才被齐桓公举为工正,殁后谥敬仲,史称陈敬仲,或曰田敬仲。自齐桓公以后,陈完的子孙均在齐国为官,任齐国的大夫、相国等要职,翼羽渐丰,权倾朝野。公元前392年,田完10世孙田和,将名义上的齐康公迁至海边一小城"监护"起来,并托魏文侯代他向周天子请求按此前"三晋"之例封其为侯,周安王见田氏势力炙手可热,不能强拒,遂于公元前386年正式封田和为齐侯,田氏齐国政权由此建立。田和代齐后,也按原齐国始祖姜太公之俗,称太公,史称田齐太公。从此,姜姓齐国政权便被田氏取代,仍名齐国,是为田齐。田和建立田齐政权后,一直到其孙齐威王时,数十年间都是最强大的诸侯,为战国七雄之一。

秦王政二十六年(前221),强秦一举消灭田齐政权,并于是年统一中国。当时,齐国最后一位君主田建投降,迁徙于共(今河南省辉县市)。田建育有三子,国破以后,长子田升、次子田桓均改为王姓,唯独少子田轸在国未亡前即南下奔楚,被封为颍川侯,徙居颍川(今河南省禹州市),并恢复祖上原来的陈姓,成为颍川陈姓始祖,又称陈姓复姓之祖。

齐国灭亡后,齐国的一些旧贵族并未易姓,暗地里从事反秦大业,其中最为有名者为齐王田儋、田建之弟田假、田儋之弟田荣、田儋之子田市、田市部将田都。此外还有田安、田横等人,他们都未恢复陈姓,故后来又有"田陈是一家"之说。

陈轸有子陈婴,曾任秦朝的东阳令史;陈婴之子陈余,即楚汉争霸时颇有声名的成安君,楚汉争霸时以才拜为赵国之相,后来也被封为颍川侯。

陈余育子陈轨,陈轨育子陈审,陈审育子陈安,陈安育子陈恒,陈恒育子陈愿,陈愿育子清、察、齐、尚四人。陈齐之子陈源,陈源生有数子,以陈寔最为有名。

四、郡望之祖陈仲弓

陈寔(104—187),字仲弓,东汉豫州颍川郡许人,即今河南省长葛市

---

① 一说陈完从其母亲田氏之姓,古代陈、田同音。

东古桥乡陈故村,因曾做过太丘长,故世称"陈太丘",系陈满公之第42世孙,为颍川陈氏之祖。

陈寔是个志行高洁的人,素"以节义风四方",在当时声名很大,为朝野所尊,故有"宁为刑罚所加,不为陈君所短"之说。东汉灵帝中平四年(187)八月,陈寔病卒于家,享年84岁,谥文范先生,后来还被朝廷追封为颍川侯,可见声誉之隆。陈寔育有六子,分别为纪、夔、洽、谌、休、光,均有贤德之名,其中尤以长子陈纪(字元方)、四子陈谌(字季方)最为特出。元方、季方兄弟俩的学行不相上下,难分轩轾,故长者难为兄,次者难为弟,时有"难兄难弟"之称,成语"难兄难弟"也便由此而来。陈寔与子陈纪、陈谌,父子均孚望郡里,名播天下,以节义德行显于当世,故时人又称他们父子三人为"三君"。陈谌因病早卒,陈纪则历任中郎将、侍中、平原相、太仆、尚书令、大鸿胪等职,71岁时去世,称得上功德圆满。陈纪的儿子陈群,后来曾任魏国司空兼录尚书事,深为曹操、曹丕、曹睿祖孙三代所重,声名显赫,权倾一时。范晔的《后汉书》(六十二卷)、陈寿的《三国志·魏书》(二十二卷),对陈寔、陈纪、陈群祖孙三代的家事私行多有备载,兹不赘述。

陈寔素有贤名,以德才闻名于世,后被冠以颍川陈氏家族的郡望之祖,故颍川陈氏家族后裔修谱时常常用"颍川郡望"的徽号,后面再加以支系、堂号等称谓。在陈氏家族的三恪堂、绳武堂、存诚堂、德星堂和德聚堂中,陈寔还被尊为德星堂、德聚堂的始祖,而这些后裔往往也都以"太丘德望,颍水继流"为自豪。

五、义门始祖陈旺公

陈氏家族是一个人口众多的大姓,仅郡望即多达11个,分别是颍川、广陵、河南(洛阳)、下邳、东海、汝南、武当、新安、庐江、冯翊、余姚等,其中尤以颍川最为知名。

三国时期的陈谌,有子陈忠,曾任青州刺史,陈忠育子陈佐、陈和,陈佐育子陈准、陈徽。陈准,字道基,晋时曾官至太尉要职,封广陵元公。陈准之子陈伯眕,西晋末年渡江南下,寓居曲阿(今江苏丹阳)新丰湖。陈眕之子陈匡，陈匡之子赤松、世达。陈世达任长城县令时，徙家寓居于此，他这一支后来出现了一个赫赫有名的人物陈霸先，为南朝时期陈朝的开国之主。

陈霸先系豫州颍川陈轸之后裔，因功被南朝梁敬帝封为陈王。梁敬帝太平二年（557），陈霸先废敬帝自立，国号曰陈，定都建康（今江苏南京），年号永定。陈霸先殁后谥武，史称陈武帝，庙号陈高祖。陈叔宝祯明三年（589），隋文帝遣大将韩擒虎率军南渡长江，一举灭掉了陈朝。

隋灭陈后，陈后主叔宝与其弟叔明等众多皇室宗亲俱被隋军裹挟到了长安。此时，庞大的陈氏家族步入了短暂的灰暗之期。

唐代隋后，原陈朝宜都王陈叔明玄孙陈兼，于唐玄宗初年进士及第。陈兼重孙陈环任临海县令，携家避难于福建仙游（今福建莆田）。陈环育有六子，其第五子伯宣复携家走出福建，徙至江西匡庐龙潭窝隐居下来。

陈伯宣之子陈檀，曾任福州刺史；陈檀之子陈旺，字元相，人称"旺公"，于唐文宗太和六年（832），又携家从庐山龙潭窝迁至江州德安县太平乡常乐里永清村艾草坪，即今江西省德安县车桥镇义门陈村。

陈旺携家播迁至德安县，这是陈氏家族发展史上的一件大事。从此，生活于江州义门的陈氏家族便称为"义门陈"，而作为"义门陈"家族史上的重要人物陈旺也被"义门陈"后裔称为开山之祖。

陈旺是胡公陈满之第74世孙，他后来被尊为义门陈氏家族的始迁之祖。对于先祖陈旺率族播迁江州这段史事，义门陈氏家族不但有许多美丽的传说，且族谱中也都有相应的记载。

唐僖宗因感念江州陈氏家族义聚一堂，赐"义门陈氏"四字匾额。这便是江州义门陈氏的由来。

据何光岳的《中华姓氏通书》中的"陈姓"记载，义门陈氏家族的发展谱系要略如下：

陈文赞→陈谈先（其弟陈霸先、陈休先）→（陈蒨）、陈顼→（陈叔宝）、陈叔明→陈子高→陈才→陈蕴圭→陈当→陈京→陈褒→陈灌→陈钰→陈环→陈伯宣→陈隐→陈旺

六、入闽始祖陈魁公

唐末五代至赵宋一朝,前后历经约300年,江州义门陈氏家族多达3900余口,有田庄300余处。早在北宋仁宗嘉祐七年(1062),赵宋王朝即担心陈氏家族"朝野太盛"会危及朝廷,遂颁旨陈氏家族分庄,当时还派朝官监督执行。最后,"义门陈"分迁到全国72个州郡、144个县,大小291个村庄。于是,庞大的"义门陈"家族从此分枝散叶,迁到全国各地落户分居。对此,学者刘经富先生在《义宁陈氏家史述略》中写道:

旺公十世孙,宋进士曰魁公者,携眷生五子,曰崑、崙、嵩、岳、峰,兄弟同居宁化之石壁寨藤坳陈德村,传十二世,复由闽播迁,散处粤东、江右、楚南诸郡县。峰公十二世孙曰中兴,中兴生子十八人,后世称十八郎公。其中十一郎公字扶桑,由宁化迁广东潮州,再迁福建杭邑之来苏乡中都林坊。后世遂尊十一郎公为杭邑一世祖。扶桑公再传十七世即为鲲池公。

刘经富先生文中所称之"旺公",谱名陈旺,即江州义门陈氏之开山始祖,也是后来于1062年江州义宁陈入闽始祖陈魁的第10世祖。也就是说,陈魁系陈旺公之第10世孙,也即胡公陈满之第84世孙。

《义宁陈氏宗谱·世系续考》载:"(魁公)自江州义门挈眷九十七人入汀州庄,是为迁闽始祖,溯满公至魁公乃八十四世。"汀州即后来的长汀县,而魁公携家所居之汀州庄,其具体地点便是宁化县石壁寨陈德村。

陈魁是进士出身,颇有声名,世称"魁公"。他这一支分庄时迁至福建汀州庄落户。所以,陈魁便成了陈氏家族的"迁闽始祖",又称"入闽之祖"。

陈魁携家迁居福建汀州宁化后,育有五子,谱名分别是:崑、崙、嵩、岳、峰。而义宁竹塅陈氏家族便是第五子陈峰这一支的后裔。

七、上杭始祖陈扶桑

陈魁之子陈峰,陈峰后传11世而至陈中兴。陈中兴育子18人,号称

"十八郎"。由于这时家庭庞大,人口众多,汀州宁化县石壁寨陈德村的生存空间日渐缩小,遂再次析家分居,由福建汀州分别迁往广东、湖南和江西等地。其中,第十一郎谱名扶桑者,在离开福建宁化后迁至广东潮州,旋又从广东潮州回迁福建,最后在福建汀州上杭县来苏乡中都林坊落户定居。

陈扶桑,世称扶桑公,是陈魁公之第13世孙,胡公陈满之第97世孙,因他率家从福建宁化迁至广东潮州,复从潮州回迁至福建上杭,故他这一支的陈氏后裔便尊其为"上杭一世祖",亦称"上杭始祖"。而江西义宁竹塅的陈氏家族就是十一郎陈扶桑的直系后裔。至此,距义宁竹塅的陈氏家族便越来越近了。

陈扶桑后传15世至陈文光,陈文光即胡公陈满之第112世孙。

陈文光(1677—1733),字君里,号斗垣,以耕种为生,间或读书,后被朝廷赐秩八品。他与夫人刘孺人育有三子,分别是公远、公元、公升(即公远、腾远、芳远)。《陈氏宗谱》中称:"文光大人所谓安贫乐道、承先裕后之较著者,先世业诗书,多上达,……公性敏好学,诸子百家书罔不搜览,年未冠,处贫婆,耽读于家之'淡然轩',以古人功名事业相期许,德配刘氏挑灯佐读,纺声、书声唱和于五夜鸡鸣时……"①

陈书洛在《文光先生原配寿母刘孺人传》中称:"文光公学博家艰,友教四方,馆居日多,而家居日少。"陈文光嗜书好学,勤奋自勉,常常手不释卷,并多有心得。关于他的著述,姜逢迎在《陈公文光先生传》中写道:"所著《寡过录》《敦孝格言》《小窗语林》等篇,足以挽颓风而敦古道,有益于世教人心大矣。"

关于陈文光的生平事迹,另见于陈渥川所撰的《陈公斗垣老叔大人暨德配刘太孺人合墓志铭》。

清朝前中期,原居住在福建省上杭县的客家人掀起了徙居江西遂川、万载、萍乡等地的高潮。在这一高潮中,陈文光的次子陈公元在其父去世之后,即尊从母亲刘氏之命,与亲戚何家、邱家一同迁至江西宁州落户。

---

① 见清同治二年三修《陈氏合修宗谱》中陈之驹所撰《族叔文光先生暨原配刘孺人合墓志铭》。

清雍正八年(1730),陈公元携家从福建上杭迁至江西宁州。因此,他便被称为义宁陈氏家族的始迁之祖。陈家迁居宁州后,又经"克""规"和"观"字辈而至陈宝箴。

从义宁陈氏家族的发展及其迁徙渊源来看,义宁陈氏家族原生活于北方中原的黄河流域,后相继播迁至赣、闽、粤、桂等地,故也称得上是名副其实的"客家人",当地人称这些外来的居民为"怀远人",或曰"怀远都人"。所以,近些年来,客家文化研究专家还将义宁陈氏家族列为重点研究课题之一。

在义宁陈氏家族的发展史上,陈公元可以说是一个关键性的人物,正是他携家从福建汀州上杭迁到了江西宁州,这才开创了义宁陈氏家族的基业。因此可以说,陈公元是义宁陈氏家族的起源,义宁州陈氏家族的后裔皆称他为"义宁陈氏始祖",或称"义宁陈氏始迁祖"。

陈公元系陈文光之次子,系胡公陈满之第113世孙,也是江西义宁州竹塅陈氏家族的始迁之祖。

第二节　开基义宁陈公元

陈公元(1710—1795),字腾远,号鲲池,系陈文光之次子,"年逾七旬循例入太学,以继先世科甲家声",诰赠光禄大夫,其后裔尊其为"腾远公",人尊"鲲池公"。

清雍正十一年(1733),陈文光病卒。早在三年前的雍正八年(1730),陈文光的次子陈公元,带着母亲和兄长、弟弟从福建省上杭县来苏乡中都林坊徙往江西,最后到江西西北部宁州(今江西修水县)居安乡十三都护仙源①,在此繁衍赓续下来,而陈公元也被称为义宁陈氏家族的始迁之祖。

70年后的嘉庆六年(1801),宁州改为义宁州;民国元年(1912),义宁州改为义宁县;民国三年(1914),义宁县再改为修水县并沿至今。

---

① 护仙源亦称护仙塬,或称护仙坑,当地又俗称乌沙坑。

据福建上杭、江西修水两地的老人口碑相传,陈公元携家迁居到江西宁州,这里面还有很多间接和直接的原因。其一是间接原因。自清朝康熙末年开始,原居住在福建上杭的客家人掀起了徙居江西遂川、万载、萍乡等地的高潮。雍正初年,江西宁州的黄、刘、谢、张、余五大姓客籍人联名具文入籍的申请得到了时任知州刘世豪的批准,雍正皇帝还令总督部院批准宁州设立专门安置客籍人的"怀远都",这些宽松政策使原本在各方面受土著人排挤的客籍人取得了合法身份,享受到了优惠政策,客籍人回原籍探亲时自然也就引起了其他成员动迁的兴趣。其二是直接原因。当时的汀州上杭陈家与当地何家的部分成员不和。何家是当地望族,人口众多,在地方势力较强,陈家不能见容于何家。陈文光去世后,陈公元只得携家迁往江西宁州。直到多年后陈宝箴做了湖南巡抚时,此时仍居于福建省汀州上杭县来苏乡中都里林坊村的陈家,与当地何家还时有冲突发生。当时,位于福建上杭县来苏乡中都里林坊村的陈氏宗祠,被何家暗中放火烧了两次,何家还将此事嫁祸于当地土匪。陈宝箴就任湖南巡抚后,上杭来苏乡中都里林坊村陈氏宗祠再次被何家毁坏,林坊村的陈家族人自然怒不可遏,决定予以报复。光绪二十二年(1896)夏初,陈宝箴的本族堂五弟陈禹畴劝阻族人未果,于是就想到了刚被任命为湖南巡抚的族兄陈宝箴,遂派秀才出身的族人陈紫垣携带书信前往湖南求助。上杭县的陈、何两家,世代不睦,积怨已久,陈宝箴对何氏族人毁坏宗祠之事也大为生气,甚至还想到了发文咨请闽浙总督代为究办。但其子陈三立觉得陈、何两家结怨已久,并非一时所能透说明白,且冤家宜解不宜结,于是就劝父亲不能意气用事,宜冷静处理,更不宜抬出巡抚的职位,给何家以高官压人的口实,息事宁人方为上策。陈宝箴采纳了儿子的意见,同意了族弟陈禹畴不许族人报复何家的建议,并在回复林坊村族人的信中,婉转地规劝陈家族人要安居乐业,和睦乡邻,切勿再滋生事端,力求做到大事化小、小事化了。信中还再三劝解陈姓族人:"人愈强横,我愈容忍,旁人自有公论。"他还特别称赞族弟禹畴说:"弟处置此事,始终尽诚尽理,有识有量,而不许族人报复一节,识见尤卓。"此事过后,林坊村的陈家与何家就再也未发生过纠纷。不过,此事既反映出了陈宝箴作为一个政治家的远见卓识和宽广胸怀,也道出了陈公元从福建上杭迁徙江西宁州的直接缘由。

据《义宁陈氏宗谱》载,与陈公元一同迁往江西的,还有陈家亲戚何家、邱家,何家姑娘后来嫁陈公元为妻,即何孺人;邱家则娶陈家姑娘为妻,系陈家之婿。陈、何、邱三家刚到宁州时,因系外来客户"棚民",故被当地土著人称为"怀远人",最初也颇受当地土人的排挤,此固然是中国两千年历史所遗的"排外"弊端,但迁至宁州后的陈家到了陈伟琳这一辈时,便开始受到当地人的尊敬了。当时,陈家与何氏、邱氏既为异姓兄弟,又是姻亲之家,因此就在一起吃"大锅饭",从而组成了一个奇特的"三姓之家"。直到三十余年后,三姓人口骤增,这才析产分家,各自另居。

陈公元与兄公远、弟公升从汀州上杭县迁到江西宁州后,公远生陈显德一子;公升生陈德宽、陈德常、陈德济和陈德广四子;公元生显梓(克绳)、徽声(克调)、西玉(克藻)和兼万(克修)四子。陈公远和陈公升这两支,远没有陈公元这一支发达,故陈公元这一支,也即后来的陈宝箴这一支,则以人文发达而著称于世。

义宁陈氏家族自陈公元从福建上杭迁至江西宁州时,最初的落脚点在居安乡十三都护仙源,这里与陈家后来新居的泰乡七都竹墩仅一山之隔。

当时,陈家与同来自于上杭来苏乡中都里林坊村的何姓、邱姓两家,共同开发护仙源。起初,陈、何、邱三家均以种蓝为业,后间或植茶,直到三家有了一定的积蓄时,这才析产分家,各自另居。陈公元36岁那年,始娶从福建汀州上杭同来的何觐光的中女、14岁的何氏为妻,婚后连生六女,此后又连生四子,并在护仙源建起了一处宽大的简易住宅,名曰"崇福堂"。所以,称陈公元是一个"先立业后成家"的典型,这一点都不过分。对于陈公元、何孺人夫妻,竹墩陈家的《分关·序言》上还有这样的描述:"宗长鲲池老先生,当其少也,芸窗苦读,艰一遇而后务沾除;及其壮焉,阛阓经营,积余金而乃置阡陌。德配何孺人,禀四德之箴,勤操内政;遵三从之训,佐振家声。"对此,陈克绳和他的三个弟弟在为其父亲所写的《太学生陈公鲲池大人行略》中就写道:

严君由汀州来苏乡游豫章古艾之护仙源,里仁俗美,遂择处焉……勤俭持家,渐积余金,不遑他务,惟念万物本乎天,人本乎祖,先置扫墓田,次置租田,次立家室,娶同州隐君子名觐光公中女,为吾母何太夫人。

严父主外,经营耕作,芸窗苦读;慈母主内,毕具四德,遵奉三从,父母的言传身教给陈家四兄弟树立了榜样,使他们四兄弟在人生的道路上一步一个脚印地向前迈进,带着他们的后裔继续向更高的境界攀登。

陈公元携家迁徙到宁州后,经过了整整三代人的艰苦努力,至陈公元的重孙陈宝箴时,才终于发达起来。义宁陈氏家族的发迹史,用《左传》中的"筚路蓝缕,以启山林"这句名言来形容,可以说是一点都不过分。《义宁陈氏宗谱》中还记载陈公元初到宁州后的创业经历:"自汀来宁时,无尺寸之凭藉,身无一文,地无一垅,屋无一间,公等遂结棚栖身,种蓝为业。时公方弱冠,力勤耕稼,尽三农之苦,阅十余稔,家道日侈,置田园,新宇栋,全然有大家风。"

陈公元生平见于黄文煃所撰的《太学生鲲池年伯先生墓志铭》一文。文中说他少嗜诗书,曾试"举业",自迁徙宁州后,经过数十年奋斗,到他的儿子这一辈时便完成了从徙民"棚户"到"耕读之家"的转变,从而为孙子辈迅速进入当地士绅圈奠定了基础。对此,其子陈克绳、陈克调、陈克藻、陈克修所撰的《太学生陈公鲲池大人行略》中就写道:"严君力继之,艰于遇,未伸于志,弱冠弃举子业……年跻七十,循例入太学,继先世科甲家声,乾隆庚戌恭遇覃恩予八品职衔。"

陈公元的妻子何孺人,诰赠夫人,其父何觐光,与陈公元一同从福建上杭迁徙而来。据《义宁陈氏宗谱》所载,陈公元迁到宁州后多年无子,直到50岁那年才得一子,后接连又生了三子。陈、何夫妇共育有六女四子。因陈家兄弟在竹塅建起了新宅大院,故又称"竹塅四房"。

陈克绳(1760—1841),字显梓,号绍亭,系陈鲲池之长子,育有四子五女。其四子分别是:规钫、规镜、规镐和规铉。后文将另做介绍。

陈克调(1765—1840),字徽声,又字旭生,号五园,复号竹筠居士,系陈鲲池之次子。陈克调颇有名士之风,在他弟兄中是文人气息最浓的一个,他将自己的住宅命名为"竹筠居",并积书千余卷,啸吟其中。尝作有《竹筠居自序》,又赋有《五园自写照》,中云:"我从田间来,尔在书房坐。观者齐相见,说道尔像我。我学孝悌慈,升堂由也果。有义有信交,无谄无骄可。诵读经史书,半生不敢惰。屡挫文场锋,困顿如许伙。尔与我周旋,动容中礼么。噫嘻尔我,我惟爱尔丈夫我丈夫,尔毋学尔为尔我为我。"陈克调享年75岁,陈宝箴为之撰《貤赠文林郎陈公五园府君墓碑铭》。陈克调育有五子二女。其五子分别是:规钧、规鉴、规镒、规锟和规锫。

陈克藻(1771—1853),字西玉,号昆巚,系陈鲲池之第三子,育有六子三女。其六子为:规锇、规镎、规铥、规钎、规镒和规铼。

陈克修(1776—1842),字兼万,号介田,系陈鲲池之少子,育有五子四女。其五子是:规钐、规䥽、规镕、规铸和规锡。

1943年光义堂重修《义门陈氏宗谱》卷二记载,陈公元携家迁到江西宁州居安乡十三都护仙源后,年逾八十尚居无定所,因此他对儿子们说:"吾少壮来宁,历数十年之辛勤,虽精神不衰,今苍然为八十余之老翁矣,惜未建一堂屋,上以妥先灵,下以聚儿孙,尔曹识之!"他的长子克绳与弟弟们将老父的话牢记心间,并于是年秋天在宁州州治东南20公里的泰乡七都、弥王峰西麓的竹塅择地建房。

翌年,即乾隆五十八年(1793)五月,竹塅的新居落成,陈公元借"盖凤非梧桐不栖,非竹实不食;凤有仁德之征,竹有君子之节,后之子孙必有仁居义由昌平大平门间者"之古义,为新居取名"凤竹堂",焚香拜祭后,携家乔迁其中。新宅落成时,族人陈光祖还撰写《凤竹堂记》一文,以纪其事。

义宁陈家在竹塅建成凤竹堂,是陈氏家族历史上的一件大事,并预兆陈家将兴旺发达,吉星高照,文运顿开。当时,恩贡生陈书洛还写有《凤竹堂诗》一首。诗曰:

> 凤竹堂开哕凤凰，山明水秀映缥缃。
> 天生文笔窗前峙，地展芝华宅后藏。
> 俎豆千秋绵祀典，儿孙百代绍书香。
> 应知珍重迁居地，冠盖蝉联耀祖堂。

鲲池公携家乔迁入凤竹堂后，他还高兴地对人说："古人云：'安居乐业。'今日我家堂屋落成，祖宗得有凭依矣！儿孙得有栖息矣！吾亦得以优游杖履矣！虽少壮勤劳，暮年创此一屋，愿亦慰矣！"后来，老人在这座新房中生活了三年，于乾隆六十年（1795）无疾而终，享寿86岁。

义宁陈氏家族的凤竹堂所在地竹塅，位于弥王峰西麓。这里青山环抱，绿水环绕，风景优美，环境十分宜人，向以盛产楠竹而得名，称得上是一处云烟氤氲、钟灵毓秀的家居之所，清同治年间编纂的《义宁州志》中称："（弥王峰）在州治东南四十里，其山东南横亘安乡，西北绵延泰乡，为安、泰诸山之祖，峰高顶平，纵横几数十里，冈陵蜿蜒，中多村落。"竹塅又分为上塅、下塅，陈家位于上塅，陈家宅院正前方不远处，有三条小溪汇合于此，当地人称为"三峡河"。上、下两塅之间尚有一桥相连，此桥原为陈克绳捐款所修，陈伟琳后来在此基础上又出资重修，桥面的石板上至今尚能清晰地看出当年镌刻的"琢如"等字样。

位于竹塅的"凤竹堂"告竣，可以说是义宁陈氏家族历史上的一件大事。俗话说："树大分枝，儿大分家。"竹塅陈家到何孺人去世时，人口已多达50余口。老当家陈鲲池去世的第十年，也即嘉庆十年（1805），陈家四兄弟开始分灶；五年后的嘉庆十五年（1810），陈鲲池的夫人何孺人也因病去世，享年80岁。嘉庆二十三年（1818），由年近花甲的陈克绳主持，在竹塅陈氏兄弟的族叔陈光祖等人监理下，竹塅陈氏四兄弟正式分家析产。分家结果如下：位于竹塅的凤竹堂由长子陈克绳这一支继承；次子克调和三子克藻两支，分别在凤竹堂两侧各建一宅，另行居住；幼子克修这一支则仍居在护仙源老宅的崇福堂。这样，陈鲲池的四子便分成了四家，称"竹塅四房"，在这里生活的陈家也便称为"竹塅陈家"。

陈家四兄弟分家后，四房仍以凤竹堂为中心，家族的一切重大活动也都在凤竹堂举行。陈氏家族"竹塅四房"分家的最大成果,是陈氏家族耕读模式培育人才的成功。对此,刘经富在《陈宝箴家族分家文书解析》一文中就写道:

分家九年后,第四代观字辈中,终于有佳子弟脱颖而出,产生了一个庠生(陈观璠)、一个廪生(陈观礼,先为增生,后岁试补廪)、一个举人(陈宝箴,谱名观善)。第五代三字辈中产生了一个庠生(陈三爻)、一个廪生(陈三略)、一个进士(陈三立)。至此,《分关》中列举的"入泮""补廪出贡""科甲"(举人、进士)竟然被陈氏子弟全部实现。由陈鲲池奠基的耕读家风,中经陈宝箴(陈寅恪祖父)、陈三立(陈寅恪父亲)的弘扬光大,到第六代恪字辈达到了高峰。竹塅陈家遂从客家棚民一跃而成为中国近世著名的文化世家之一。耕读传家,累世书香,是这个家族留给后人的巨大精神财富。

如今,位于修水县竹塅里的陈家老宅,当地人仍沿旧习称"陈家大屋",陈公元当年亲题的"凤竹堂"三字匾额也保存完好。1989年,"陈家大屋"以"陈宝箴、陈散原故居"之名,被修水县政府列为县级文物保护单位。此外,凤竹堂大院前尚有其他一些遗物,其中最有名的是两个旗杆石磴:其一是咸丰元年辛亥年(1851)陈宝箴中举时所立的旗杆石磴,其二便是光绪十五年己丑年(1889)陈三立进士及第时所立的旗杆石磴。

陈公元携家迁至宁州后,家族渐有兴旺发达气象,家族崛起非常迅速,后经克、规、观三辈,繁衍生息,世代相传,于是便呈现出人丁兴旺、人文蔚起的大好局面,特别是观字辈中自走出了陈宝箴这位承上启下的杰出人物后,义宁陈氏家族从此便迈入国人的视野。

第三节 绍亭先生陈克绳

陈克绳(1760—1841),字显梓,号绍亭,又作韶亭,人称"绍亭先生",太学生,诰赠光禄大夫,系陈公元之长子。

陈克绳生于乾隆二十五年（1760）四月初三，卒于道光二十一年（1841）十二月十日。

少年时代的陈克绳，聪颖过人，志向远大，好学不辍，曾试举子之业，惜乎屡不得中，于是退隐林泉，以诗书自娱。他"为人魁梧，须眉甚美"，有侠义心肠，声望颇佳，故甚得乡人拥戴。程焕彩在《太学生绍亭先生传》中称："自幼聪颖迈伦，及壮力学为文，淹博精通，所养者裕；艰于一衿，因援例入太学，应乡试不录，退而甘隐林泉……小斋无事，拈韵不辍，都人士以诗学相切劘，称公诗有盛唐风。著《溪上吟》《仙源春晓》《小斋录》。"彭承恩在《太学生绍亭先生传》中也道："稍长，肆力于诗古文辞，欲以功名驰骋当世，晚年尝泛舟江湖，与程太史赞采辈相唱和，故一时文人皆称绍亭先生。"他的墓茔至今尚存，碑上所刻"清授太学生十八世祖陈公名克绳显梓号韶亭大人之墓"字样仍清晰可见，碑上另刻一联曰：仙影骑箕去，英魂跨风来。横额则是：湖海风清。

清道光五年（1825），距竹塅正门前不远处的三峡河路被洪水冲毁，来住行人不便，陈伟琳便与乡人捐资修建。道光十九年（1839），路基再次被洪水冲毁，陈克绳不顾年事已高，首倡捐款，予以重建。竣工后，乡人在路旁还立碑纪念，碑文则由陈克绳撰写，这也是陈克绳唯一留存于世的文章。如今，这块石碑还完好无损地竖立于三峡河路旁。

陈克绳在世时，由于兄弟们都读过诗书，已具备了当地士绅的资格，并在当地享有一定的声望。乾隆五十一年（1786），身为"竹塅四房"长门的陈克绳，还担负起了联宗修祠的重任。经过数年努力，坐落于州城的陈家怀远祠堂终于在嘉庆八年（1803）竣工落成，并借"光大弘远陈氏家族"之意而取名"光远堂"。光远堂告竣时，义宁家族《陈氏宗谱》也宣布修成，这可以说是陈克绳对义宁陈氏家族的又一大功劳。

此后，陈氏宗谱又多次重修。特别是在第三次修谱时，咸丰元年（1851）乡试新举人陈文凤、陈宝箴还在谱中重新颁列了"三恪封虞后，良家重海邦；凤飞占远耀，振采复西江"的20辈新谱，并规定自始祖十八郎公下延至第21世，一律按新谱取名。此后，从三立、三畏、三垣、三略、三焘等开始,都按新谱中的续辈起名①,而陈宝箴的儿子三立、孙子衡恪、重孙封杯、元孙凤虞等,也皆按新的谱派予以取名。

如果说,作为始迁之祖的陈鲲池,对义宁陈氏家族具有开创之功的话,那么,作为其长子的陈克绳,则使陈氏家族在竹塅扎根长居下来,并为后来迈上更高的层次前进了一步。陈克绳对义宁陈氏家族的功绩具体表现如下:其一,在竹塅修筑"凤竹堂"(即后来的"陈家大屋"),结束了陈家迁居宁州后60年一直居住于"棚户"而未有固定住所的历史;其二,完成了陈氏家族从迁徙过来的一般"棚户"到当地士绅阶层的历史转变;其三,设立仙源书屋,带领陈氏家族完成了由简单耕作到耕读传家的历史转变。在这三点中,第一层体现在物质生活的层面,第二层体现在政治地位的层面,第三层则体现在文化精神的层面。正是义宁陈氏家族在这三个层面上"三位一体"同步发展,才走上了越来越发达的道路。

另据刘经富在《从耕读之家到文化世家》所载,陈克绳工文能诗,其诗现尚存4首,可谓吉金片羽。

据民国癸未年(1943)重修光义堂《义门陈氏宗谱》记载,陈克绳享年82岁,殁后葬于泰乡七都上竹塅的陈家宅后,他娶有谢氏、何氏两房,共育四子五女。谢氏生于乾隆二十三年(1758)二月二十八日,卒于道光十四年(1834)三月十七日,葬于泰乡七都汪坑,系同邑儒生谢春馨(亦名春兴)之女,诰赠一品夫人,育有二子一女,子曰规镜、规鋐(伟琳),女适邱能照。何氏生于乾隆二十七年(1762)八月十四日,卒于道光十三年(1833)正月二十九日,育有二子四女,两子曰规钫、规镐;四女当中,长女配同邑何迪康,次女配同邑李家邦,三女配同邑谢延珍,幼女配同邑黄彩纲。

陈克绳的四个儿子的排序是规钫、规镜、规镐、规鋐,陈氏宗谱称之为"竹塅四房"。

陈规钫(1786—1840),讳其经,字宣六,号宫谱,太学生,诰赠奉政大

---

① 陈家后来的谱派辈分按"昭穆"排列,并采取"前中下后"的排法,即:"三"字辈时列于名字中间,接下来的"恪"字辈则列于名后,再后的"封"字辈则又在名的中间,后一辈的"虞"则又列于名后。

夫。早年曾习举业,屡试不中,退而课徒。他育有四男五女,其中长子观礼(1809—1871),诰赠奉政大夫,是竹塅陈家第一个获得科举功名的人。陈观礼又育有四子三女,其长子三略(1835—1887)尤为特出,禀贡生出身,钦加同知衔,湖南候补知县,署理嘉禾县正堂。三略育有九子,第六子儒恪、第九子伊恪均有所成,伊恪先后就读于湖北自强学堂、江南陆师学堂、南京三江师范学堂,一度留学于日本东京大学。

陈规镜(1786—1831),英年早逝,年仅45岁。《陈规镜墓碑文》中称:"业经书子史,每有所阅即记诵不忘。少绩学,应童子试,累夺前茅,师友咸以大器目之,而居心常歉然也。励志芸窗,学益博,业益精,乃遇艰,莫展所学,退而训子侄及生徒,春风化雨而教无倦息,讲习之暇兼业岐黄……"他育有五男五女,其中第四子观澜较为突出,例授修职郎,候选分县;其孙三垣、重孙荣恪(1881—1922),字莘成,号新成,1903年秋冬之际赴日本东京留学,先入正则预备学校,1906年升入早稻田大学,1911年冬归国。留学期间加入同盟会,是江西省最早加入同盟会的四名会员之一,其夫人便是湖南同盟会首领刘道一之妹、刘揆一之姊,归国后历任江西省禁烟公所所长、二道口厘金局局长、北京烟酒银行文书主任、北京商业银行文书主任等职。

陈规镐(1794—1870),例授修职郎,后因办团练功加军功而旌奖为八品顶戴。他育有五子三女①,其长子观琦亦有军功,赏七品顶戴;第三子观瑶,也因军功而赏戴蓝翎加候选县正堂;少子观璠,州庠生,候选分县。

陈规鋐系陈克绳之第四子,也是其最小的儿子。在绍亭公的四子当中,以陈规鋐这一支最为兴旺发达,也最为世人所知。② 陈规鋐便是陈伟琳,也即陈宝箴之生父。下节将做详细介绍,兹不赘述。

第四节 风义乡里陈伟琳

陈伟琳(1798—1854),谱名规鋐,字琢如,号子润,诰赠光禄大夫,系

---

① 有资料说陈规镐育有六子。
② 有不少史料上称陈规鋐是绍亭公之第三子,不确。

绍亭先生幼子。

陈伟琳生于嘉庆三年(1798)十一月初九,卒于咸丰四年(1854)八月二十一日,先葬凤竹堂不远的下竹塅,后迁葬泰乡七都何家店下杨坊西山麓。他从小喜爱读书,潜心经史,兼修中医,中过秀才,后为国子监生,成年后"丰颐广颡,严重有威",且"性乐易,善启发人,扬人之善如弗及,尤为人士所亲附"。

陈伟琳的生平事迹,见诸郭嵩焘撰写的《诰赠光禄大夫陈琢如先生墓碑铭》①,又见其子陈宝箴所撰《例赠文林郎候选分县记录四次子润府君行述》②。

陈伟琳七岁入塾读书,颇能通晓圣贤大旨,博览文史,尤工于诗。成年以后,他与当地乡绅捐资倡建了宁州梯云书院,并著有《北游草》《松下谈》《劝孝浅语》《劝学浅语》等,惜未得传世。不过,从郭嵩焘为他撰写的墓志铭中也可看出,他对义宁的文化教育事业贡献很大,尤对陈氏家族的崛起乃至陈氏家族的学术兴盛影响甚巨。

太平军进至赣西北义宁州前后,陈伟琳与其兄规镐及其两子树年、宝箴等,在家乡创办泰乡团练。据载,太平军起,义宁州八乡③均办有团练,其中尤以竹塅陈家兄弟、父子所办的团练最早,也最骁勇善战,立功也最多。关于陈伟琳创办团练一事,郭嵩焘在《陈琢如先生墓碑铭》中有如下描述:"已而,粤寇陷武昌,踞有江南,数扰江西。先生率乡人团练击贼。比有功。暇辄与讲求忠义,人皆喜自奋。义宁以一城,扼江楚之冲,倚以拒贼者数年,由先生治团练始也。"被誉为"中兴名臣"的曾国藩,对宁州团练也大为激赏,并在上疏中奏称:"天下团练,并皆有虚名而鲜有实效,惟江西之义宁、湖南之平江,办团确有成效。以本地之捐款,练本地之壮丁,屡与粤贼奋战,歼毙贼匪甚多,故该二州县为贼深恨,亦为贼所甚畏也。"

---

① 详见郭嵩焘《养知书屋文集》卷二十一,亦引作《陈琢如先生墓碑铭》,也有引作《陈琢如先生墓志铭》的;卞僧慧所纂的《陈寅恪先生年谱长编》中引文时简作《陈府君碑铭》,似有不妥。

② 是文亦作《子润府君行述》,亦简作《陈府君行述》,详见同治二年义宁州怀远客家陈姓重修《义门陈氏宗谱》卷首,郭嵩焘所撰之《陈琢如先生墓志铭》即据是文改写而成。

③ 当时义宁分设八乡,分别为高、崇、奉、武、仁、西、安、泰,每乡相当于后来的区一级建制,乡下则设有七十三都、八十五图。

陈伟琳是个正直的书生,他一生虽未取得科举功名,但在长期的游学中增长了不少见识,故郭嵩焘在《陈琢如先生墓碑铭》中就写道:"所至,考揽山川,校其户口,阨塞险易,以推知古今因革之宜,与其战守得失之数。方是时,承平久,天下晏然无兵革之忧,而乱机牙孽,隐伏潜滋,先生独心忧之,求思所以消弭之术,欲因以识天下奇士,人莫窥其涯际也。"陈伟琳平生的这些经验,后来都为其第三子陈宝箴所继承并发扬光大,此后又再经陈三立、陈寅恪传承而达于顶峰。

陈伟琳事亲至孝,因其母长年"体羸多病",遂发愤究心医术,日积月累,竟学得一手娴熟的岐黄之术,"遂以能医名"。陈寅恪后来也对其曾祖颇引以为荣,并在《吾家先世中医之学》一文中,不无自豪地称为"吾家中医之学"之开端,同时还在文中引郭嵩焘为陈伟琳所撰之墓碑铭称:"先生以太淑人体羸多病,究心医家言,穷极《灵枢》《素问》之精蕴,遂以能医名。病者踵门求治,望色切脉,施诊无倦。"①陈伟琳知书悉医,却仅享年56岁,可能是积劳忧虑过度所致,所以,其子陈宝箴在《陈母李太夫人行状》中就称:"先严以团练结义勇御贼,积劳成疾而终。先慈命不孝兄弟出继志事,以伸章士之义。"陈三立在《皇授光禄大夫头品顶戴赏戴花翎原任兵部侍郎都察院右副御史湖南巡抚先府君行状》②中也写道:"是时粤寇已四处,府君从父治乡团。父遽以劳卒,府君哀昏得狂疾,其后复联州人战寇,义宁团练名一时。"

陈伟琳生前虽未博得科举功名,却因参加创办义宁泰乡团练而得赠光禄大夫并例赠为文林郎。此外,他还撰有《北游草》《松下吟》《松下谈》及《劝孝浅语》等著述。伟琳先生一生手不释卷,勤学不辍,循循善诱,训诲有方。就在其子宝箴中举后的第三年,也即咸丰四年八月二十一日(1854年10月12日),他因创办团练操劳过度,一病不起,享年56岁。临终前,他自知将不久于人世,乃于病榻上写下了"成德起自贫困,败身多因得志"的遗训,付与观瑚、宝箴兄弟。

陈伟琳对义宁陈氏家族的贡献为人称道,其表现在:其一,接替父亲

---

① 详见陈寅恪《寒柳堂记梦未定稿》,三联书店,2001年4月第1版。
② 此文也作《湖南巡抚先府君行状》或《先府君行状》。下同。

的尊长地位,带领陈氏家族传承耕读传家的生活模式并使之发扬光大;其二,接替父亲陈克绳创办的仙源书屋,使之扩大并成为正规学堂——梯云书院,使陈家子弟皆能享受到正常的文化教育;其三,热心当地公益事业,如创办泰乡团练、倡建义宁书院、赈灾义捐等,使陈氏家族成为当地富有声望的大户人家;其四,直接将长子宝箴培养成为具有全国影响的人物,为义宁陈氏家族从耕读之家转向文化世家奠定了坚实的基础。

陈伟琳娶妻李氏(1799—1876),系同邑名儒李大嵘(亦名大荣,字群山)之女,诰赠一品夫人。陈、李夫妇育三子三女,三子分别是陈观瑚(树年)、陈观瑞(长复)、陈观善(学名宝箴,字右铭,号四觉老人);三女,长女配同邑周福茗,次女配同邑萧德修,三女配同邑谢亦光。

陈伟琳的长子陈树年(1823—1881),谱名观瑚,字六殷,号滋圃。他因随父助办团练,以军功得赏戴蓝翎和同知选用,曾在四川为官,殁后诰授奉政大夫,宝箴为之撰《诰授奉政大夫陈公滋圃墓表》(亦名《陈公滋圃墓表》)。陈树年娶妻张氏,育二子二女。二子为三厚、三巘。三厚字重威,娶妻朱氏,生子平恪,平恪娶妻朱氏,生子封藩;三巘入嗣树年之弟观瑞,娶妻黄氏。长女适江西修水人黄韵桐(亦曰韵唐),次女适湖南湘潭人黎静恪(鹓孙)。

陈伟琳的次子观瑞,字长复,3岁时因痘殇而早卒,陈宝箴后来为之撰《陈公观瑞墓志》。咸丰八年(1858),因陈观瑞早殇无后,陈树年、陈宝箴兄弟遵从母亲刘氏之命,树年将次子三巘入嗣观瑞,宝箴亦将时年3岁的三畏过继于观瑞的名下。

陈伟琳的幼子观善,即陈宝箴,他是义宁陈氏家族名副其实的发迹人。

第二章
海内奇士陈宝箴

◎

陈宝箴(1831—1900),义宁陈氏家族的真正发迹人,中国近代史上著名人物,同时还是一个享誉中外的维新改革家,年轻时因才华出众而被曾国藩誉为"海内奇士",晚年则因致力于推行新政而名满天下。

第一节 新举人襄办团练

陈宝箴出生于道光十一年正月十八日(1831年3月2日)①,谱名观善,字相真,号右铭,复号宬臣,晚号四觉老人,系陈伟琳之幼子,生于江西省义宁州泰乡七都竹塅里。

陈宝箴七岁入塾读书,从小聪明好学,常有惊人之语。陈三立在《湖南巡抚先府君行状》中还记载,其父陈宝箴七岁到私塾接受启蒙时,入塾的翌日,就对塾师说"昨有不寐者三人"。塾师惊讶,问三人者何,宝箴答

---

① 陈宝箴本人在参加咸丰元年(1851)辛亥恩科乡试硃卷的"自述"中,将自己的生日误填为"正月二十日",故一些资料也称其生于十月二十日。

谓:"吾父、吾母及我是也。"其姻亲范当世在《故湖南巡抚义宁陈公墓志铭》中也有类似的记载。

少年时代的陈宝箴给人的印象是:聪明颖悟,英毅好学。他不但记忆力惊人,且胆大心细,不信鬼神,有一种敢作敢为的精神。现在,竹塅里一带还流传着陈宝箴为塾师生病而怒打"泉神"的动人故事。

陈宝箴少时曾受教于其堂兄陈观礼、陈观澜和当地名儒邱达春、周应时等人。道光三十年(1850),20虚龄的陈宝箴考中秀才得入义宁州学。咸丰元年(1851)八月,陈宝箴又以附生资格赴南昌参加是年辛亥恩科乡试。三场试罢,陈宝箴如愿以偿,金榜题名,中得举人,成为当年义宁州这一科中仅有的5名举人之一。当时,他的房师在其乡试朱卷上还作有如下之眉批:

统阅三场,皆归一律。诗文俊爽,理析牛毛。经策淹通,谈倾鹿角。揭晓来谒,知生传经世业,惊座家声。傅就髫龄,驹齿已著龙文之目;庠游弱冠,凤翔早生燕翼之辉。去年泮沼芹香,既交辉于棣萼;此日蟾宫桂折,更附骥于竹林。从兹红杏联簪,丹墀摛藻,于生有厚望焉。

陈宝箴中举后,邻里乡亲在陈家大屋的前院竖起了一尊旗杆,以示旌耀。回乡不久,陈宝箴便与义宁州油塅名儒黄彩徽之第四女黄淑贞结为夫妇。是年,黄夫人虚龄二十,与陈宝箴同庚。

黄夫人生于道光十一年(1831)六月初五,她性情温和,淳朴节俭,为人厚道,教子有方,颇受翁姑及邻里的好评。即使陈宝箴后来做了高官,家境渐富,她仍像过去一样身着粗布衣裳,从容持家,应对宾客。对此,其子陈三立在《诰封一品夫人先妣黄夫人行状》中就称:"尝有亲知眷属相过,从容语服玩、鼎羞、组绮、珍石怪丽侈靡状,或又涉某官升降、某区某所宜忌肥瘠,争夸所闻,夫人辄笑曰:'我乡人也,不解世间有若许事。'"光绪二十三年十二月十八日(1898年1月10日),黄夫人因病去世,享年67岁,诰命一品夫人。

成年后的陈宝箴,"生而英毅,顾视落落然",他的乡试同年罗亨奎

(1828—1887），字惺四，义宁州武宁县人，素与陈宝箴友善，太平军进至义宁州武宁县境时，于咸丰四年（1854）携家到义宁州的眉毛山区避难，其间便住于泰乡七都竹墩的陈宝箴家中，陈、罗的同年友情因此也就更进了一步。也许正是此因，罗亨奎还将自己的长女嫁与陈宝箴的长子陈三立为妻，陈、罗两家也就成了姻亲之家。罗亨奎携家避难于竹墩期间，对陈宝箴的父亲伟琳先生事以师礼，并敬伟琳先生曰："乱离中能相勖以道义，此行为得所师矣。"此外，由于陈宝箴的介绍，罗亨奎还得与相距竹墩不远的拾科里的举人涂家杰、徐家干相识，陈、涂、徐、罗四人时常聚首于凤竹堂，谈天说地，讲学论道，抒发抱负，畅谈人生，相处之间，关系十分融洽。

陈宝箴与同乡桃里的徐家干、涂家杰，还被乡人并称为"桃里三杰"。华焯在《涂公生甫传》中道："涂公故里，有眉毛山，居其下者多英俊卓荦之士，如陈抚军宝箴、徐知府家干、涂教谕家杰，当发逆之乱，陈公与涂公兢兢于义理之学，读书于四觉草堂。"徐家干在其《奉政大夫涂公弥山传》中也道："公讳家杰，别号弥山……乙卯贼据州城，公感时势之艰，避乱山中，筑家数椽，有同里孝廉陈君右铭，喜谈时事，不时过访草庐。又有武邑孝廉罗君惺四，携眷来宁，假公馆避寇。公欣与两公晨夕聚首，讲学论道，畅叙生平，杜门出出，数易寒暑……迨四境烽烟息，百姓安。右铭先生乃与公商入山计，求有用之学。译山之坳，拓地数亩，高建楼阁，藏书数百种，延武邑名师李企甫，课读其中。公闻风感发，冒寒暑，走霜雪，时造其庐，与企甫订有道之交。自是公之行谊文章，卓卓然声名四起也。"

陈宝箴虽然得中举人，但其父伟琳先生却"益督以学，诫无遽试礼部，日取经史疑义相诘难"，并要求儿子"考究朱、陆之学所以异同"，同时还一再告诫儿子："学须豫也，脱仕宦，虚疏无以应，学又弗及，悔何追矣！"由于父亲的再三训诫，再加上陈宝箴自己也欲使根基更为牢固一些，所以中举后的那几年，他一直都未急于赴京应礼部之试。

据载，陈宝箴入州学时为第一名，旧时也称"案首"，由此可以看出其成绩之佳。对于陈宝箴中举时的情况，江西义宁籍人龚溥庆在其《师竹斋笔记》中曾有这样一段描述：

同州陈右铭中丞,家世孝友,为乡党所推。中丞幼既倜傥,弱冠应童试,考古题为"藏器于身赋"押"而"字官韵一联云:"纵然身便终藏,任人可矣;或者才求不器,俟我乎而。"宗师张小浦先生击节叹赏,批以"抱负不凡,决为大器"。明年遂领乡荐,年方二十有一。嗣因世乱,偕同志团练乡兵,保御桑梓,旋起家牧守,渐历封圻,声施灿然。

陈宝箴中举这一年,洪秀全、杨秀清等率太平军在两广起事,后引军北上,势如破竹,所经之地,州县尽陷。

太平军起事后,陈宝箴遵从父亲伟琳先生的"不遽试礼部"之训,一面潜心读书,一面随父兄襄办乡团。咸丰四年(1854)春,一支太平军进攻义宁州泰乡,陈伟琳与树年、宝箴两子率泰乡团练拼死相抵,终因劳累过度,一病不起,遂于是年八月去世,时年仅56岁。

父亲故后,陈树年、陈宝箴遵从父亲遗命,率泰乡团练与太平军对抗。

咸丰五年(1855)春,太平军石达开部抵江西。义宁州因地处赣、鄂、湘、皖四省的交会地带,战略位置十分重要,自然也就成了太平军抢占的要地。当时,太平军石达开部钟廷暄率军数万,由湖北通州沿武宁进入赣西北,向义宁州发起了猛烈进攻,经过20余日激战,大小战30余次,终因双方力量悬殊,太平军遂于是年五月初九攻破义宁州城,义宁州知州叶济英见城不保,遂率全家以身殉难。延至是年七月初八,湘军名将罗泽南率官军前来支援,义宁州城才失而复得。

是年十一月,太平军再陷义宁州城,陈宝箴与兄陈树年率泰乡团练与太平军相搏。不久,官军再次收复义宁州城。

在防守和收复义宁州城的激战中,陈宝箴的才智得到了罗泽南等人的高度赞赏。此战过后,陈宝箴根据亲身经历,撰写了义宁州战役前后的相关文章,如《记义宁州牧叶济英御城死难事》《义宁同仇录序》《义宁同仇录书后》等,对义宁州城的攻守战况及策略做了初步总结。为此,他也得到了时任兵部侍郎郭嵩焘的好评。

由于陈树年、陈宝箴所率泰乡团练在义宁州城攻守战中表现突出,兄弟俩均得到了朝廷嘉奖,陈宝箴也因克复义宁城有功而赏得知县候补。

早在中举之时,陈宝箴因有父亲之诫,也因太平军多次骚扰义宁州的影响,故在咸丰二年、三年、六年这三次会试时均未参加。到了咸丰七年(1857)时,因义宁州趋于平静,所以他这才决定参加咸丰九年(1859)和咸丰十年(1860)恩科的会试。咸丰八年(1858)冬初,踌躇满志的陈宝箴收拾好行装,与武宁举人罗亨奎等人一道赴京应礼部之试。这一年,也即陈宝箴中举后的第八个年头。但出他意料的则是,他在咸丰九年(1859)和咸丰十年(1860)这两次会试中均未中试。

虽然连续两次落第,但陈宝箴仍信心十足,雄心勃勃地坚持留在京师苦读。滞留京师期间,他和同乡罗亨奎得与湖南才子易佩绅相识,三人形影不离,以"道义、经济相切摩",被人们誉为"三君子"。尽管他们三人皆未考中进士,但后来都有一番作为:陈宝箴官至湖南巡抚,易佩绅官至江苏布政使,而罗亨奎则官至雅州知府。

陈、罗、易三人会试不果,罗、易二人遂放弃下一届的同治元年(1861)的壬戌科会试,回转老家。罗、易二人昂然出都后,投笔从戎,被湘军名将骆秉章揽入帐下。不久,罗、易响应骆秉章之檄,招募兵勇,号"果健营",驻防于湖北来凤、湖南龙山交界处的岩塘一带,与西进的石达开部展开激战,阻其所部向四川腹地挺进。

而滞留于京师的陈宝箴,却亲眼看见了英法联军进攻京师的历史一幕。为此,空有一腔报国热情的陈宝箴,心急如焚,连忙撰写了"防守六事",上陈枢府并代之解决运粮等事。孰料,有司对此并无下文。不久,英法联军攻入都城,肆意烧杀抢掠,素有"万园之园"之称的圆明园也被英法联军纵火烧毁。当时,陈宝箴正在酒楼上饮酒,当他看到弥天大火焚烧圆明园时,不禁拍案而起,痛哭流涕,观者无不为之动容。对此,陈寅恪在《读吴其昌撰梁启超传书后》中就写道:"咸丰之世,先祖亦应进士举,居京师,亲见圆明园干霄之火,痛哭南归。其后治军治民,益知中国旧法之不可不变。"

家仇国恨,内忧外患,这一切都促使着陈宝箴改变自己游学京师的既定计划。于是,他再也无心再迷恋于科场,遂决计南归。跳出过去那种究心儒学、热心科举的传统模式,走出从前所向往的以科举求功名的梦想,开始转向关注军事攻守方略的"实学",以及究心精研强国兴邦和"实体",借以寻求消弭内忧外患的良方。

恰在此时,陈宝箴接到了业已归乡的易佩绅、罗亨奎二人的来信,信中热情邀他回乡襄办果健营,共同抵抗太平军。于是,陈宝箴便打点行装,辞京南归。

第二节　海内奇士建奇功

行色匆匆的陈宝箴,昼夜不舍,就在他赶到果健营驻扎的湖北、湖南两省交界处的岩塘时,果健营的将士早已是粮尽饷绝,困守围城。罗、易二人也是苦无良策,一筹莫展。

时值三九隆冬,朔风怒号,果健营的将士们饥寒交迫,情绪低落,部队战斗力也减弱到了最低限度。当时,果健营仅有千人之数,而对手石达开则有数万大军,力量如此悬殊,情势严峻可想而知。就在这一紧要关头,刚到果健营的陈宝箴便自告奋勇,甘冒风雪,只身前往湖南永顺知府张修府那里求助。

对于陈宝箴冒雪求粮一事,其姻亲范肯堂在《故湖南巡抚义宁陈公墓志铭》中还写道:"石达开以十万众来犯,粮且尽,输银米济军,而守益坚。寇不逞,引去。"近代著名词人、文史掌故专家黄濬(即黄秋岳)在《花随人圣庵摭忆》中,对陈宝箴冒雪求粮的所作所为叙述尤详。

陈宝箴的慷慨陈词,使永顺知府张修府顿生敬意,感动之下,遂欣然允诺协助陈宝箴筹粮募饷。自此,陈、张二人也成了好友。张修府是江苏嘉定人,文笔出众,曾做过翰林,外放后任湖南永顺知府。后来,张修府还将自己的女儿嫁给了陈宝箴的次子三畏为妻,张、陈两家结成了姻亲之家。

石达开引军去后,湘西战事也暂告一段落。此时,陈宝箴考虑到自己离家数年,很想回家探望,之后再来军中相助。思虑已定,他即与罗、易二友作别,离开了果健营,并于同治元年(1862)二月回到了老家竹塅。

陈宝箴此次回老家竹塅,还办了两件大事:一是于是年夏秋之交在竹塅老家修建了四觉草堂，以供陈姓子侄及亲戚家的孩子读书；二是与族人陈文凤主修了义宁陈氏家族的"大成宗谱"。

四觉草堂坐落于竹塅大屋后侧五里处半山腰间的"四合塆"（亦名"四角塆"），是一幢二层小楼，独立小院。四觉草堂竣工后，陈宝箴聘武宁举人李复和姻亲黄韵兰在此教授子侄。

在回乡的这段日子里，陈宝箴时常与李复、黄韵兰等人在此谈论诗文，颇得其乐。由于李复这层关系，陈宝箴还得与其师汪瀚相识。

汪瀚，字澄溪，义宁州武宁县人，咸丰九年（1859）举人，中举不久即投效曾国藩并在其帐下掌管厘事，并因才华而颇受曾氏之赏，被保荐为江苏知县候用。此时，汪瀚正丁父忧回乡守制。受汪瀚的影响，再加上郭嵩焘的推荐，原驻扎于两湖交界岩塘的果健营也已入川，陈宝箴于是转往安庆改投曾国藩大营。是年秋，陈宝箴将家事略做处理后，便赴安庆的湘军大营。

此前的咸丰十一年（1861）八月，曾国荃率湘军收复安徽省府安庆，两江总督曾国藩随后将湘军大营从安徽东流迁至安庆，以便节制诸路大军进剿太平军。入曾国藩幕之后，陈宝箴也以才而受到曾国藩的特别礼遇。

早在陈宝箴到来之前，曾国藩对他帮办义宁团练之事即耳有所闻。陈宝箴来到湘军大营后，曾国藩除常与他纵论天下大势外，还和他一起探讨诗文艺事。几番交谈过后，曾国藩对陈宝箴激赏有加，觉得他才堪大用，并撰一联相赞：议事有陈同甫气；所居在黄山谷乡。

在湘军大营期间，曾国藩曾经与陈宝箴论及其家乡义宁州的人才，诸如汪瀚、李复、罗亨奎、涂家杰、徐家干诸人，这些人都是曾国藩欣赏的杰出人才，他还特地叮嘱陈宝箴要与这些志士相互砥砺，以振江西士风。期望之殷，令陈宝箴甚为感动。后来，曾国藩于同治五年（1866）八月在批示朱宽成的《义宁州厘卡委员朱令宽禀公暇得与陈守宝箴、李生复等读书论古籍资切劘等情》中还写道："该员在卡照常办事，又得陈守、李生等读书论古，问学日新，至以为慰。兰生幽径，不以无人而不芳，本无所待于外；而德无久孤之理，玉无终闷之辉，亦会有赏音也。"同年十月，曾氏在致湘军名将、时任江西巡抚的刘坤一的信中又称："右铭来安庆,接见多次,信有用之才。武宁、义宁共有数人,志行优异,惜汪君遽逝,罗令被劾,右铭气类日孤,此外罕闻佳士。"在此前后,以陈宝箴为首的义宁州俊杰,先后也都到曾国藩的帐下任事并深得其信任。

陈宝箴入曾国藩幕之后,还恰到好处地调解了曾国藩与江西巡抚沈葆桢之间的矛盾,并以此而甚得曾、沈二公的信任。

关于陈宝箴入曾之幕以及他与曾氏共事这段史事,黄濬在《花随人圣庵摭忆》的"陈右铭调停曾国藩与沈葆桢之争及沈与席宝田之争"条目中述之甚详,并借陈三立为其父所作之"行状"及朱克敬所撰之"杂识",记录了陈宝箴奔走于曾国藩、沈葆桢及席宝田三方之间,出谋划策,游说斡旋,妥善地调停了曾国藩、沈葆桢以及沈葆桢、席宝田之间的恩怨过节,最后还向席宝田献计献策,终于生擒太平军幼天王洪福瑱等数十员首领。

但是,陈宝箴在曾幕的时间并不太长。不久,他即长揖而去。个中缘由,不外有以下几点:其一,陈宝箴想参加实际作战,而不欲躬亲文牍,尤不愿做一个靠卖弄嘴皮子的幕僚;其二,陈宝箴看不惯李鸿裔等曾幕这些人的作为;其三,曾幕中的一些幕僚对陈宝箴出众的才华也颇怀妒心。恰在此时,逢湘军将领席宝田来信相邀,陈宝箴于是转往席宝田的精毅营。

席宝田(1829—1889),字研芗(亦作砚香),湖南永州东安县人。早年就读于岳麓书院,咸丰二年(1852)开始创办团练,曾率部参加解除太平军对安庆之围的战役,因功被授予知府。咸丰九年(1859),席宝田奉湖南巡抚骆秉章之命募勇千人,号"精毅营",驰援郴州、桂阳等地,阻止了太平军与当地的天地会的会合。同治二年(1863),席宝田再次率军驰援江西,也就是在此关键时刻,陈宝箴来到了席宝田的精毅营。是年八月,陈宝箴随席宝田参加青阳解围战役。陈宝箴也因出谋划策而被保举为直隶州知州留安徽补用,这是他受到的第二次因军功保举。

陈宝箴到精毅营后不久,即敏锐地发觉了席宝田与江西巡抚沈葆桢之间的矛盾,于是从中斡旋,沟通两位上司之间的关系,从而化解了沈、席之间的矛盾,终使两人捐弃前嫌,重归旧好。此举不但促进了赣省形势的稳定,更为后来赣省取得对太平军作战的全面胜利奠定了坚实的基础。

同治三年（1864）九月，清军在曾国藩、曾国荃兄弟的率领下克复金陵（南京），太平军余部在幼天王洪福瑱的率领下突围出逃。此时，陈宝箴及时地预料到，从南京突围出来的太平军幼天王洪福瑱、洪仁玕所部，很可能会从江西石城向福建方向流窜，遂向席宝田献设伏石城之计，守株待兔，以收擒贼擒王之效。席宝田依计而行，遂于江西广昌和石城之间的杨家牌设下埋伏。杨家牌伏击战，席宝田率军一举击败太平天国幼天王洪福瑱所部，并生擒幼天王洪福瑱、干王洪仁玕及其大将洪仁政、黄文英以下将帅数十员，创下了赫赫战功。

石城之役（也即杨家牌伏击战），是席宝田部在赣省的关键一战。此战一举消灭了以幼天王洪福瑱、洪仁玕为首的太平军余部，并生擒了幼天王洪福瑱、洪仁玕等将帅数十人，此事在《中兴将帅别传》等史料中都详有备载；陈三立在《湖南巡抚先府君行状》中也称，此役献策者即其父。由于是役意义重大，故朝廷在叙功时对参加此役的将士均有格外封赏：江西巡抚沈葆桢得头品顶戴、一等轻车都尉；席宝田得赏云骑都尉、黄马褂；陈宝箴表叙为知府并超授河北道。

同治四年（1865）八月，清军在江西信丰与太平军的汪海洋部激战。时汪海洋率众遁入广东境内嘉应州（今梅州市），席宝田与陈宝箴率军追击进剿，并于同治五年（1866）正月，彻底击垮汪海洋及其残余。至此，太平军基本覆灭。为此，江西巡抚刘坤一于是年七月二十八的《查明劳绩人员请照原案给奖折片》中奏曰："又即选同知直隶州知州陈宝箴，经臣前于湘军追杀窜贼随折保有奏案内请免选本班……陈宝箴随同精毅营扼贼于广东之东石、江之铁石口，督队鏖战，两获大胜，或杀或降，四万有奇，其间擒斩头上约数十名，均非寻常劳绩可比，确有具报打仗，原禀可查。"

陈宝箴与席宝田共事的时间也不算太长，但陈宝箴的足智多谋和雄才大略，以及高风亮节的人格，却赢得了席宝田对他的器重。自此，两人时相往来，无话不谈，私谊也与日俱增。后来，陈宝箴还将自己的长女嫁给席宝田的次子席麓生为妻，陈、席两家既成儿女亲家，两人的友谊自然也更进了一层。

还是在石城战役的前夕，大约在同治二年（1863）冬天，陈宝箴一度回老家并小住时日。当时,仍在武宁原籍为父守制的汪瀚听说陈宝箴回乡,于是冒着纷飞的大雪,连走三天三夜,从武宁赶到竹塅,与陈宝箴谈论数昼夜。当时,两人一起剖析东南战局,纵论天下大势,所谓"英雄所见略同",不免惺惺相惜,此外又更多了几分的鼓励。互道珍重后,汪瀚离开竹塅回乡,陈宝箴即赶赴席宝田军中。未料,汪瀚回乡不久,即在赴曾国藩之召途中遽然谢世。陈宝箴惊悉知己暴逝,遂贻书曾国藩,恭请他为汪瀚撰写墓志,以作悼念。

太平军覆灭后,东南战事已毕,陈宝箴回乡,并在家中住有时日。不久,陈宝箴应曾国藩之召,再度出山,前往金陵的曾幕效命。

当时,曾国藩以两江总督兼南洋通商大臣的身份坐镇东南,开府金陵。此时,曾国藩正是用人之际,于是广泛延揽人才,陈宝箴入幕后,曾国藩对他颇为倚重。

在曾幕期间,适逢陈宝箴过生日,曾国藩特地集苏东坡的《王氏生日致语口号》和《正月二十日往岐亭》诗句,赠他一联:"万户春风为子寿,半瓶浊酒待君温。"曾国藩能以是联相赠,足见他对陈宝箴的欣赏与器重。

与上次一样,陈宝箴此次重入曾幕也仅有数月。同治四年(1865)四月,曾国藩奉调为直隶总督兼北洋通商大臣,督办直隶、山东、河南三省军事,率军北上镇压捻军。临北上时,曾国藩还特意向朝廷保荐陈宝箴为候补知府,并希望他能随自己北上。而陈宝箴则欲就官邻省,以便养母,故未随曾国藩北行。

同治四年(1865)四月,陈宝箴因席宝田上疏叙功,再加上曾国藩等人表叙,他得以入京觐见皇帝,被授知府并发湖南候补。此后,为侍养母亲李氏之便,陈宝箴将家迁到了湖南省城长沙关王庙旁侧的闲园。此后,他在此与湘省名士郭嵩焘、朱克敬、龙汝霖、易佩绅、李元度、李寿蓉、王闿运等学人名士往来过从,交往密切,并时常切磋学问,诗酒唱和。

陈宝箴携家到湖南长沙时,湘省巡抚为刘琨,布政使则为王文韶。当时,正是敉平太平军之初,三湘内局势仍不太稳,而此时能征善战的则仅有席宝田留于湘省。同治六年(1867),陈宝箴一度参加湖南援黔军与侗族农军的作战,并一举攻克江口屯重镇,因此功于翌年十二月二十日再次得以保奏,并以知府留于湖南归候补班补用。翌年十二月年满甄别,经繁缺会留湖南补用,帮办军务。

太平军覆灭后,湘省时局刚得稳定,贵州苗乱又猖獗起来,尽管朝廷用兵数年,却收效甚微。同治十年(1871)夏,湘军名将席宝田因风痹病离职休养,他的继任者龚其昌等分统其军,军心涣散。湖南布政使王文韶素知陈宝箴才能出众,且候补在湘,不妨一用,遂向湖南巡抚刘琨建议起用他平定苗乱。湖南巡抚刘琨也素知陈宝箴之才,且对他刮目相看,遂于是年十一月遣他前往平抚苗民义军。

陈宝箴奉旨招讨贵州苗民义军期间,再次展示了他的雄才大略和干练之风,上任仅半年,即将苗军全部击溃,苗疆为之詟然,立功殊多。在此期间,他还惩办了宁远地界的欧阳豪族,法办二十余人,进一步促进了地方的治安稳定。同治十一年(1872)六月十四日,同治帝谕军机大臣:"王文韶奏援官军扫除窜匪,苗疆肃清,并分军设防,抚恤降众各折片……著即令道员陈宝箴会同分防各营及该地方官体察情形,妥筹办理。"至此,陈宝箴又一次以军功保奏,并以道员留湘省补用,此外还赏加盐运使衔。

第三节 宦海浮沉志不隳

光绪元年(1875)初,陈宝箴因功诏授湖南辰沅永靖兵备道。是年二月十九日,陈宝箴接事履任,治所在凤凰厅镇筸(今湖南省凤凰县城),开始了他独当一面的地方职官生涯。

就任湖南辰沅永靖道期间,陈宝箴抑制地方豪强,维护地方治安,促进了湘西的地方稳定,得到了百姓的拥护。与此同时,鉴于任所内诸县粮食紧缺的现状,陈宝箴还借鉴江西义宁老家的种植经验,亲自教授当地居民引植番薯,以此代粮,使当地百姓度过了饥荒。

为了疏通当地的沱江,开拓沱江的运输航道,陈宝箴还带头捐出薪水,筹资疏通航道,而他和他的家人则一直过着十分俭朴的生活,七个月后,沱江终得疏通,沱江不通舟船的历史遂告结束。

沱江疏通后,尽管当地"兵民大欢",但陈宝箴家的厨师却认为这是

他为了沽名钓誉而装模作样。陈宝箴得知,一笑置之,并作《送厨工》一诗以明心迹。诗曰:

嚼来确是菜根甜,不是官家食性偏。
淡泊生涯吾习惯,并非有意钓清廉。

厨役在得知陈宝箴的这番心迹后,羞惭之下,更变得肃然起敬起来。

翌年(1876)四月十五日,陈宝箴在湖南辰沅永靖道任满离职,奉调回长沙主湘省营务处,遂携家回到省城。由于陈宝箴在湖南辰沅永靖道任上政绩颇佳,声名鹊起,不少大臣都具名向朝廷推荐。是年九月初七(1876年10月23日),陈宝箴的母亲李夫人病逝于长沙,原拟葬于江西义宁老家,后改葬在湖南省平江县金坪里(亦名金坪镇,位于今湖南省平江县)郑墈之原,陈宝箴将此处茔墓取名"屺阿",随后便携家回湖南长沙闲园守制。四年后的光绪六年(1880),陈三立的元配罗孺人及殇子同亮均葬于此;五年后的光绪七年(1881),陈宝箴的长兄陈树年病逝于营中,遗言也附葬于李夫人的墓侧。

光绪五年(1879)秋,陈宝箴为母亲守孝期满。十月,陈宝箴携家赴平江金坪镇为母亲扫墓,不久即奉旨赴京觐见。翌年正月十八日,陈宝箴迎来他的50大寿,时在长沙的郭嵩焘、张力匡、黄子寿等三湘名流及亲朋好友,也都纷纷作诗送联以贺。

光绪六年(1880)四月十七日,陈宝箴被授予河北道,是年十一月初三接任。上任以后,他做了以下几件大事:

其一,严惩盗窃之风。他调查当地的民风民情,暗中私访,发现当地盗窃成风、秩序混乱,着手制定《治盗法规》,晓喻百姓,使地方秩序为之一新,改变了以前治安不良的现状。

其二,整治黄河大堤。陈宝箴亲自审定疏河筑堤工程的诸项措施,并对在治河工作中玩忽职守的官吏予以严惩,使过去"十年九涝"的面貌大为改观,故在他任职期间从未发生过一次河道决堤事件,有效地保障了当地百姓安居乐业,赢得了当地民众的交口称赞。

其三，兴办文教事业。从政之余，陈宝箴对当地文教事业尤为关注，大力提倡兴教办学，尤其是在开办"致用精舍"等具体事务上，为学堂购买大量书籍，并聘名师前来执教，选送优秀清纯子弟入学读书，还亲自制订《河北精舍学规》，移风易俗，开通民智，使当地民风得到了根本好转。

光绪八年（1882），陈宝箴在河北道上任期已满，由于他在河北道任上政绩卓著，因而于是年八月十九日被补授为浙江按察使，并奉旨进京陛见。但是，在河北道任上他却因参与会审"王树汶"案，后来还给自己带来了意想不到的麻烦。

翌年四月初三，陈宝箴携家前往杭州，就任浙江按察使之职，享二品衔。上任后不久，即因上年在河北道任上参与会审"王树汶"一案，而被左都副御史张佩伦所奏《豫山陈宝箴应请并与议处片》弹劾。朝廷未明真相，于是年六月二十八诏免陈宝箴现职并"降三级调用"。其实，此事原本与陈宝箴无关，但作为会审此案的官员之一，他仍在被弹劾之列。

被免职后，陈宝箴再三上书申辩，表明心迹。朝廷和吏部见他理直气壮，遂派享有清正声名的阎敬铭前往核查，未料阎氏在处理此事上却瞻前顾后，未予公道处置。在此情况下，陈宝箴只得于是年九月携眷回长沙赋闲。此次负屈赋闲，陈宝箴身无所任，一闲就是数年。

直到光绪十二年（1886）九月初六，时任两广总督的张之洞，上疏奏调陈宝箴到广东任职，负责治理两广域内盗贼诸事，陈宝箴这才结束了赋闲生活。

是年十二月二十四日，陈宝箴抵达广州，先是主持营务处，翌年四月又奉调掌管缉务总局，总理两广地区巡缉事宜。光绪十三年（1887）十二月，张之洞向其师李鸿藻推荐陈宝箴协助其治理黄河，此时距陈宝箴赴广州任所刚好一年。

事前，原军机大臣李鸿藻因黄河决口诸事，奉命离京督治黄河。当时，李氏手下并无办事干练之人，且地方官又相互扯皮推诿，再加上治河材料经营困难，故他对治河一事感到力不从心。此事恰被他的同乡兼门生张之洞得知，遂将陈宝箴向其预荐，并在荐信中力陈："若能得到此人，公治河无忧矣！"李鸿藻以前对陈宝箴在河北道任内治河有方也有所闻，遂上书朝廷奏调陈宝箴前来协治黄河。

陈宝箴到郑州上任后，果然不负众望。在协助李鸿藻治理黄河期间，他所表现出来的干练与政绩，还有他那胆识与刚毅，以及充沛的精力和稳健的风度，都让李鸿藻对他刮目相看，而作为一品大员、朝廷倚之为股肱的李鸿藻，也从陈宝箴这位下级官员身上悟出了许多的人生道理。

尽管陈宝箴在协治黄河上尽心尽力，但很多事情并不是他完全能左右得了的。光绪十四年（1888）八月，就治理黄河一事，他再次献计献策，但终未见用，这不免使他多有困惑。无奈之下，他遂以目疾为由请假休养，得旨允准后即携眷回湘。

光绪十五年（1889）八月，原湖南布政使王文韶擢为湖南巡抚，他在赴京觐见时力奏陈宝箴"才堪大用"，而李鸿藻也因陈宝箴协助自己治河有功向朝廷力陈举荐。于是，闲置多年的陈宝箴再次进入朝廷重臣的视野，同时还引起了朝廷的重视，遂于翌年（1890）夏初奉旨入京，分别于六月初十、十二奉旨觐见，并蒙旨开复。十月十七，陈宝箴再次奉旨觐见，被授予湖北按察使，恢复享衔二品待遇。

十二月初四，陈宝箴赴武昌走马上任。就在他接任湖北按察使的第三天，适逢湖北布政使黄彭年遽丧，湖广总督张之洞与湖北巡抚谭继洵遂联名具奏，举荐陈宝箴代署湖北布政使，故陈宝箴于是月初七又兼署湖北布政使，直到翌年十月十三日还任按察使原职，前后约一年。

陈宝箴任湖北按察使兼署湖北布政使期间，湖广总督是张之洞，湖北巡抚是谭继洵，武昌知府则是李有棻。张、谭两位大员常为省内官员任免等事意见不一，甚至钩心斗角，闹得水火不容。对于张、谭二人的诸多不合之处，陈宝箴总是居中调停，若有异议，他甚至不恤犯颜抗辩，据理力争，张、谭因皆倚其为助，都对他颇为敬重。陈宝箴的所作所为，使两位上司心悦诚服。当时，湖北境内襄阳县令有缺，张之洞荐以朱某，而谭继洵则荐以张某，两人各持己见，互不相让，一时成为颉颃之势。按照惯例，此事当属按察使职权范围，而陈宝箴则坚持自己的意见，并将张、谭两位上司各自推荐的人选统予否决，他对武昌知府李有棻说："总督、巡抚眼中没有我们按察使、布政使这两司，我就要让他们知道两司并不是任意好欺侮的!"结果,张、谭两人事后不但未责怪他,对他还多了一份敬重。

陈宝箴自幼饱读诗史,尤对义宁州的先贤黄庭坚服膺备至。黄庭坚早年担任江西泰和知县时,曾将五代蜀主孟昶所写的"尔俸尔禄,民脂民膏;下民易虐,上天难欺"之句书之于自己的官舍,并名之为《戒石铭》。到了南宋初年,宋高宗在位期间还特地颁下诏令,命将黄庭坚的《戒石铭》置于天下郡县衙署,作为对官员的警示戒省。陈宝箴在湖北按察使任上,也在自己官署悬挂有这条幅作为自勉。此后,他还时常将这一条幅书写并赠予属下官员作为勉励。

光绪十八年(1892)九月,陕甘总督杨昌浚具奏陈宝箴上年甘肃协饷有功,应予奖叙,朝廷遂诏赏其为头品顶戴。

中法战争以后,日本见中国软弱可欺,遂在暗中加紧了吞并朝鲜和侵略中国的步伐。光绪十九年(1893),日本成立了战时大本营,做好了武力吞并朝鲜和侵略中国的全面准备。光绪二十年六月二十三日(1894年7月25日),日本不宣而战,突然在牙山口外的丰岛海面上袭击运送中国军队的商船,接着又不断向中国挑衅。中日战争一触即发,战争的阴霾密布于中国上空,朝野人士有目共睹,有志之士义愤填膺。基于此,朝廷诏令各省督抚加强海口要塞等军事设施建设。是年七月初一(8月1日),清政府下诏对日宣战,也就在同一天,日本也宣布正式向中国开战。第二天,陈宝箴奉上谕急赴金陵,与时任两江总督的刘坤一会商海防各口事宜,旋于二十日又从金陵匆匆转回武昌。恰在此时,湖北巡抚王之春奉旨入京,庆贺慈禧太后寿诞,经湖广总督张之洞的推荐,陈宝箴于七月二十九日再次署理湖北布政使,复于是年十一月二十九日卸事。

就在光绪二十年(1894)这一年,陈宝箴在湖北按察使衙署内设家塾,其子陈三立邀赵启霖、范仲林等课子衡恪于家中。不久,陈家又聘湘中名士周印昆等为塾师,教授衡恪、隆恪、覃恪和寅恪等。

是年夏,塾师范仲林将其侄女范孝嫦介绍给陈宝箴长孙陈衡恪;冬天到来时,范当世与继妻姚倚云送女儿孝嫦赴武昌,与衡恪成婚。

范当世(1854—1905),初名铸,原字铜士,又字无错,号肯堂,又号伯子,廪贡生,江苏通州人,晚清桐城派著名古文学家,尝师张裕钊、吴汝纶,工诗能文,以名士自居,与其弟范钟(仲林)、范铠(秋门)并称为"通州三范";张裕钊又将范肯堂、朱铭盘、张謇并称为"通州三生",又称"通州三怪""通州三杰"。范当世以才名世,诗文鸣于当时,早年游学南北,因九试秋闱而不第,故在35岁便绝意功名,后被晚清桐城大家吴汝纶荐为李鸿章的幕宾兼西席。范当世一生虽坎坷不第,却名显诗坛,其诗风格沉郁,苍凉悲慨,著有《范伯子文集》12卷、《范伯子诗集》19卷。汪辟疆在《光宣诗坛点将录》中以水浒中马军五虎上将"天猛星霹雳火秦明"属之,钱仲韩在《近百年诗坛点将录》中更将他比作"天雄星豹子头林冲",足见他在文坛的地位与影响。其原配吴氏,因病早卒,生女范孝嫦(1876—1900);继室姚倚云,出身于安徽桐城名门,工诗能文,且琴棋书画皆精,为有名才女,曾任南通女子师范学校校长,有《蕴素轩诗稿》存世。

中日战争爆发前后,华北局势骤然紧张,京师戒严。光绪二十年十月十五日,朝廷擢拔陈宝箴为直隶布政使,因他当时还兼署湖北布政使故未北上赴任。直到卸了湖北任事后,其孙衡恪与范当世之女范孝嫦大婚在即,至十一月二十一日陈、范大婚礼成,陈宝箴这才于十二月初三起程北上履任。

陈宝箴进京后,时任大学士的李鸿藻因陈宝箴曾协自己治理黄河,对其胆识和才略也多有了解,故在见到陈宝箴时,便以形势、军事诸事相询。陈宝箴应对如流,所见非凡,引起了光绪皇帝的重视,于是急召陈宝箴入宫觐见。

早在光绪六年(1880),陈宝箴即向朝廷上奏了《拟陈夷务疏》,呼吁朝廷吸取教训,急应对策,清除弊政,重振国威,并旁征博引地痛斥了西方列强入侵中国的种种罪行,吁请朝廷"励精求治,赏罚分明,进贤退不肖,慎简公卿,整顿军旅",以对付列强"蚕食鲸吞"的狼子野心,惜乎不为朝廷所用。如今,中日战争的大幕已经拉开,陈宝箴焉能不心急如焚!

光绪二十一年正月二十日(1895年2月14日),陈宝箴受到光绪皇帝的召见。觐见光绪皇帝时,他大胆陈述,侃侃而谈,从而博得了光绪皇帝的好感;及又见光绪皇帝面容忧悴,遂陈请日读圣祖《御纂周易》,以期变不失常,帝为之颔首。翌日,陈宝箴再上《谨奏兵事十六条》,详述京畿有关兵备防卫措施。耳闻目睹之下,光绪皇帝为之大悦,遂再授陈宝箴"接办湘军东征粮台,并准专折奏事,以期顺手"。

受命以后,鉴于军情紧急,陈宝箴即火速赴津,以直隶布政使兼湘军东征转运粮台的身份,为湘军东征将士筹备粮饷给养,转运至辽东吴大澂所部。不久,湘军与日军大战于牛庄等地,营口、田庄台等军事要塞于6天内相继失守,清廷依靠湘军击败日军的希望遂告破灭。

陈宝箴所奏的《谨奏兵事十六条》一折,其主要内容分为"固畿辅""择军将""严津防""简军实"和"筹急款"五大部分。

光绪皇帝览毕陈宝箴的这份奏章后,也深为他的赤胆忠心和军事才略所感动。陈宝箴在履任直隶布政使兼署湘军东征粮台后,即常川天津,并以户部候补员外郎毛庆蕃专主局务。而转运粮台一职,虽非正规的地方职务,但在战争时期却显得尤为重要,影响甚巨,正因为如此,陈宝箴才得与翁同龢、荣禄、李鸿章、李鸿藻、张之洞、王文韶、刘坤一等大臣交往并被倚重,这一职务也成了他宦海生涯中的一个明显转折点。

在直隶布政使兼湘军东征转运粮台任上,陈宝箴以自己的精练才略赢得了湘军领袖刘坤一等朝廷大员的器重。刘氏在光绪二十一年八月二十一日所上的《刊换粮台关防折》中,称陈宝箴是"历来粮台所仅见",并称赞他:"自设立湘军粮台以来,部饷、南饷、正款、杂款,一切井井有条,办理实为得力。"

甲午一战,尽管陈宝箴等将士以民族大义为重,并为这场战争付出了很多的牺牲和心血,但由于种种原因,中国在这场战争中还是遭到了惨败。

第四节 行新政抚督三湘

综观陈宝箴的一生,他有两个辉煌的时期。其一,参与镇压太平军期间,因才能出众、屡建奇功而为朝野所知所重;其二,担任湖南巡抚期间,大力推行新政,使湘省成为全国之冠。在他人生的第二次辉煌时期,这段历史尤显突出并为人称道,也是他载诸史册的最重要原因。

甲午战争遭到惨败后,李鸿章于光绪二十一年三月二十三日(1895年4月17日)在日本马关春帆楼与日本签订了《马关条约》。

消息传来,举国震惊,朝野为之哗然！陈宝箴更是义愤填膺,怒不可遏,并流涕长叹道:"无以为国矣!"痛心之下,他向光绪皇帝具疏上奏,历陈《马关条约》之利害得失,言极剀切。

未几,李鸿章从日本归国并途经天津,有传言称他仍将担任直隶总督,而时在天津的陈宝箴却愤而不见。

是年夏天,江西巡抚德馨因事免职,代署湖南巡抚德寿又奉调江西,而原湖南巡抚吴大澂也因受甲午战败的牵连而遭免职。经荣禄、王文韶、李鸿藻等大臣的大力保举,陈宝箴于是年七月二十四日被任命为湖南巡抚。

为官一任,造福一方。素以才略名世和清廉著称的陈宝箴,从小即立志不凡,自从进入官场那天起,他时刻都有体现自己人生价值、实现宏伟抱负的梦想,所以自然也明白自己肩上的分量与责任。在得知被任命为湖南巡抚后,他不免"独窃喜自慰"。陈三立在《湖南巡抚先府君行状》中,对其父当时的心境还做有如下注脚:"府君故官湖南久,习知其利病,而功绩声闻,昭赫耳目间,为士民所信爱,尤与其缙绅先生相慕向,平居常语人曰:昔廉颇思用赵人,吾于湘人犹是也。"

而且,陈宝箴入仕后,曾多次在湖南任职,故对湘省各方情况都了如指掌,对美丽的三湘风光更是情有独钟,并在《校武选士檄》中称"湖南秀甄湘水,夙称宝善之邦;云朵衡山,近号多才之地",由此可以看出他对湘省的特殊感情。

在接到湖南巡抚任命后,尽管陈宝箴的心灵上还笼罩着甲午惨败的阴云,但他的精神却颇为振奋。更令他感到欣慰的是,在湖南巡抚任上,他可以为国为民做一番惊天动地的事业,借以施展自己的抱负。早在光绪八年(1882),被罢官回长沙的陈宝箴为冯桂芬的《校邠庐抗议》一书作序。冯桂芬与郭嵩焘一样,都是目光高远、思想激进的饱学之士,他的《校邠庐抗议》称得上是清末倡导变法的第一部专著。是书成稿后,冯氏一度请曾国藩作序,但曾氏虑及是书言论过激,担心作序会影响自己的仕途,故未应允冯氏之请。而陈宝箴则大胆地为这部书写了序言,从中也可看出他与冯氏在维新变法观念上是一致的。《校邠庐抗议》一书付梓后,在全国知识界引起了强烈的反响,连光绪皇帝读后也颇觉动心,各地维新人士更是争相传阅,先睹为快。

清朝中期以前的湖南,"向称瘠土",故长期以来被视为"荒陋之区",经济、文化一直都比较落后,直到咸丰年间因太平军起事,湖南的曾国藩、曾国荃、左宗棠、胡林翼等一大批靠镇压太平军起家的名将应运而生,湖南才成为全国注目的一省。但是,湖南贫穷落后的面貌仍未得以改观,再加三年两头的旱、涝、蝗等各种灾害,三湘大地的百姓一直生活在水深火热之中。

早在陈宝箴任湖南巡抚之前,湘省又遭受了一场数十年罕见的旱灾,粮食产量锐减,全省饥民竟达百万之多。当时,陈宝箴虽远在京师,但对湘省灾情却极为关注。所以,他在接任湘抚后,甘冒风险,打破惯例地上书朝廷,借湘省灾情严重且路途遥远之由,奏请免予进京觐见,以便用最快的速度赶到湘省赈灾。

光绪皇帝见陈宝箴忠心可表,遂诏"饬湖南巡抚陈宝箴即赴新任;吴大澂俟陈宝箴到任,即行回籍,毋庸来京候简"。于是,陈宝箴于九月二日将直隶藩篆交卸完毕,即急如星火地沿海路南下赴湘。十月十一日,陈宝箴到长沙。下车伊始,他顾不上休息,即于翌日亲往巡抚衙署与前任巡抚吴大澂交割抚台篆印。

就在陈宝箴履任湖南巡抚后,陈三立于是年冬初将家从武昌迁到了长沙,一家人在巡抚署后院的"又一村"住了下来。此后,陈三立就一直随侍于父侧,参与机要,引荐人才,传递消息,筹划新政。

上任伊始,陈宝箴自忖:"本年旱荒,尤数十年来所未有,目前惟赈抚最为急务。"故他首先将募捐赈灾和安抚社会这两个最突出的问题当作头等大事来抓,从而使湖南全省的旱灾损失最大限度地减轻,促进了全省社会的稳定。对此,其子陈三立在《湖南巡抚先府君行状》中就写道:"是时湖南旱饥,赤地且千里,朝廷以为忧,趣府君赴任,勿入觐,遂取海道入长沙。盖湖南所被灾州县二十余,浏阳、醴陵、衡山最巨。府君先传电诸行省大吏乞互助,旬日达复电,有助金五六十万,府君用是稍得藉手矣。首大振三县……府君以米禁大系安危,遣某总兵持符亟遮之,诚立诛其首梗令者,由是愁挽而上,人心大定。凡府君所设方计,得次第振活都百数十万人。当是时,非府君为巡抚,湖南几大乱。"谭嗣同在《上欧阳中鹄(十)》中也评说:"见难民作种种状,悚然忆及去年家乡之灾,幸有人焉以维持之,不然,大乱一作,惨毒当不止此。办赈灾者真功德无量哉!"

经过陈宝箴等人的不懈努力,湘省的旱灾损失终于得以减轻,不久即出现了百业待兴的良好局面,从而促进了全省的稳定与发展。

待将全省旱灾这一头等大事处理完毕,陈宝箴又将整饬吏治一事摆到了议事日程。首先,他在查明岳常澧道钱康荣等营私舞弊案的基础上,不顾各方说情,毅然将钱康荣等一干人绳之以法,使全省上下人心为之一快。

紧接着,陈宝箴又对全省的吏治予以全面的整饬,先后落马的地方官员有常德知府文杰、同知吴爱亭和长沙府幕僚任麟等府县以下昏庸不称职者二十余人,予以悉数免去,并以"干良者代之"。特别是任麟其人,他在遭到查办后,四处活动游说,并派人到京城送礼说情,又央及直隶布政使王廉为之说情,希望陈宝箴能网开一面,但陈宝箴毫不留情,同时具疏将王廉的"党私背公,颠倒是非"行为上奏朝廷,王廉因此也被革职查办。曾对陈宝箴举荐有恩的直隶总督王文韶在为任麟说情后,也受到了朝廷的"交部察议"处分。

陈宝箴在湘省整饬吏治的一系列举措,引起了朝野的不小震动,一时之间,人们传言纷纷,而对他挟嫌诟议的也为数不少,更有甚者,有人声称还要对他和他的全家予以报复。但在大是大非面前,陈宝箴凛然不为所动,决不退让,表现出了一个改革者无私无畏的气魄。

结束了募捐赈灾、恢复生产和整饬吏治,陈宝箴便开始着手在全省范围内大刀阔斧地推行新政。新政的宗旨是"兴学、阜民、强兵"。主要措施有:董吏治,辟利源,变士气,开民智,救军权,公官权。

其实,鉴于中国历代变革者的实践与结果,陈宝箴、陈三立父子在湖南推行新政时所奉行的也是稳健、渐变的改革思路。对此,杨剑锋在《现代性视野中的陈三立》一书中写道:"应该指出的是,陈氏父子奉行的稳健、渐变的改革思想,可视为湖南新政的一条总纲。陈宝箴曾经以医药治病为喻,借医生张定山之口指出:'天下事,执缓与急之见者,不酿则激,非良剂也。今徒取快于一时,后将有难于此者,将若何?'并表示:'嗟乎,岂推医哉!古今之变,天下之乱,皆是也。'"

陈宝箴认为学习西方、实行改革是富国强兵的最有效途径,他的思想在当时无疑也是最为激进的,故他任湖南巡抚伊始,就积极宣传维新思想,澄清吏治,裁撤冗吏,罢免庸吏,兴办实业,开辟航道,引进机器制造,开放时务学堂,创立算学堂、湘报馆、南学会、武备学堂等文化教育事业。这些大刀阔斧的改革举措启迪了民智,改变了风俗,推动了工商各业向近代化方向发展,使整个湖南省的面貌焕然一新。

陈宝箴、陈三立在湖南推行新政期间,他们父子身边聚集了众多人才,这些人在全国也都是第一流的。在陈宝箴父子的影响下,这些人也都以变法为己任,肩负责任,勇往直前,从而在中国近代史上留下了不同的身影。

对湘省新政最有力的支持者为江标。他于光绪二十年(1894)由翰林院编修放任到湖南任学政,成为陈宝箴的得力助手。光绪二十三年三月(1897年4月),湖南按察使李经羲奉调入京,经翁同龢推荐的黄遵宪被任命为盐法长宝道兼署按察使;不久,徐致靖之子徐仁铸接任江标就任湖南学政,成为陈宝箴推行新政的左膀右臂,再加上熊希龄、梁启超、谭嗣同、唐才常等一大批激进志士的共同努力,湖南新政终于有声有色地开展起来。

陈宝箴在湖南推行一系列新政措施,成绩斐然,反响巨大,也引起了光绪帝的高度重视,从而也促使他下定通过变革来实现富国强兵的决心。

特别是中日甲午战争后,面对国家一连串的内忧外患,一向孱弱的光绪皇帝,那颗年轻、新奇的心促使着他总想能有一番作为,他不甘心大清江山葬送于自己手中,期望通过变法来改变国家的落后面貌,通过变法从慈禧太后手中夺回属于自己的权力。

实行维新变法,富国强兵,改变国家的落后面貌,这是光绪皇帝梦寐以求的愿望。所以,陈宝箴在湖南推行新政所取得的巨大成绩,更加坚定了他变法的决心。在肯定了陈宝箴的新政举措后,光绪皇帝又力排重阻,毅然于光绪二十四年四月二十三日(1898年6月11日)颁下"明定国是"诏书,晓谕全国,实行变法。从光绪皇帝颁诏变法这一天起到慈禧太后八月初六(9月21日)发动政变止,在短短的103天中,光绪皇帝相继颁布了180余道谕旨。

晚年的陈宝箴

为了消除对新政的阻力,光绪皇帝还多次下诏,对顽固守旧的两广总督谭钟麟和两江总督刘坤一予以斥责,此后还相继革去了反对变法的礼部尚书怀塔布、许应骙、侍郎徐会沣、曾广汉等人的职务。而对于陈宝箴在湘省推行改革,实行新政,使湖南面貌焕然一新的实绩,他还分别在六月十八日(8月5日)、六月二十三日(8月10日)先后两次颁下谕旨,对陈宝箴予以褒奖。

光绪皇帝颁旨变法后,陈宝箴觉得自己不但遇到了真正的明君,而且遇到了人生的知己,从而也更加坚定了实行变革的决心。在此情况下,他于是年六月十八日又上《密保京外贤能各员折附清单》,向朝廷保奏了陈宝琛、杨锐、欧阳霖、杜俞、薛华培、柯逢时、左孝同等17人,以供朝廷选用。在他保奏的人才当中,杨锐、刘光第均奉调进京并入军机处行走,与谭嗣同、林旭并称为"军机四卿"或"军机四章京",四章京后来被杀,名列"戊戌六君子"。此外,他还担心杨锐、刘光第这些年轻的章京在军机处行走人望不足,进而又重点推荐张之洞入京,入执掌军国大权的军机处任军机大臣。

但是,光绪皇帝毕竟是一位软弱的皇帝,多种原因造成了他的变法在当时情况下是不可能成功的。所以,在慈禧太后蛮横的干预之下,百日维新只能以失败告终。

陈宝箴在湘省推行的一系列新政举措,使保守、闭塞而又落后的湖南出现了百业兴旺的大好局面。但是,伴随着湖南新政措施的进一步深入与发展,人生悲剧的厄运也开始悄悄地向陈宝箴、陈三立父子逼近。

光绪皇帝下诏变法后,引起了慈禧太后的强烈不满,帝党与后党之间的矛盾也日益明朗化且炽热化。光绪二十四年(1898)八月初六,随着文廷式、翁同龢等人的相继被免罢职,慈禧太后发动政变,下令囚禁光绪皇帝,缉捕康有为、梁启超。八月十三日,谭嗣同、刘光第、林旭、杨锐、杨深秀、康广仁等六人被慈禧太后懿旨杀害于北京菜市口,史称"戊戌六君子"。至此,新法被废,"百日维新"遂告失败。

纵观陈宝箴在湖南巡抚任上大兴新政之实绩,其最主要影响则在于创办时务学堂。时务学堂可以说是陈宝箴在湘任上的最重要建设之一,梁启超等人还称此举成了后来戊戌变法的导火索。

北京政变期间,康、梁出走,慈禧太后训政,守旧势力的弹章也为之蜂起,御史黄桂鋆、黄均隆等分别于八月二十日、二十一日联章弹劾陈宝箴。在此情况下,陈宝箴也因推行变法和保荐杨锐、刘光第而成为慈禧太后和守旧势力的眼中钉,他们急欲除之而后快,幸得军机大臣荣禄和王元和在慈禧太后面前叩头求情。朝廷颁下诏书,陈宝箴虽被免去了杀戮和充边之灾,却以"滥保匪人"之罪名而受到革职回籍、永不叙用的处分,其子陈三立也一并被革职不用。

翌日,原湖南布政使俞廉三升为湖南巡抚,山东按察使毓贤调任湖南布政使。两日后又有上谕:"陈宝箴已革职,永不叙用;荣禄曾经保荐,兹据自请处分,荣禄着交部议处。"

就在陈家父子被革职前夕,清廷还于八月十日诏令两江总督刘坤一、江西巡抚翁曾桂,秘密缉捕支持变法的文廷式。当时,文氏与其夫人恰在湘省,故南京、江西两地缉拿文氏遂成泡影。陈宝箴得知后,急与广东番禺人蔡乃煌密议,暗嘱文廷式潜往上海以避,并赠金三百两做川资。后来,文廷式秘密赴沪,旋又辗转东渡扶桑,终免遭难。

戊戌政变后,陈宝箴父子未被处死和流放,也算不幸中之大幸,但陈宝箴的保荐人荣禄却受到了"交部议处"的处分。对此,陈寅恪在《寒柳堂记梦》中也称,此乃因"荣禄及王元和叩头乞请所致也"。至此,陈宝箴以自己数十年的宦海生涯作为代价,为清末光怪陆离的这段历史谱写了一曲悲壮的乐章。

第五节　遽世西山留谜案

陈宝箴、陈三立父子被革职后的九月十七日(10月31日),陈宝箴将湖南巡抚的关防、王命旗牌及其文卷等,委长沙知府颜钟骥、署抚标中军参将杨定得送给新任巡抚俞廉三。交接完毕后,陈宝箴又将移交经过及情况具书以奏。

九月二十日(11月3日),长沙士绅得知陈宝箴一家离湘,扶老携幼,前来相送。此时,离开官场后的陈宝箴,一袭青衫素服,携家前往九江。在长沙城外的三叉矶旁,陈氏父子与前来送行的长沙父老依依作别,而湖南新任巡抚俞廉三则将陈家送至湘阴地界方才回转长沙;时任湘阴县令的赵知县,也因素慕陈宝箴之为人,故在临别之际还特地赠以银两做川资。此时此刻,陈宝箴也颇为动情,并再三叮嘱赵知县道:"尔官声好极,努力为之,始终如一;为上为国,为下为民,使千百世后知宝箴所用之人多清官,受赐多多矣!"

离开长沙后,陈宝箴携家二十余口,扶黄夫人灵柩途经武昌前往九江。此前,陈宝箴、陈三立父子曾拟居九江,故托旧友朱明蕴在庐山的陶渊明故里栗里赁房置地,但直到陈家老小抵达栗里时,方知所托之人不但未将事情办妥,且将陈家置房用银花个精光。陈三立知所托非人,"气得拳击船舱,并被破碎玻璃划破了手"。不得已,陈氏父子只得临时变更计划,改道前往南昌。

陈家到达南昌时,陈三立的五舅黄文茂及陈家姻亲罗家诸兄弟均在此地,故也都前来相迎。在亲戚朋友的帮助下,陈宝箴先将黄夫人的灵柩暂厝于抚州门外的九莲寺,然后才在城内的磨子巷暂时安下身来,陈三立则时常带着儿女们到九莲寺伴守黄夫人。

陈宝箴归隐南昌后直到去世,这段日子前后仅一年有余。其间,他以课子孙为乐事,并曾撰文以勉隆恪诸孙曰:

读书当先正志。志在学为圣贤,则凡所读之书,圣贤言语便当奉为师法,立心行事俱要依他做去,务求言行无愧为圣贤之徒。经史中所载古人事迹,善者可以为法,恶者可以为戒,勿徒口头读过。如此立场,久暂不移,胸中便有一定趋向,如行路者之有指南针,不至误入旁径。虽未遽是圣贤,亦不失为坦荡君子矣。君子之心公,由亲亲而仁民,仁民而爱物,皆吾学中所应有之事。故隐居求志,则积德累行;行义达道,则致吾泽民,志定则然也。小人之心私,自私自利,虽父母兄弟有不顾,况民物乎? 此则宜痛戒也。四觉老人书示隆恪。

由于陈宝箴为官清廉,故免官后并无多余积蓄,此番又被革职,固定收入也被掐断,在"囊箧萧然"的情况下,一家人到南昌后只得"从婚友假贷自给"。不久,鉴于城中消费较高,再加上生活来源中断,陈宝箴只得迁到南昌西山暂居。对于陈宝箴的清廉之风和陈家到南昌后的生活困境,曾在其属下任事的邹代钧在《致汪康年(七十八)》中写道:"右丈家居,天怀泰然,甚是康强。伯严则苦于谋生耳。"而陈三立在《湖南巡抚先府君行状》中也称:"府君既罢归南昌,囊箧萧然,颇得从婚友假贷自给。"

西山位于南昌城西四十里处,地属新建县所辖。此地有一冈阜,名曰筿青山,古名散原山,俗名也称西山,山川秀丽,风水颇佳,故陈宝箴就托人在此置地一方,以作为夫人的长眠之所。

光绪二十五年四月（1899年5月），陈宝箴将黄夫人安葬于此，并在墓之左侧预留生圹，准备将来与黄夫人同葬于此。黄夫人落葬时，值陈宝箴落有一齿，他将此齿包好安置于生圹之内，并赋《落齿》一诗曰：

一齿先余同穴去，此身独自落人间。
青山埋骨他年事，未死还应饱看山。

黄夫人安葬既毕，陈宝箴还命家人在黄夫人"墓旁筑屋，前后各三楹"，"取青山字相并属之意"，是谓"崝山"，又曰"崝庐"。墓庐是一座砖木结构的二层小楼，建成以后，陈宝箴还在草庐的门上自题一联云："天恩与松菊；人境托蓬莱。"陈三立后来还撰有《崝庐记》一文，并对崝庐有如下描绘："西山负江西省治障江而峙，横亘二三百里，东南接奉新、高安诸山，北尽于彭蠡，其最高峰曰萧坛，下纷罗诸峰，隆伏绵缀，止为青山之原，吾母墓在焉。墓旁筑屋前后各三楹，杂屋若干楹，施楼其上为游廊，与母墓相望。……吾父既大乐山水云物，岁时常留崝庐不忍去，益环屋为女墙，杂植梅、竹、桃、杏、菊、牡丹、芍药、鸡冠红、踯躅之属，又辟小坎，种荷蓄鯈鱼。有鹤二，犬、猫各一，驴一。楼轩窗三面，当西山，若列屏，若张图画。温穆杳蔼，空翠蓊然，扑几塌须眉，帷帐衣履皆掩映黛色。庐右为田家老树十余，亏蔽之。入秋，叶尽赤，与霄霞落日混茫为一。吾父澹荡哦对其中，忘饥渴焉……"

此后，在一派如诗如画的江南山水田园风光里，陈宝箴长居于此，乐而不疲，并时赋诗文以自娱。在其中一首七律中，他对崝庐风光还做这样的歌咏：

西山高处暮云飞，绝顶苍茫入翠微。
彭蠡连江烟漠漠，匡庐溅瀑雨霏霏。
乘鸾帝子今何在？跨鹤王乔去不归。
四望渺然人独立，天风为我洗尘衣。

在落寞寂静而又自得其乐的一年多时间内,陈宝箴一直厮守于黄夫人的墓侧,放任于山水之间,以回忆、诗文与课子自娱,直到生命的最后;而陈三立则携家人仍居于南昌城内,时常携家人到崝庐住上几天,陪伴老父,以尽孝道。对于这段时光,陈三立还有如下回忆:"往往深夜孤灯,父子相语,仰屋唏嘘而已。"

南昌西山古名散原山,《水经注》中就有对此山的最早记载。所以,陈三立后来就以"散原"作为自己的号,算是对父母的永久纪念。黄夫人墓旁尚有一小山,名曰"鸾冈",这里四周环水,当地人称为"鸾陂"。后来,陈宝箴的孙子陈方恪就以"鸾陂"为号,并著有《鸾陂草堂小记》等诗集。

是年冬,陈宝箴率子孙到南昌城中合影留念。翌年(1900)三月十三日,陈三立率子女到西山崝庐为母亲扫墓,适逢其内兄俞明震调任江南陆师学堂兼矿路学堂总办,姻亲李有棻也在为母守制期满后被任命为江宁布政使,陈宝箴于是就让其子陈三立做迁往江宁的准备。

陈宝箴与晚辈南昌合影(1899)

陈家之所以决定举家迁往江宁,也是有一些原因的。其一,时任两江总督的刘坤一,曾在江西巡抚任上多年,与陈宝箴有着多年的交谊;其二,时任江宁布政使的李有棻,与陈家是姻亲关系,其夫人俞镜秋系俞明诗之堂姐;其三,时任江苏候补道的薛华培,系陈三立的多年至交好友,全家此时也居于江宁,其父薛焕曾任江苏巡抚多年,系陈宝箴、陈三立父子多年的旧交;其四,陈三立的内兄俞明震于光绪二十六年(1900)二月奉调江宁,充江南陆师学堂总办兼矿路学堂总办;其五,时任江宁知县的黄彝凯(字孟乐),与陈三立是好友,两人还有不少诗文唱和之作;其六,当时陈家还有不少故交也都在江宁。正是因为这一系列的关系,从上到下都可从中照料,故陈家最后决定迁往江宁居住。

陈三立此次率子女扫墓时,也向父亲陈宝箴做离赣的告别。此次作别,陈三立还赋有《崝庐述哀》一诗。就在家人离开崝庐之前,陈宝箴与家人还有秋必往江宁相聚之约。

四月(5月)初,时任江苏候补道的薛次申,再次热情邀陈三立携家前往江宁定居。于是,陈三立就告别老父,携家前往江宁。到达江宁城后,陈家寓居于白下路鸽子桥畔珠宝廊,与薛次申的寓所对门。

陈家入居江宁城后不久,陈衡恪之妻范孝嫄于光绪二十六年四月十八日(1900年5月16日)生下一子,取名陈封怀。范孝嫄产子刚刚月满,也就是五月十八日(6月14日)这天,即因病去世,年仅25岁。

俗话说:"祸不单行,福无双至。"范孝嫄殁后刚过月余,更为不幸的灾难再次降临到了陈家。是年六月二十六日(1900年7月22日),这一天在义宁陈氏家族史上可以说是暗无天日,一腔抱负的陈宝箴在无人见证的情况下,于荒无人烟的南昌西山崝庐悄无声息地离开了人世。

噩耗传来,陈三立即率全家扶着范孝嫄的灵柩,从江宁回南昌赴丧。

父亲遽然离世,作为长子的陈三立,既不在父亲身边随侍,又未能聆听到父亲临终的遗嘱,他对此悲情难抑,痛定思痛,椎心泣血地写下了六千余言的《湖南巡抚先府君行状》。他沉痛写道:

营葬吾母西山下,乐其山川,筑室墓旁,曰崝庐,……二十六年四月,不孝方移家江宁,府君且留崝庐,诫曰:"秋必往。"是年六月廿六日,忽以微疾卒,享年七十。……不孝不及侍疾,仅乃及袭敛。……天乎!痛哉!

惊悉陈宝箴遽然辞世,亲朋好友闻之无不痛惜万分,陈家虽未大张旗鼓举丧,但挽诗、题联和祭文却也不少,其中尤以叶泰椿、余肇康、陈三崑所作的挽联最能表达其一生的功业。

一代"海内奇士"、封疆大吏、湖南新政的主持者陈宝箴,就这样在无人知晓的情况下不明不白地去世了,他的遽然辞世,还为世人留下了一个迄今仍无法解开的谜团。

关于陈宝箴的直接死因,其子陈三立的说法当然是至关重要的依据。对此,陈三立在《湖南巡抚先府君行状》中写道:

卒前数日,尚为《鹤冢》诗二章;前五日,尚寄谕不孝:勤勤以兵乱未已,深宫起居为念。不孝不及侍疾,仅乃及袭敛。通天之罪,锻魂锉骨,莫之能赎。……不孝既为天地神鬼所当诛灭,忍死苟活,盖有所待……

陈三立在文中称其父是在正常情况下去世的。不过,就在陈宝箴去世后的第83个年头,1983年的《文史资料选辑》(第87期)却刊登了宗九奇撰写的《陈宝箴之死的真相》一文。出人意料的是,宗氏在文中提出了陈宝箴被慈禧太后密令赐死的观点。宗氏在文中这样写道:

但是,陈宝箴之死,实乃至今尚未昭白的政治大冤案。据近人戴明震先父远传翁(字普之)《文录》手稿,有如下一段记载:

光绪二十六年(庚子)六月二十六日,先严千总公(名闳炯)率兵弁从巡抚松寿驰往西山"靖庐"宣太后密旨,赐陈宝箴自尽。宝箴北面匍伏受诏,即自缢。巡抚令取其喉骨,奏报太后。

据此,三立所称其父"忽以微疾卒",实是痛不忍言的避讳之辞("微疾"之"微",实为细微、隐微的双关语辞;"疾",则是疾病、疾速的双关语)。联系到"忽以微疾卒"所紧接的下文,细加研读,我们不难看出三立所言"锻魂剉骨""忍死苟活,盖有所待",乃是极其沉痛地对父死因的暗示。次年,诗人上父墓归后的诗句"孤儿犹认啼鹃路,早晚西山万念存",也是多少透露了其父死于非命的信息。

宗氏在其另一篇《陈三立传略》文中,针对陈宝箴的死因也提出了与上文相同的观点,同时还提供了他认为较为"可靠"的分析依据。但是,截至目前资料所见,宗氏称陈宝箴死于慈禧太后密令赐死之说仍属孤证。对于父亲的去世,陈三立在他的《湖南巡抚先府君行状》中,尽管也透出了一丝难言的隐曲,但毕竟未直接道出宗氏所言的看法。

义宁陈氏家族文化研究专家、学者刘梦溪也提出了与宗九奇类似的观点,他甚至认为陈三立也应明确地知道其父死因的真相,并称"高贵如义宁陈氏一族,自己有那等显赫地位的亲人被行刑处死,场面那样惨毒,当然不必向后人以及外人道也"。刘梦溪经过多年研究,出版了《陈宝箴与湖南新政》一书,他在书中这样写道:

《文录》手稿系孤证,发表后未引起太大注意。笔者当时的态度,也是将信将疑。后来细审《文录》手稿之记载,时间、地点、人物均正确无误。遂以为可信度相当之高,因为这样的"假"是不容易造出来的,事实上也没有任何造假的必要。如是,则陈宝箴实系那拉氏密旨赐死,且被害场面之惨毒,实有不可言传者。难怪陈三立要呼"痛哉,天乎!"如果参之以陈三立的有关诗作及相关材料,循陈寅恪提出的释证古籍须结合古典与今典的诠释学原则,破解散原布下的重重迷障,就知道载氏《文录》之记载不是孤立无助之属,而是完全有可能得以证实的历史故实。

另外,宗九奇称陈宝箴是在接到慈禧太后的赐死诏书后"自缢身亡"的,且在陈宝箴死后,江西巡抚还令人"取其喉骨,奏报太后"。而叶绍荣在《陈寅恪家世》一书中则又称:

另一种说法是陈宝箴气得吞金自杀的。在陈宝箴故里——江西修水竹塅老辈人中,多持此种说法,在修水民间老辈人中,这种说法也较普遍。

由于当时政治形势复杂,陈宝箴又独居偏僻的山野,并且死得太突然,所以近百年来,有关陈宝箴的死因,留下诸多的难解之谜与历史疑点,众说纷纭,莫衷一是。

死者已矣!但不管怎样说,陈宝箴于光绪二十六年六月二十六日

（1890年7月22日）离开人世，却是一个不争的事实。

陈宝箴之死，是义宁陈氏家族文化源流中的一大挫折，这一事件不但使义宁陈氏家族受到了一次前所未有的打击，也使其子陈三立对未来人生的选择有了一种宿命般的预设，同时还影响了陈宝箴的孙辈，并在他们的心灵上留下了难以抹去的印记。

第六节　是非功过任评说

陈宝箴最初以一举子起家，在参与镇压太平军的过程中赢得了"海内奇士"的声誉，此后得以晋身仕途，并从地位卑微的小官做起，一步一个脚印地向上晋升，最后竟做到了封疆大吏，俨然一方诸侯，朝野人士为之瞩目。特别是陈宝箴在湖南巡抚任上，大力推行新政，实施新法，使一向贫穷落后的湖南风气大为改观，面貌焕然一新，同时还赢得了近代著名改革家的美誉。

陈宝箴是中国近代史上的著名人物。对这样一个历史人物，人们的共识是：由于他曾参与镇压太平军，故不少研究者对此颇有微词，但对他在湖南巡抚任上推行的新政事业，却又交口称誉，并给予了较高的评价。

一、政治影响

陈宝箴从江西省义宁州竹塅的一介山民而成为名闻天下的能臣，在他当时所处的那个科举时代来说，绝非易事，从中也可看得出他的精明强干之才。

陈宝箴为官清廉，人格高尚，具有远见，更富有责任心，并在作文、练兵、治河、办教育、调理人事等方面，皆一时之选，被称为晚清时期的第一流人才。他在任湖南巡抚期间，所推行的一系列新政措施，是其一生中最为显耀也最为人称道的一件大事，也因此而名垂史册。新政期间，相对于全国来说，湖南又可以说是光绪皇帝在戊戌变法期间在地方上的一个先行试点，它与整个戊戌变法联为一体，对地方维新来说具有典型示范作用。特别是对湖南省来说，这些新政的实施，拉开了湖南省迈向近代化建设的序幕,在湖南近现代的政治、经济、军事、工商、交通、文化、教育等各个方面都留下了深刻的印记,使湘省风气大为改观,面貌焕然一新,并由一个贫穷落后的偏僻小省一跃而成了全国"最富朝气的一省",被外国人士誉为"中国的普鲁士",为后来湖南在各方面的发展奠定了良好的社会基础。所以直到多年以后,毛泽东对陈宝箴、陈三立父子在湖南新政时期的贡献还做如下之评:"在长沙设时务学堂,发刊《湘报》《时务报》。一时风起云涌,颇有登高一呼之概。……中国时机的转变,在那时候为一个大枢纽。湖南也跟着转变,在那时候为一个大枢纽。"

二、诗文著述

陈宝箴是中国近代史不能绕过的人物。作为晚清时期卓有建树的封疆大吏,陈宝箴不但是一位雄才大略、勇于革新的政治改革家,而且是一位满腹诗书、才华横溢的诗文大家。

作为一位雄才大略的政治改革家,陈宝箴平时不以诗文名世,也许正是这个缘故,后人对他的诗文关注不够,也未予以深入的和全方位的研究。尽管如此,他仍然不失为晚清时期一位卓尔不凡的诗文大家。

陈宝箴出身于最普通的农耕之家,受祖父辈的影响,他有耿直的性格和刚正不阿的气质,从小胸怀大志,抱负不凡。步入仕宦之后,虽历尽沧桑,却仍然义无反顾,始终爱国爱家,忧国忧民,这无疑是他的可贵之处。在为人处世上,他机智过人,处变不惊,干练果断,气魄宏大,再加上他思想激进,目光远大,可以说是中国近代史上不可多得的一流人才。可惜的是,他后来未得大用,死得也太早,故生平抱负未能得以完全的施展。

关于陈宝箴的生平事迹,前面已有所述,而作为一个中国古代传统的士大夫,他在文学创作上也有很深的造诣。下面就针对他的诗文作品略做评述。

作为一位政治改革家,陈宝箴并不像他的子孙们那样以诗文显名,但在政事、军事之余,也有不少诗文作品,并取得了相当高的成就。

陈宝箴自幼受家风熏染,嗜书好学,成年后更是满腹诗书,才华横溢。他弱冠即得中举,如果不是内忧外患的影响,他后来也不可能改变正常的科举应试的人生模式,在文学或科举的道路上也可能会有另一番建树,但战乱却将他拉入了另一个世界,并使他在这个崭新的世界中另有创建。

陈宝箴去世后,其生平所著奏议、批牍、文集、诗集等作品,先有抄本《陈佑民中丞遗集》存世。他留下来的诗作据说也有300首左右。2005年5月,中华书局出版了由汪叔子、张求会主编的《陈宝箴集》,分上、中、下三册,收录了陈宝箴生平所作的奏议、疏文、书信、诗文等,共41卷,146万字。

对于陈宝箴的诗文作品,他的朋友辈诸如李复、罗亨奎等,也曾有过一些评述,但未见传世。曾国藩在《复右铭太守文》中则称其文曰:"骏快激昂,有陈同甫、叶冰心诸人之风。"与陈宝箴交游多年的郭嵩焘,对陈宝箴的诗文评价也很高,并称:"右铭十余年纵迹,与其学术智略具于斯,其才气诚不可一世,而议事理曲折,心平气夷,虑之周而见之深远,又足见其所学之邃也。"

陈宝箴虽不以诗文名世,但他对诗却有独到的见解。在《书塾侄诗卷》中,他对诗提出了自己的见解:"诗言志,志超流俗;诗不求佳,然志高矣。"胡迎建先生在《近代江西诗话》中,在评价其诗时称:"修水陈宝箴诗,抒爱国怀抱,可作诗史看。"叶绍荣在《陈寅恪家世》中也称:"他的诗,不附会风雅,特重民族气节。诗风沉郁深挚,于中可见一生抱负与愤懑。如《长沙秋兴用杜韵八首》中,有'水阁鱼龙争落照,风高鹰隼突层阴'句,可看作是他的人格的象征。'麟阁嵯峨第一功,如云材武出湘中,喜看金紫蒙殊泽,渐沉衣冠易古风',表达他对湖南一时英才济济而喜溢眉宇的欢欣之情。'始觉英才为世累''乾坤泡幻局如棋'等句,又写出了他所进行的新政,被旧守党人多方掣肘,似预料到难免挫折的忧虑。"

陈宝箴入仕后,政务、军务一直比较繁忙。在闲暇之余,陈宝箴也多有诗文之作,平时偶有感思,遂即赋之于诗。如他在湖南省城长沙居住期间,对此地的风景殊为爱好,将家迁至此,奉母以养,并写了不少吟诵长沙的诗篇。

第三章 诗坛领袖陈三立

◎

在义宁陈氏家族的文化传承史中,陈三立是一个承上启下、继往开来的重要人物,从而形成了义宁陈氏家族文化源流中的主流。而在义宁陈氏家族这条源远流长的文化长河中,义宁公子陈三立之所以能成为陈氏家族中的中流砥柱,祖辈的精神影响是其中的重要原因。

除内在原因外,对陈三立诗文产生颇多影响的还有义宁先贤、北宋大诗人黄庭坚。黄庭坚是宁州双井人,距陈三立的故里竹塅仅数十里之遥。两位名传千古的大诗人,各以其璀璨夺目的辉煌,比肩媲美,交相辉映,堪称千古佳话。

第一节 翩翩公子真名士

陈三立(1853—1937),初名成牧,字伯严,世称散原老人。"三立"之名,乃源于《左传》中"太上有立德,其次有立功,其次有立言"之典,因其父母之遗骸安葬于江西南昌章江门外的散原山之故,他后来便以"散原"为号。

清咸丰三年九月二十一日(1853年10月23日),陈三立出生于江西省义宁州泰乡七都桃里区竹塅里(今江西省修水县义宁镇桃李片区竹塅村)。

陈三立出生的前十年,由于清政府在第一次鸦片战争中战败,被迫在英国炮舰下与入侵者签订了屈辱的《南京条约》,昔日雄踞世界东方的天朝帝国,从此结束了闭关锁国的历史,开始步入半殖民地半封建时代。

陈三立出生前后,势若破竹的太平军从两广地区一路北上,所到之处,人心惶惶。太平军进至义宁州境内时,陈三立的祖父带着树年、宝箴两个儿子和侄子们正在办团练,祖母李太夫人和母亲黄夫人则带着他留守家中。陈三立刚满一岁时,太平军石达开所部前来侵袭,母亲只得背着三立与乡邻一起逃往山中躲藏。不意,途中突遭乱军,一行人急忙躲入路旁丛林当中,同行妇人皆劝黄夫人用棉絮将小三立的嘴巴堵住,以免哭声招来乱军,但黄夫人担心此举会使儿子窒息,执意不肯。所幸的是,小三立居然没有哭叫,这群躲难的人们也终于侥幸地躲过一劫。对于此次逢险,陈三立后在《诰封一品夫人先妣黄夫人行状》中还有这样的叙述:"咸丰三年,不孝三立生。岁余,避粤寇走邻县界,夫人常襁负不孝,夜群奔。一夕逢乱兵,伏道旁林中,同行姬语夫人持絮塞儿口,夫人恐儿死,不听;儿幸卒不啼。"

咸丰五年五月二十二日(1855年7月5日),陈三立之弟三畏出生,"三畏"本系谱名,取自"君子有三畏:畏天命,畏大人,畏圣人之言"之典,又取别名绎,字仲宽。6岁那年,陈三立入塾读书。与他一起读书的还有堂姐德龄,德龄系伯父树年之长女。德龄与三立、三畏两弟从小在一起读书玩耍,感情至深,故她出嫁后仍与三立一家保持着亲密的来往。

同治元年(1862)秋,陈宝箴一度回乡,并建四觉草堂,与李复、黄韵兰等知心好友在此唱和论学。翌年春,陈宝箴外出,临行前还将四觉草堂改为家塾,并请李复教授子侄。随着年龄的增长,陈三畏也到了读书年龄,三立便与德龄、三畏等同在塾中读书。

同治三年(1864),陈宝箴因席宝田上疏叙功,以知府分发湖南候补,将家也迁至湖南省城长沙关王庙的闲园,三立则仍留于义宁老家读书。

同治十年(1871),18岁的陈三立离开竹塅老家,前往义宁州府学读书。史载,义宁州先贤黄庭坚曾在此读书,这里依山傍水,风景绝佳,是个读书的好地方。陈三立怀着对先贤的敬意,读书勤奋,刻苦用功,对古文、诗歌和书法都有着浓厚的兴趣。后来,陈三立能成为古文大家和"同光体"诗派领袖,继承同乡黄庭坚的诗风而又重开新天地,这与他在此读书也不无关系。所以,"同光体"诗派领袖之一的郑孝胥,在《散原精舍诗·序》中就评价陈三立及其诗道:"虽出于鲁直,而苍莽排奡之意态,卓然大家,非可列诸江西社里也。"

同治十年(1871),18岁的陈三立考中秀才;同治十二年(1873)秋,20岁的陈三立前往江西省会南昌参加乡试,但不幸未能中试。

乡试过后,陈三立顺道赴湖南,在省城长沙闲园随侍父母。是年秋,陈三立与罗孺人(1855—1880)结为夫妻,婚礼在罗夫人的父亲罗亨奎的酉阳知州任所举行。罗孺人,祖里是江西省武宁县洋井里,系四川酉阳知州罗亨奎(号惺四)之长女,小陈三立两岁。后来,罗氏卒于光绪六年(1880),时年仅25岁,生子除衡恪外,另生同亮等二子,但不幸早夭。罗孺人生于书香门第,性情温和,知书达理。婚后不久,陈三立即携罗夫人同回长沙。

此时的陈三立,新婚宴尔,踌躇满志,展现在他面前的是一条充满希望的康庄大道。到长沙后,由父亲引荐,他先后得与易顺鼎、袁绪钦、陈锐等结识,并常与他们一起谈论诗词,切磋学问,相处极为融洽。此外,陈三立还与朋友们到岳麓山、庐山、武陵等风景名胜游览,相互唱和,乐而不疲。

易顺鼎(1858—1920),字实甫,号哭庵,因室名琴志楼故又号琴志楼主,湖南龙阳人。光绪元年(1875)中举,先后任河南候补道员、广东道员、印铸局秘书等职。易顺鼎工诗擅文,与樊增祥齐名,常游于公卿之间,他是陈宝箴的好友易佩绅之子,当时正与其父居住在长沙的培芝书屋,宅中还建有憩云楼,又名函楼,与陈三立亲密友善,也是终生的诗友。陈三立后在《祭易实甫文》中还称:"忆始浮湘,分屋东西。谊敦二父,提挈谐嬉。交子总角,慧业凤置。"

光绪元年(1875)九月,陈宝箴被任命为辰沅永靖兵备道,治所在凤凰厅镇筸。翌年春,陈三立奉父命将家迁往镇筸。这一年,他的长子衡恪生于镇筸署中,取名师曾。

翌年十一月,陈三立的祖母李太夫人病故,因而随父回长沙闲园为祖母守孝。其间,父亲聘湖南宁乡名儒廖树蘅为塾师,教授三立、三畏和侄婿黄黼丞等读书。

光绪四年(1878)三月,江西丰城人毛庆蕃(1845—1924)到长沙拜访陈宝箴并宿于闲园。其间,陈三立还邀毛庆蕃、廖树蘅等赴岳麓山等地游览,相处之间颇为密切。后来,毛庆蕃官至甘肃布政使等职。在此前后,在塾师廖树蘅的引荐下,陈三立还结识了才华横溢的湖南名士隆观易,二人相处之间甚是密洽。可惜的是,隆观易于是年十月即因病去世,令陈三立为之扼腕,叹息不止。隆观易去世后,陈宝箴、陈三立父子还与廖树蘅一同编刊了隆观易的《罙罳草堂诗集》,陈三立也特为好友撰写了《隆观易传》。

是年秋,时年25岁的陈三立再赴南昌参加乡试,虽然此次又未中试,却有幸结识了另一位江西才子文廷式。对此,陈三立在《文学士遗诗序》中还写有两人在南昌相识时的情形:"余始逐试南昌,得交君,俱少年耳。"此次试罢,三立从南昌又回到了长沙。

陈三立随父母居长沙期间,常与湖南文人名士诗文唱和,相互之间既增进了友谊,又广博了见闻,更拓宽了眼界,诗文创作水平突飞猛进。此时,适逢湖南名士郭嵩焘回长沙定居。郭氏是三立的父辈,为陈宝箴的好友,故陈三立对郭氏分外敬重,并从其学,聆听教诲,获益匪浅。

郭嵩焘(1818—1891),字伯琛,号筠仙,又号云仙,复号筠轩,别号玉池山农、玉池老人等,湖南湘阴人,道光二十七年(1847)进士。郭氏思想开明,关注西学,尝自谓"年二十二,即办洋务",认为办洋务要通达"洋情",才能"通其情,达其理",一度随曾国藩参赞军务,筹办粮饷,颇有建树,被誉为"湘军财神",并以才而深得曾国藩之器重。后来,朝廷诏郭嵩焘入宫值南书房,旋又放任天津,随僧格林沁帮办军务,因与僧格林沁不和而受到降职三级处分,遂归乡里。同治二年(1863),诏任广东巡抚,未及两年,又招前后两任两广总督之怨,遂于同治五年(1866)五月再遭罢黜,退职归湘。郭嵩焘此次退居长达八年,正是陈宝箴、陈三立父子居长沙期间,故陈三立有幸常向其讨教问学。

陈三立

光绪元年(1875)七月,朝廷再诏郭嵩焘为福建按察使。翌年年底,光绪皇帝因其熟悉洋务复诏命他任驻英公使,时值"马嘉理事件"发生,英方以武力威胁,提出苛刻的条件,条件之一就是责令清廷派要员亲赴英国伦敦赔礼道歉。郭氏受清廷之派,遂于光绪三年(1877)一月前往伦敦,成为中国历史上的第一位驻外公使。

无奈的郭氏在抵达英国以后,朝廷又诏其兼任驻法公使。在任期间,他认真考察英、法西欧各国的政治、经济、文化、法律、军事和外交等诸事要务,对欧洲近代的民主政治、科学技术以及工业文明推崇备至。在对外交往中,郭氏秉持不卑不亢的民族气节,妥善地处理了所驻国的外交事务,赢得了所驻国上下的尊重。但是,由于他生性耿直,从而招致其副职刘锡鸿等人的恶意攻讦,最终使他陷入孤立无援的境地,遂于光绪五年(1879)一月奉诏归国。自此,郭氏便一直居住在长沙,绝意仕途,再未踏出湘省一步。

其实，郭嵩焘大陈宝箴14岁，但两人却惺惺相惜，谊在师友之间。陈宝箴对郭嵩焘非常推崇，"许为孤忠闳识"，其子陈三立在《湖南巡抚先府君行状》中称赞郭氏道："郭公方言洋务负海内重谤，独府君推为孤忠闳识，殆无其比。"在《湘乡陈子峻墓志铭》中，陈三立又说："郭侍郎嵩焘……学通中外，用九流收后进。"而郭氏对陈氏父子也是希冀有加，非常器重，他称陈宝箴"于事务最为谙练，所言多中肯綮"，并称陈宝箴"倜傥多才略""见解高出时流万万"。他在读了陈宝箴的《疏广论》后又在日记中写道："予读右铭《疏广论》，以为兼有南丰、庐陵之胜。已而出示此帙，则右铭十余年踪迹，与其学术志行，略其于斯。其才气诚不可一世，而论事理曲折，心平气夷，虑之周而见之远，又足见其所学与养之邃也。予不足以知文，而要知右铭之文，非众人之所晓。因其文而窥知其所建树，必更有大过人者。然则右铭所以自豪于此者，又岂少哉！"郭嵩焘对学习西方有着极敏锐的见识，他认为学习西方应从人心、风俗、政教入手，进而学习其采煤、冶铁、修铁路及电报等实用技术，从而达到服务于整个社会的目的。可以说，陈宝箴、陈三立父子后来在湖南所推行的新政，基本也都是沿着郭氏的思路进行的。可惜的是，由于在那个时代受到种种限制，陈氏父子的改革新政并未得以深入即被清廷"腰斩"。

陈三立与郭嵩焘相识后，拜其为师，从其所学，一面攻习诗词古文，一面向他学习超越"器物"方面的知识，并一直过从甚密。郭氏对陈三立的诗文也颇为赏识，他在光绪六年（1880）四月十七日的日记中写道："阅陈三立（伯严）、朱文通（次江）所撰古文各一卷。次江笔力简括，而不如陈君根柢之深厚。其与袁绶瑜论《汉学师承记》一书，尤能尽发其覆，指摘无遗，盖非徒以文士见长而已。"在是年四月三十日的日记中，郭氏又写道："批注阎季蓉、朱次江文十余篇，颇持直论，自度非宜。季蓉云即回石门。顷询知尚留省城。其志趣高远，文笔亦俊。陈伯严、朱次江，皆年少能文，并为后来之秀，而根柢之深厚，终以陈伯严为最。"两年后的光绪八年（1882）正月，时在武陟的陈三立，还将自己所著诗文数种寄给郭嵩焘请其指点，郭氏在《日记》中又写道："又接陈伯严寄示所著《杂记》及《七竹居诗存》《耦思室文存》，并所刻《老子注》《龙壁山房文集》五种……伯严年甫及冠,而所诣如此,真可畏。"由此可见郭氏对及冠之年的陈三立之欣赏。后来,郭嵩焘奉命出使西洋并任驻英、法公使,成为我国历史上第一位驻外公使,此举却招致多方的责难,就连名动三湘的大学者王闿运也撰联讥讽道:"出乎其类,拔乎其萃,不容于尧舜之世;未能事人,焉能事鬼,何必去父母之邦?"

郭嵩焘最后的结局可以说是时代的悲剧,但陈宝箴、陈三立父子却将郭氏视为自己人生的精神导师。陈氏父子虽未曾踏出过国门一步,但通过郭嵩焘,对西方近代文明有了一个较为清醒的认识,从而为后来打破种种顽固守旧思想,并在湖南推行新政奠定了最初的思想基础。"沉舟侧畔千帆过,病树前头万木春。"透过历史,今天人们可以不假思索地说,郭嵩焘是清朝同光年间思想最先进、见识最卓著的不世之才。但是,终郭氏之一生,他一直都在不断地遭受着敌对者、不满者以及不理解者甚至同乡的反复围攻,故平生抱负未得施展,这不免令人为之叹惋。光绪十七年六月十三日(1891年7月18日),73岁的郭嵩焘病逝于长沙,陈宝箴含悲为之题挽联云:"由清秘起家,岭南开府,海外乘槎,模范共推山斗重;以贰卿退老,著作等身,尘凡脱舃,乡邦怅阻岳云封。"陈三立则题挽联云:"孤愤塞五洲之间,众醉独醒,终古行吟依屈子;抗心在三代之上,高文醇意,一时绝学并船山。"

关于陈氏父子与郭嵩焘之间的交往,陈寅恪在《读吴其昌撰梁启超传书后》中也有述及:"(先祖)后交湘阴郭筠仙侍郎嵩焘,极相倾服,许为孤忠闳识。先君亦从郭公论文论学,而郭公者,亦颂美西法,当时士大夫目为汉奸国贼,群欲得杀之而甘心者也。"

光绪六年(1880)七月,陈宝箴改官分巡河北道;九月,陈宝箴携家人赴河北就任。

河北道治所设于武陟,隶属河南省所辖,因位于黄河以北,故名"河北"。陈宝箴此行北上就职,作为儿子的陈三立也偕夫人罗孺人同行。此外,湖南校经堂的好友杜云秋、杨怀琛等人,也作为陈宝箴的幕宾一同前往。

陈三立与杜、杨等人一路前行,其间不时交流读书心得,间或有诗文之作,故途中颇不寂寞。孰料,当他们抵达河南颍上溜犊湾时,罗孺人不幸突染重疾,不克前行,只得在此滞留下来。延至十月初五,罗孺人终因不治而溘然长逝,年仅25岁。此时,正值英年的陈三立,遽遭丧妻之痛,悲伤之情溢于言表,满含悲痛之余,遂赋《哭亡妻罗孺人诗》,又作《故妻罗孺人哀祭文》,以志哀伤,以寄情怀。诗曰:

伊君在丧,淮颍之滨。十月既望,霜露繁凝。
日暗风号,骇波千尺。亲懿哀号,截肠碎魄。
回桡遵渚,及昏而敛。天人萧寥,江空云眩。
有儿在乳,其兄五龄。奠君于棺,伏涕失声。
观者沾襦,船人雨泣。母诳止儿,儽然以立。
呜呼已矣!余命之屯。窈窕山川,缠恨坌胸。
舷音荒忽,掬彼汴流。疾走夷门,载舆于舟。
嘶马识途,雷音箭激。与君死别,生又何说?
修渠清浅,影迈魂征。弹梢朱仙,丧车曳尘。
广漠周原,骈辀拥路。星转风驱,伶俜恐怖。
岁深雪满,增冰峨峨。黄流渺㳽,限君于河。
余时北渡,涕洟霰集。骋眺伫思,偿假羽翼。
朔日维吉,灵风引帆。卤簿在郊,以迎轻棺。
萧寺城隈,佛场幽旷。沁流拱环,大行右转。
纳于殡宫,宾朋庪止。魂兮归来,风沙千里。
惟君淑好,痛久逾新。十日衔斋,罄欸凄清。
母病而呻,畴偕侍侧。儿瞋而啼,畴顾畴恤。
皑皑严宵,霜阶月上。涉目虚无,拘君魂状。
锦衾角枕,君俨由房。含涕款言,揽引襦裳。
矍然顾呼,日光漏户。鹊噪鸦飞,已失君处。
吊影幽居,盛年销落。被酒佯狂,恣为嘲谑。
孰稔余悲,君也则亡。泪竭精枯,曷日而忘?
营斋就终,曰侑饮食。申哀累辞,讯究冥极!

在这首诗中,陈三立以惨淡的景物描写来衬托内心的悲苦,表达了他与罗孺人之间的一往情深。

光绪八年(1882)春,29岁的陈三立从河南武陟南下,回南昌参加是年八月的江西乡试。四月中旬,陈三立途经武昌稍作逗留,由武昌知府李有棻的夫人俞明镜(字镜秋)做媒,陈三立娶俞明镜的堂妹俞明诗为妻,俞明诗时年18岁,陈三立29岁。

俞明诗(1865—1923),字麟洲,号神雪馆主,祖籍浙江山阴(今绍兴),以曾祖世琦寄籍顺天府宛平县,故又称宛平人。其父文葆,咸丰年间举人,后历官湖南兴宁、东安等地知县;兄明震,字恪士,光绪十六年(1890)进士;另一兄明观、弟明颐,也皆为清末名士。

俞明诗"解文字,心礼晓人义",善绘工诗,尤善古琴,并著有《神雪馆诗集》若干卷。她与陈三立婚后,夫妻之间颇为相得,"相师友,养德性,永天趣"。《清稗类钞》中还记载了一段关于俞明诗的诗话:"俞麟洲为陈伯严之妇。工诗,尝与伯严庚和。《晓起》云:'卷帘看燕子,池水腻如罗。草色花朝雨,箫声子夜歌。晓寒因雾重,春恨为谁多?抛绣依亭石,微吟带薜萝。'《庚戌寒食病中作》云:'病中忘却是春时,开过辛夷了不知。强起如烟疑化柳,未眠有梦欲成丝。年年药碗违寒食,夜夜残灯隔酒卮。雪外园林花满眼,纵能临赏已空枝。'"关于和俞明诗结婚一事,陈三立后来在《继妻俞淑人墓志铭》中写道:

淑人讳明诗,字麟洲,籍山阴……初余侍余父分巡河北,已免前妻罗淑人之丧,归应乡试,道长沙,故人李太守有棻之妻,淑人从姊也。李传其妻之言曰:"公子诚续图娶者,无如吾妹贤。"力媒合,于是试后就赘焉,淑人年十八也。

俞明诗嫁给陈三立做续弦后,常给儿女们讲授诗文,使儿女们从小就受到文学艺术的熏陶。她的子女长大成人后,还多次回忆过母亲教授他们诗文时的情形。俞明诗卒于1923年8月11日(农历六月二十九日)。

陈三立与俞明诗订婚后即赴南昌。途经湖南长沙时,他还和谭必可、左必翼等人携诗文拜访了老师郭嵩焘,师徒相见,相晤甚欢,郭嵩焘对他们都寄予了很高的期望。

果然,陈三立在是年的赣省秋闱中得以中举。当时,赣省乡试的监考官是李文敏,提调官是缪德芬,主考官则是内阁学士、"清流派"代表人物之一的陈宝琛,他后来还当过光绪、宣统两朝的帝师。陈宝琛此次典试赣省,以"岁寒然后知松柏之后凋"为题,在所取的103名中试举人中,将陈三立以第二十一名取中。此次赣省乡试,陈宝琛对陈三立深为激赏,故他也颇为满意地自以为得士;而陈三立也对恩师尊崇有加。此后,师徒之间一直保持着数十年的深情厚谊,直到两人次第去世,为中国近代文坛留下了一段佳话。

陈宝琛(1848—1935),字伯潜,号弢庵,复号橘隐,福建闽县人,光绪年间曾任内阁学士。50年后的1932年,时在庐山的陈三立逢80华诞,陈宝琛作《散原少予五岁,今年八十矣,记其生日亦九月,赋寄庐山》一诗相赠。诗曰:"平生相许后凋零,投老匡山第几峰?见早至今思曲突,梦清特地省闻钟。真源忠孝吾犹敬,余事诗文世所宗。五十年来彭蠡月,可能重照两龙钟?"翌年,陈三立前往北平定居,得与陈宝琛、朱益藩两位老师在北平重会。此次师徒聚首,三人俱至暮年,皆是八旬开外的老人了。回首当年,师徒三人皆不胜感慨系之,合影留念后,人谓之"三老图"。

是年十月初,中举后的陈三立一度回义宁州老家短暂停留。按照清朝科举规制,前一年的举子翌年可参加京城的春闱,但陈三立在此次科考中并未中试。此时,陈宝箴因在浙江按察使任上被弹劾离职回长沙,陈三立从京城落第后也便到长沙侍父。

早在光绪八年(1882)八月十九日,陈宝箴升任浙江按察使。翌年四月初三正式到杭州上任。履任仅有三月,即因此前会审河北道王树汶一案受到牵连而于七月二十二日离职,回长沙赋闲。此后,陈宝箴觅长沙通泰街周达武提督旧宅以居。据当地人世代相传,此处老宅即唐代刘蜕的故居,不久前为云贵提督周达武一家所居。不久,陈三立的外舅罗惺四也携家眷来湘定居。

光绪十一年(1885)春末夏初之交,新任湖南巡抚的卞宝第,得闻陈三立才能出众,遂邀其入幕。是年五月初八日,陈三立应邀前往,但在与卞宝第的一番晤谈过后,他觉得卞氏颇好大言,且言过其实,故未应承。是年夏,陈三立前往上海,与流寓于沪上的原江西临川知县李芋仙同游静安寺等名胜。

从上海回到长沙后,陈三立即着手开始准备赴京参加会试。光绪十二年(1886)三月,春闱如期进行,陈三立虽得中贡士却未参加殿试,而冯煦、沈曾桐、余尧衢、李杜生等同年则在殿试时进士及第,这些人后来也都成了陈三立交往密切的诗友。

在此次春闱前后,陈三立与闻名天下的张謇、陈炽、郑孝胥、曾广钧、许振祎、易顺鼎等交流并作诗钟之会。留京期间,陈三立本欲在京中谋职,但当他看到吏部弄权且积重难返时,自忖虽有经世之志,无奈难有施展机会,故而常怀愤懑,心有不平。基于此念,遂于四月二十八日与文廷式、汪兆铨等一同出都,乘轮取道天津、上海南归。

陈三立为何未参加殿试,这在外人眼中是一个谜,故后人对此说法不一。而陈三立本人在《致许仙屏书》中则写得甚是明白:"三立谬举礼科,以楷法不中律,格于廷试,退而习书。"也就是说,陈三立本人认为自己的楷书不合"馆阁体",遂待下届会试再参加殿试。其实,这只是陈三立自己的说法,按照清朝礼部朝考定制,会试中试者称贡士,殿试中试者则可称进士;而在取得贡士资格后和参加殿试之前,还有一道小范围的复试。在这道复试当中,要求贡士们一律用工笔小楷答题,也即用当时朝考中所流行的"乌、光、亮""馆阁体"楷体书法应答,阅卷大臣将此次复试成绩分列为一、二、三、四等,前三等准其参加殿试,而第四等则罚停殿试一科,也即三年。这其中的原因不难理解:一是恐贡士的字写得不堪入目,参加殿试之时有污圣目;二是担心皇上殿试时以书法来判断阅卷大臣取士是否准确,进而影响自己的前程。正是由于贡士复试的这一特殊环节,陈三立未得参加丙戌殿试也就不难理解了。

陈三立虽未参加丙戌科的殿试,但这一届会试却以人才济济而堪称一时之盛。直到三年后的光绪十五年己丑科礼部春闱时,陈三立才因补殿试而成为进士。又因陈三立与丙戌科、己丑科的进士均系同年的关系,他喜好结交,故后来这些同年也多成了他的朋友。

就在陈三立与文廷式离京前夕,其弟三畏因病逝于湖南省城长沙。当时,父亲陈宝箴因事也不在兹,三畏的丧事幸有廖树蘅等师友代为照料,方得如仪进行。

是年五月二十七日,曾广钧邀王闿运、陈三立等人赴其家宴。曾广钧(1866—1929),字重伯,号觙庵,湖南湘乡人,系"中兴名臣"曾国藩之孙,光绪年间进士,曾任广西知府等职,其诗受湖湘诗派影响,取法六朝三唐,被王闿运誉为"湘中怪杰"。王闿运(1832—1916),字壬秋,号湘绮,湖南湘潭人,学问渊博,名士派头十足,以诗文名世,系湖湘诗派之首领。

此后,陈三立与王闿运交流,在湖湘士林中声名鹊起。是年九月九日,诗僧寄禅(黄敬安)邀湘中文人雅士集会宴饮,名曰碧湖诗社雅集。参加此次雅集者如郭嵩焘、陈三立、王雁峰、文廷式、罗顺循、朱次江、曾广钧、李石仙、易赞周、胡少卿、周稼舫、陈程初、涂稚衡、曾履初等,多为湘中文坛名士,陈三立也跻身其间,说明他的文名在湘中已广为人知。

光绪十三年(1887)三月初三上巳节,碧湖诗社再次举行雅集。此次雅集,由陈三立主持,参加者有王闿运、寄禅、王楷、陈海鹏、胡元仪、罗正均、曾履初、涂稚衡等人。六月初三,王闿运邀约陈三立、郭嵩焘、张祖同、胡元直、罗君甫、曾广钧、王瑞徵、寄禅等在碧湖雅集。对于此次雅集,王闿运在其日记中也曾有记述。

光绪十四年(1888)二月,陈三立赴湖南平江县金坪镇为其祖母李太夫人扫墓。陈三立前妻罗孺人和早夭的儿子同亮,以及伯父树年及陈三畏之墓也均在此。

三月,陈三立从平江回到长沙,江西文廷式、广东梁鼎芬等朋友均次第光临,并宿居于陈家。梁鼎芬,字星海,号节庵,广东番禺人,27岁时被任命为翰林编修,后因弹劾李鸿章而被罢官。文、梁两位好友到来后,陈三立约请郭嵩焘、王闿运、陈海鹏、曾广钧等三湘名宿前来聚宴。

光绪十二年(1886),陈三立赴京参加会试,结果只是中试而已,而未参加殿试,是以未取得功名。三年后的光绪十五年(1889),踌躇满志的陈三立再度赴京,以贡士资格参加殿试。是年二月,他与王闿运、瞿鸿禨等人乘船离开长沙，途经汉口、九江、芜湖、南京抵达上海。二月二十六日，陈三立辞别王、瞿及沪上诸友，从吴淞港口乘轮赴京。四月二十一日参加殿试，二十四日(5月24日)唱名，列第三甲第四十五，赐进士出身，同榜中有广西临桂张建勋(状元)、江西德化李盛铎(榜眼)、广州汉军镶黄旗刘世安(探花)、湖南善化杜本崈(传胪)、湖北天门周树模、湖南长沙叶昌炽等人，皆文坛之一时隽秀。

陈三立"少掇高科"，成为有清一代义宁州15名进士之一，完全可以说是"旌耀第里"了。消息传到义宁州竹塅里后，亲戚朋友奔走相告，并在陈家大屋的前院竖起了一个高高的旗杆。如今，当年的旗杆虽然早已踪影无觅，而旗礅却仍保存完好。

中进士后，陈三立被任命为吏部考功司主事，正六品衔。到吏部报到第一天，昏庸腐败的官场就让其顿生反感。上班仅三月，他便以"母病"为由，愤然辞职，离京南下。对于陈三立辞却吏部职事，其同乡兼好友文廷式在《闻尘偶记》中载云："陈伯严吏部曰：'举五千年之帝统，三百年之本朝，四万万人之性命，而送于三数昏妄大臣之手！'"著名掌故史家徐一士在《一士类稿》中对此记载更为详细：

己丑成进士，以主事分吏部行走。时有吏部书吏某冠服来贺，散原误以为缙绅一流，以宾礼接见；书吏亦昂然自居于敌体。继知其为部胥，乃大怒，厉声挥之出。书吏惭沮而去，犹以"不得庶常，何必怪我"为言，盖强颜(言)自饰之词，散原岂以未入翰林而迁怒乎？部吏弄权，势成积重，吏部尤甚，兹竟贸然与本部司员抗礼，实大悖体制，散原折其僭妄，弗予假借，亦颇见风骨。散原非无经世之志，而在部觉浮沉郎署，难有展布。未几，遂翛然引去，侍亲任所。其父右铭翁(宝箴)在湖南巡抚任，励精图治，举行新政，丁酉、戊戌间，湘省政绩灿然，冠于各省，散原之趋庭赞画，固与有力。

陈三立此次回长沙途中，先到南京寄居父亲好友、江西同乡许振祎家中。许振祎时任江宁布政使，见好友之子到来，十分亲热，邀南京各界名流到夫子庙西侧的瞻园藩署聚宴,为陈三立接风洗尘。也就是在此次宴会上,陈三立第一次见到了大名鼎鼎的张之洞,张之洞当时是署理两江总督。

张之洞(1837—1907),字孝达,号壶公,直隶南皮人,早年中进士并得探花,是清末著名的洋务派巨擘。此次滞留南京,陈三立小住一月有余,遂于八月离宁返湘。十一月,张之洞回任湖广总督。早在是年八月,湖南巡抚王文韶即上奏清廷,称陈宝箴"才堪大用",陈宝箴遂于翌年十月十七日被授为湖北按察使,上任三日,又改署为湖北布政使。

光绪十七年(1891)春末夏初之交,陈三立从长沙前往湖北武昌。

光绪十八年(1892),陈宝箴还任湖北按察使。任间,在儿子陈三立的襄助下,励精图治,清理积讼,搜捕盗贼,矫清吏治,收效甚大,鄂人为之称快。

时在武昌的陈三立,侍父湖北按察使任所,正值湖广总督张之洞大兴新学,在武昌辟建两湖书院,以陈三立少年时好友余尧衢"董院事",陈三立的前辈同乡徐家干任总办,遴选新进,设科造士,录湖湘俊杰数百余人,"考道评艺,续以歌吟,文襄亦常率宾僚临宴杂坐,至午夜乃罢,最称一时之盛",陈三立虽未入张之洞幕,却也以门生身份被聘为两湖书院都讲,并时常协助张之洞校阅经心、两湖书院卷,俨然为张之洞座上客。其间,陈三立还与湖湘学界名流杨守敬、梁鼎芬、易顺鼎、陈衍、顾印伯、程子大、汪康年、杨锐、屠寄、缪荃孙、宋育仁诸人交游,聚集宴饮,谈学论道,颇得一时之乐。

是年夏初,陈三立受易顺鼎、易顺豫兄弟之邀,与梁鼎芬前往游庐山。早在数年前,易顺鼎辞官南下,在庐山南麓三峡桥旁侧筑庐隐居。此行,易顺鼎还在游庐山青羊峡时镌以"光绪十八年闰六月朔,陈三立、易顺鼎、顺豫、梁节庵同游"字样以纪其事。在告别易家兄弟返武昌时,陈三立与易家兄弟还相约翌年再来相晤。

翌年(1893)四月初,陈三立偕范仲林、罗运崃再游庐山。范仲林(亦作仲琳),名锺,系范当世胞弟,江苏通州人,陈衡恪之妻范孝嫦之叔父;罗运崃,号达衡,曾任湖北知县,系陈三立前妻罗孺人之弟。此次重游庐山,陈、范、罗一行于四月十三日到宋朝大儒周敦颐墓前祭拜，事毕又至东林寺游览。四月十七日，他们到易顺鼎的庐山隐居之所——琴志楼。琴志楼，亦名匡山草堂，原为易顺鼎的父亲易佩绅所建，位于庐山三峡桥慈航寺旁，门上尚有易顺鼎书撰之联："三闾大夫胡为至于此？五柳先生不知何许人。"易家兄弟见陈三立一行到来，便带他们游览庐山南麓的白鹿洞书院等风景名胜。

陈三立此次游览匡庐，至五月二日方才结束，历时20天。回武昌后，他将此行与易顺鼎等人的唱和汇诸成册，并作《庐山诗录序》，以纪其事。

光绪二十年（1894）二月，陈三立偕好友陈炽再游庐山。此行当中，陈三立还与陈炽相约，将来在庐山觅地筑庐，与易顺鼎、易顺豫兄弟相伴，诗酒唱和，以娱晚年。陈炽系江西瑞金人，字次亮，是陈三立的同年举人，时任户部主事，后在京城积极参与维新变法，惜于光绪二十六年（1900）病逝。陈三立在南京闻之，既惊且悲，特赋《陈次亮户部以去岁卒于京师追哭一首》以悼，诗中有"下榻琴尊来旧梦，买山徒侣泣先几"等句。

陈三立青少年时代留下的资料不多，吴宗慈在《陈三立传略》中描绘了这样一个大致的轮廓："少博学，才识通敏，倜傥有大志。"沃丘仲子在《现代名人小传·陈三立》中也写道："宝箴志节清挺，以好谈经济，有叶冰心、陈同甫之风；三立既秉家学，少掇高科，志在用世。"从吴宗慈、沃丘仲子两人的叙述中不难看出，青年时代的陈三立留给世人的大致印象是一个腹有诗书、胸有大志、外表潇洒、风流倜傥的翩翩公子。

自1886年至1895年近10年间，陈三立以名公子身份，辗转游览全国各地，结交天下志士俊彦，切磋诗文，评论时政，等待着一试身手的机会，施展自己的政治抱负。

第二节　幕后推手擘新政

中日甲午战争爆发，41岁的陈三立终于迎来了施展平生抱负的机会。

光绪二十年七月初一（1894年8月1日），清廷下诏对日宣战，华北局势骤然紧张,京师戒严。是年十月,陈家塾师范仲林将其侄女范孝嫦介绍给陈三立的长子衡恪。范仲林系南通名士范当世之弟,与周印昆当时俱为陈家塾师。十一月,正是陈宝箴将赴任直隶布政使的前半月,范当世与继室姚倚云携女范孝嫦来到武昌,与陈衡恪完婚。

范、姚夫妇在陈家做客期间,与陈家老少相处颇洽,并与陈宝箴、陈三立父子诗酒唱和。转眼之间,旧历新年将到,范、姚夫妇将回南通老家。出身于安徽桐城望族的姚倚云,能诗工画,临行前还特意写《遣嫁孝嫦书以勖之》一诗给爱女,诗中有"辽海三年吾愧训,楚江一别汝悲忧"之句;范当世也赋有《内人有诗别女,吾亦不可无以诒师曾也,遂次其韵》七律二首,以赠女婿衡恪,诗中多寄殷殷之语,颇能感人肺腑。

陈宝箴见长孙衡恪与范孝嫦大婚告成,遂即奉命赴京就任直隶布政使,旋又奉诏入觐,上《谨奏兵事十六条》,光绪皇帝详询守战大计,他从容应对,光绪皇帝听后,为之心宽颔首。此后,陈宝箴奉命以直隶布政使兼办湘军东征军转运粮台,常川天津。

中日两国开战后,中国在战争中惨遭失败,李鸿章苦心经营的北洋海军毁于一旦。不久,李鸿章奉命前往日本马关签订和约。清光绪二十一年三月二十三日(1895年4月17日),李鸿章与日本正式签订了和约,消息传出,朝野舆论为之大哗。

恰在此时,黄遵宪从欧洲归国,在路过武昌时得与陈三立晤面,这是他们的首次相会。当此之时,中国新败于日本,两人皆因救国心切,惺惺相惜,遂一见如故,引为知己。

四十年后,直到生命的晚年,时在北京的陈三立在忆及与黄遵宪的初次晤面时,还感慨万端地为《赠黄公度》一诗补题了跋语,语云:"光绪甲午冬,中东战后,嘉应黄公度君返自欧西,过武昌赋赠一律,距今垂四十年矣!"

甲午战争遭到惨败后,朝廷命李鸿章前往日本下关签订和约。陈宝箴惊闻之下,泣涕而叹曰:"中国将无以为国矣!"时署两江总督的张之洞,在南京致电湖北巡抚谭继洵和司道各衙门及汉口道台。在武昌侍母的陈三立惊悉中国竟被东方"蕞尔小国"打败,激于义愤,遂于四月十七日致电张之洞,请"诛李鸿章以谢天下"。

未料,身为朝廷封疆大吏的张之洞,有着数十年官场生涯的"经验",为人处世不免有他的精明圆滑之处,他深知自己当时非李鸿章的对手,于是谨慎地为自己留下了一条退路,遂将陈三立的电文隐而不发。张氏之此举,使陈三立感到更为愤慨,无奈之下遂赋《高观亭春望》一诗,以寄情怀。诗曰:

脚底花明江汉春,楼船去尽水粼粼。
凭栏一片风云气,来做神州袖手人。

自中日甲午战起,陈三立就颇为心动。此前,唐景崧在台湾以"永清国"名义称大总统于台北,刘永福又拒日军于台南,而作为朝廷倚为股肱之臣的张之洞,先是暗中支持,惜无多大效果,后迫于朝廷之命而放弃了对台湾军民的支持。《中日马关条约》签订后,台湾各地先后沦陷于日寇之手,陈宝箴、陈三立父子闻之,俱愤慨至极。陈宝箴对李鸿章及其北洋海军在甲午之役中的表现极不谅解,认为李鸿章"猥塞责,望谤议,举中国之大,宗社之重,悬孤注,戏付一掷",甚至表示决不与李氏共事的姿态,并坚称"李公朝抵任,吾夕挂冠去矣"。

中国在甲午战败后,全国舆论哗然,陈宝箴、陈三立父子更是心急如焚。对此,黄濬在《花随人圣庵摭忆》中即写道:"盖义宁父子,对合肥之责难,不在丁不当和而和,而在于不当战而战。以合肥之地位,于国力、军力知之綦审,明烛其不堪一战,而上迫于毒后仇外之淫威,下劫于书生贪功之高调,忍以国家为孤注,用塞群昏之口,不能以死生争。义宁之责,虽今起合肥于九京,亦无以自解也。"

光绪二十一年(1895)七月,文廷式等人在京师组织成立强学会,旨在改良政治体制,寻求救国道路。是年九月,康有为等在上海张园也组织强学会,张之洞还专门为该会拨银1500两,以示襄赞。十月,陈三立前往上海,与康有为、黄遵宪、汪康年等正式成立强学会,与北方的强学会遥相呼应。此次,黄遵宪在上海与陈三立重晤,他还赋有《上海喜晤陈伯严》

一诗："飒飒秋风夜气深,照人寒月肯来临。矶头黄鹄重相见,海底鳗鱼未易寻。大地山河悲缺影,中年丝竹动欢心。横流何处安身好？从子商量抱膝吟。"

中国在甲午战争中的惨败,以及李鸿章、张之洞等人"精明"的行径,激起了陈氏父子的愤慨,但又苦无良策来改变国家的命运,所以只能是借酒浇愁,等待时机。

时机终于来了！

光绪二十一年七月二十四日(1895年9月12日),经王文韶、瞿鸿禨等大臣再三举荐,又经军机大臣荣禄保荐,陈宝箴以"才识俱胜"被光绪皇帝补授为湖南巡抚。

是年八月,陈宝箴在朝廷的催促下沿海路赴湘履任,时在武昌的陈三立闻讯后从武昌沿江东下,赴上海迎接父亲就任。

"营一隅为天下倡,立富强根基！"展现在陈宝箴、陈三立面前的,仿佛是一条通往实现自己远大政治抱负的康庄大道……

陈宝箴任湖南巡抚期间,湖南布政使是何枢,此人思想虽较为守旧,但对陈宝箴推行新政却无过多的干涉。湖南学政是苏州才子江标(1860—1899),此人是进士出身,向以思想激进著称,他和他的继任者徐仁铸,以及湖南按察使兼盐法使黄遵宪,则是陈宝箴在湖南推行新政的最得力干将。

江标与陈宝箴父子相善,极力赞同新政改良。翌年夏初,黄遵宪出任湖南按察使兼盐法使,主管政法及其盐务诸事。黄遵宪的到来,对陈宝箴推行湖南新政可以说是如虎添翼,而黄遵宪与江标,又可以说是陈宝箴推行湖南新政的左膀右臂。

陈宝箴就任湖南巡抚后,陈三立也将家从武昌迁到了长沙,并随侍父侧,襄助父亲,在"董吏治,辟利源,变士气,开民智,敕军权,公官权"的湖南新政中,多有擘画之功。

为更好地在湖南推行新政,陈宝箴在上任后广揽人才,并通过儿子三立与黄遵宪相识,而黄遵宪又向陈宝箴推荐了梁启超。此后,梁启超又向他推荐了谭嗣同、唐才常、欧阳中鹄等人,他们先后被陈宝箴聘为幕僚。

谭嗣同为湖北巡抚谭继洵之子,原本在江苏江宁做候补道,后经梁启超力邀,遂从江宁来到长沙。他到长沙之后,对陈宝箴推行新政多有擘画之功。

在1895—1898年这短短数年间,陈宝箴身边俊彦众多,人才济济,"地会趋新,群流竞奋",大有风云际会、掀天揭地之势。对于当时湖南人才鼎盛这一大好局面,曾国藩的孙子、素有"湖南怪杰"之称的曾广钧,在长诗《天运篇》中就写道:

> 一别湘州事势新,其间岁月颇嶙峋。
> 前辈将才余几个,义宁孤立古君臣。
> 我时谒告游巡署,日接黄梁一辈人。
> 健者谭唐时抵掌,论斤麻菌煮银鳞。
> 廖梁诗伯兼攻矿,一洗骚人万古贫。
> 沅水黄熊来应梦,双珠盐铁佐经纶。
> 中丞东阁贪宾客,公子西园赏好春。
> 楚士英英多入彀,十梅礼绝平原宾。

曾广钧诗中的"黄梁",系指黄遵宪、梁启超;"谭唐"系指谭嗣同、唐才常;"廖梁"系指廖树蘅、梁焕奎;"黄熊"系指黄忠浩、熊希龄;"双珠"借喻朱尊生、朱鞠生兄弟;"中丞"系指陈宝箴;"公子"则指陈三立。由此可见陈宝箴帐下人才之盛。而这些出众的人才,也多是通过陈三立罗致而来。对此,吴宗慈在《陈三立传略》中就称:"凡此为政求贤,皆先生(系指陈三立)所赞襄而罗致之者也。"

湖南新政时期,陈三立的书房即设于湘省抚署的一侧。这里每天都是高朋满座,盛友如云。梁启超、谭嗣同、黄遵宪、唐才常、熊希龄、廖树蘅、皮锡瑞等维新志士常来聚会,纵谈国事,或论诗文,乐则啸歌,愤则击壤,声闻里巷,时人称"义宁陈抚台开名士行"。徐一士在《一士类稿》中就称:"当是时,散原共谭壮飞、陶拙存、吴彦复以四公子见称于世,皆学识为一时之俊杰者,而陈、谭二公子之名尤著。"

致力于从事新政之余,陈三立还时常与参与新政的志士们游览风景名胜,诗酒唱和,抒发襟抱。如光绪二十二年(1896)十一月初四,易顺鼎邀陈三立与陈衡恪父子,以及梁启超、江标、熊希龄、蒋少穆、陈笠唐、皮锡瑞等同游岳麓山,诸君登山时各赋有诗,途中还与都昌李秀峰、吉安黄玉田、江夏郑湛泉、番禺蔡乃煌、诗僧寄禅等相遇,此次雅集后由易顺鼎辑为《湘坛集》刊行,皮锡瑞作序。在这些活动中,也往往是由陈宝箴、陈三立父子担当主角,业已长大成人的陈衡恪也时常参与其中。

光绪二十二年(1896)冬,湖南创立南学会,计划分学术、政教、天文、地理4门,诚邀今文经学大师皮锡瑞主讲并担任会长,黄遵宪主讲政教,谭嗣同主讲天文,邹沅帆主讲地理。光绪二十四年(1898)初,筹谋已久的南学会在长沙正式开课。对此,胡迎建在《一代宗师陈三立》一书中曾写道:"二月初一日,南学会在长沙开讲,皮锡瑞首讲学会宗旨,黄遵宪、乔树楠、谭嗣同各讲说一段话,最后由陈宝箴讲学。因主讲者皮锡瑞号鹿皮,熊希龄主持,以摇铃为约,因而时人戏谑说:'鹿皮升座,熊掌摇铃。'"

陈宝箴在湖南大兴新政期间,所采取的兴利除弊举措,也多由其子陈三立着手擘画,或由荐人之劳,故钱基博在《陈三立致谭献函·附陈三立小传》中就称:"三立一言,其父固信之笃也。"陈宝箴主湘期间,时常外出巡视所辖府州县,每有外出,抚署诸事向由藩台代署,但主持湘绅会议也多由陈三立代父主持。对此,陈赣一在《睇向斋逞臆谈》中又写道:"一省政事,隐然握诸三立之手中,其父固信之坚也。"佛学大师欧阳竟无在《散原居士事略》中也称:"改革发原(源)于湘,散原实主之。"

光绪二十三年(1897)十一月十四日,受江西省各界之邀,陈三立回江西为故乡出力。当时,赣省士绅各界也效仿湘省,积极拟行新政举措,创办新式学堂,并希冀陈氏父子能回江西为故乡尽力。在父母双亲的支持下,陈三立才有此一行。不料,陈三立赴江西南昌仅有月余,其母黄太夫人即于十二月十八日(1898年1月10日)遽逝于长沙,享年66岁。噩耗飞至,陈三立方寸大乱,遂于十二月二十一日急回长沙赴母之丧。

陈宝箴、陈三立父子在湖南大兴新政时期,清政府也在酝酿一些革新措施,并开设经济特科,诏令各省督抚荐举人才并咨送到总理衙门。陈宝箴保举了湖南省的曾广钧、屠敬山、易顺鼎、俞明震、汪康年、梁壁元、杨锐、刘光第等24人,此外还有侍郎宝廷之子伯弗;而江苏学政瞿鸿机则保举了陈三立、孙诒让、丁叔衡、夏伯定、汤寿潜、邹沅帆、张元济等15人。此时,军机大臣荣禄、京师大学堂监督张伯熙等还保荐陈三立入朝任用,陈三立后来却因母亲猝然去世而未克前往,从而使他有幸在"百日维新"失败后得免同罹"六君子"之难。所以,陈寅恪在《寒柳堂记梦未定稿》中就称:"又湖南文史馆所辑参考资料中皮鹿丈(锡瑞)日记,谓当时馆中学正张公伯熙保荐二人,首为康南海,次即先君。但先君于光绪二十三年丁酉十二月丁母忧,依例丁忧人员不列保荐,故张公荐剡未列先君之名。荣禄之荐先君,不见于公牍,或亦此故欤?先君苟入京者,当与四章京同及于难。可谓不幸中之大幸矣。"

陈宝箴、陈三立父子在湖南推行新政虽然只有短短的几年,却使湖南全省的面貌大为改观,出现了一个崭新的格局。对此,陈三立后来在《湖南巡抚先府君行状》中还称:"有志意者,复慷慨奋发,迭起相应和,风气几大变。"湘省新政既可以说是百日维新之先导,又可以说是在光绪皇帝实行变法的先行试点,还可以说是在光绪皇帝倡导变法期间配合中央的一个强有力的地方实验田。从这个意义上来说,湖南新政影响是巨大的,甚至还波及了当时整个中国。光绪二十五年(1898)夏,光绪皇帝下诏实行变法,并任命康有为参赞新法;谭嗣同、刘光第、杨锐、林旭为"四章京",在军机处帮助主持变法事务。

随着陈宝箴、陈三立父子在湖南新政举措的推行和不断高涨,北京的维新事业也轰轰烈烈地展开了。但在维新开展的过程中,帝党和后党的矛盾也日益激化,手握大权的慈禧太后最后竟强迫光绪皇帝下诏废除新法,并捉拿康、梁等人,俟后又将谭嗣同、刘光第、杨锐、林旭、康广仁、杨深秀等六人斩杀于北京菜市口,史称"戊戌六君子"。至此,轰动一时的"百日维新"宣告失败。

随着"百日维新"的失败,湖南的新政也戛然而止。陈宝箴、陈三立父子也成了帝党与后党斗争的牺牲品,并被冠以"滥保匪人""招引奸邪"罪而同被革职,"永不叙用"。至此,已经实施数年的湖南新政也废于一旦。

湖南新政虽然失败了,陈氏父子也俱被朝廷革职免官,但是,陈三立对湖南新政的贡献却不容抹杀。他在这一时期的主要贡献大致有两点:一是作为湖南新政的幕后推手,襄赞其父推行新法,实行变革;二是为其父网罗了一大批优秀的维新人才,如梁启超、谭嗣同、唐才常等人,同时还结交了文廷式、黄遵宪、皮锡瑞、熊希龄等一大批优秀人才。尽管这些人物分属于洋务派、康梁派、守旧派、激进派甚至后来的革命党等不同阵营,但他与这些人物都保持着密切的关系,直到新法被废除之后仍与他们时相过从。

第三节　凭栏神州袖手人

"达则兼善天下,穷则独善其身。"那个时代几乎所有的传统文人,都有"以天下苍生为己任"的入世思想,这种"修身、齐家、治国、平天下"的宏伟抱负,也一直在灵魂深处左右着陈三立。但是,现实却是残酷的,当一连串的希望破灭之后,他这才不得不退而求其次。中国在甲午年间战败,戊戌变法喋血,八国联军入侵。内忧外患,国仇家恨;国事不堪,家事多烦;亲友多故,生活日艰。这一连串的不幸与打击,将陈三立早年的理想击得粉碎,他只得将昔日"修身、齐国、治国、平天下"的宏伟理想抛却脑后,仅以"修身、立家"以为自守,从中求得自娱自乐。

纵观陈三立的一生,他从童年时代起,即将作诗视为自己的必修功课,同时还将这种诗情画意融入自己的人生理想与情感生活之中。而只有在希望破灭后,他才不得不将早年的宏伟抱负收敛起来,以"神州袖手人"自居,以"独善其身"来求得人生的慰藉。他从离开长沙,到暂居南昌,再到定居南京,避难上海,息影庐山,基本上都生活在长江沿岸,与长江结下了深深的情缘。可以说,陈三立在历经"烦冤茹憾,呼天泣血"的悲怆之后,最后终于找到了自己的人生定位——做一位盖世诗豪!

湖南新政被废和父亲官职被罢,使陈三立的思想有了一个陡然的转变。如果说新政失败破灭了他的政治理想的话,那么,父亲的意外亡故则又在他的情感生活中留下了最大的隐痛。不论他在南京、上海还是杭州，每年春、秋两季都要赴南昌西山崝庐祭扫，而每次也都赋有诗作，这些诗篇也是他诗歌中最为深沉痛切的篇章。

人生的政治理想破灭了，文坛的一代诗豪却出现了。陈三立后半生的人生际遇从此也将拉开帷幕。

被革去湖南巡抚后的陈宝箴，与其子陈三立一起携家眷离开了长沙，前往江西九江觅居。陈家到九江后，此前所托在此觅地建房的胡蕴明不但未予落实，还将陈家的预付金花了个精光。无奈之下，陈家父子不得不携家乘舟南下，改赴南昌暂居。

在此之前，陈三立曾让皮锡瑞在南昌为其母寻觅葬地。陈家到南昌后，在亲戚朋友的帮助下，一家人总算在南昌城内的磨子巷暂时安下身来。

被革职后的陈氏父子，自携家抵南昌后，"深夜孤灯，父子相语，仰屋唏嘘"，一直过着惨淡的时光。光绪二十五年（1899）四月，也就在黄夫人落葬前后，陈三立大病一场，几至于死，延至是年七月方得初愈。对于陈三立当时的病况，陈宝箴在回复俞明震的信中曾有述及："立儿自经此家国巨变，痛疾万状，虽病不肯服药。日前进药，竟将药碗咬碎，誓不贪生复活……昨日予往青山，师曾孙侍病在侧，立儿忽下床瞑立曰：'我要走！我要走！'师曾凤慧，跪言曰：'公公不在此，你老人家不要走！'立儿闻言，若有所悟，复倒卧床上。俄而，门外来一老道，自言善针灸，能起死回生，入门求看病人。家人因待予未归，计无所出，遂任针之。一针而神智渐清，再针而大病若去。欲谢道士，道士遽扬袖出门去，究不知其人是仙是人。立儿现已离危境。知关注念，特此书闻。"

陈三立患病期间，俞明诗和范孝嫱也都有病在身，堂姐德龄看到一家人生活无人料理，不忍离去，于是留下帮忙照料。陈三立病愈后，德龄才于七月回义宁老家。不幸的是，她回乡后仅两月有余，即于十月遽然离世。德龄与三立同庚，但生月稍长于三立，姐弟俩从小在家塾读书相伴，感情极深。黄夫人病殁长沙时，德龄从义宁老家赴长沙奔丧。此后，陈家风波迭起，德龄也就未再回去而是留下来帮忙照料，直到陈三立病愈后才回了义宁老家。德龄亡故的噩耗传来,陈家未愈的伤口上又添新痛,悲情自不必说。德龄去世后,陈三立在《大姊墓碣表》中深情地写道:"姊为吾伯父树年公长女,母张宜人,与余同岁生。六岁俱就邻塾读,佣者左右肩负入塾,及夕又共负以归,故姊于余绝爱,诸弟妹莫能。"

黄夫人丧事既毕,陈宝箴又在黄夫人墓侧搭建茅庐数间,并取"崝庐"之名。从此,陈宝箴便长居于此,直到生命的最后。而陈三立则携家人仍居于南昌磨子巷,隔三岔五地来陪伴老父。

西山古名散原山,亦名南昌山,陈三立后来以"散原"为号行世,便与其母和其父葬于此有关。光绪二十六年(1900)初,时在江宁(南京)任候补道的好友薛次申来信,再三邀陈家到南京定居。

是年三月十三日,陈三立携家人到崝庐为母亲扫墓。就在此次扫墓时,陈宝箴、陈三立父子最后决定举家迁到江宁,但陈宝箴因处于"交地方严加管束"之下,故只能暂留于南昌西山崝庐。

四月初,陈三立携家人离开南昌前往江宁。抵达江宁后,一家人在珠宝廊鸽子桥畔暂住,寓所与薛次申的寓所对门。这是薛次申事先为陈家预赁的房舍。

翌年新年过后,由于珠宝廊鸽子桥畔赁舍过于狭窄,拥挤不堪,陈三立携家人迁至中正街刘世珩的别墅。刘世珩别墅宅后有"偏心斋",十分宽敞,原是刘世珩的藏书之处,陈家迁居入住后,这里则成了陈三立的书房。光绪二十六年(1900)二月,陈三立妻兄俞明震调任江南陆师学堂总办,到南京履任后携家人居头条巷,后还在此置地建房,名曰"觚园",人称"俞园"或"俞家花园"。后来,陈三立得湘中士绅捐款,在俞宅旁置地建房,并于光绪三十三年(1910)年底落成,名曰"散原精舍",人称"陈宅"。头条巷与西侧的二条巷近在咫尺,陈、俞两家的住宅在头条巷、二条巷均开有门。

早年,陈三立在致许振祎信中,就称赞南京"南都地大物博,山川雄丽"。携家人至南京后,他在此长居20余年。这片沧桑铺陈的土地不但是他一生居住时间最长、交游最广的地方,也成了他晚年吟诵不尽的题材之一。

陈三立携家人到南京前后，正是义和团在北方活动的高峰之时。是年五月十五日，义和团奉旨由直隶乡间蜂拥入京；二十五日，慈禧太后以光绪皇帝名义下诏向各国宣战。在此紧张的形势之下，刚到南京的陈三立顿时又成了政坛上的令人瞩目的人物，他被卷入"东南自保"及庚子勤王运动当中。

东南自保又称东南互保，首发于常州名士赵凤昌，倡导于盛宣怀，鉴于北京失守，遂由东南各省宣布自立，互相联络，达到保障东南的目的。所谓勤王，即为迎慈禧太后和光绪皇帝南下武昌或南京，迫使慈禧太后还政于光绪皇帝。当时，陈三立与盛宣怀也有接触并有书信往来，盛氏曾密邀张謇、赵凤昌分别劝说两江总督刘坤一、湖广总督张之洞，又函请沈瑜庆、何嗣焜、陈三立、汤寿潜、施理卿等参与其间，秘密策划东南自保。刘、张二督还授权盛宣怀与上海道台余联沅，与驻上海的各国领事商订《东南自保章程》。在各方努力下，东南互保于五月三十日发布，规定"长江及苏杭内地各省督抚召集义民成团，借御外侮"。稍后，两广总督李鸿章和山东巡抚袁世凯等亦宣布加入"东南互保"。对此，刘厚生在《张謇传记》中引张謇本人《啬翁自订年谱》中关于庚子年记事云："记事之四：陈伯严三立，与议迎銮南下。""记事之七：与眉孙、爱苍、蛰先、伯严、施理卿炳燮议，合刘、张二督保卫东南。余诣刘陈说后，其幕客有沮（阻）者，刘犹豫，复引余问：'两宫将幸西北，西北与东南孰重？'余曰：'无西北，不足以存东南，为其名不足以存也；无东南，不足以存西北，为其实不足以存也。'刘蹶然曰：'吾决矣……'即定议，电鄂约张，张应。""记事之九：再说新宁退敌迎銮。"此项尚有下注云："此主张发生于陈三立……迎銮之意，即拟将那拉氏与光绪皇帝迎到汉口或南京，作为行都，然后再设法强迫那拉氏交出政权也。"由此可以看出，"迎銮南下"一策乃是出自陈三立。

是年六月十三日，时在南京的陈三立，曾致随銮护驾的好友梁鼎芬以密函，探讨互保与勤王之事。

正当陈三立投身于东南互保的紧急关头，父亲遽逝的噩耗自西山传来。此时的陈三立再也无暇顾及其余，遂急携家人赶赴南昌西山奔丧。

陈三立携家人至西山哭悼。在陈芰潭等人的相助之下，终在是年十月陈三立将父亲安葬于黄夫人墓旁的预留生圹。是时,范当世、梁鼎芬、陈芰潭等好友均至崝庐致哀吊唁,并助为理丧。

俗话说:"祸不单行。"庚子这一年的五月十八日,陈三立的长子陈衡恪之妻范孝嫄也因病在南京去世,时年仅25岁,后葬于南昌西山距崝庐二里处的青山赵家塘。范孝嫄的去世,对陈家来说,真可以说是"雪上加霜"。

待将两丧办理完毕,东南互保早成定局。因陈三立在东南互保期间的书信及诗文多不存世,故研究者对他参与东南互保也众说纷纭,不能究其全貌。

就在陈三立携家人回南昌奔丧期间,西方列强于七月二十日(8月15日)进攻北京,慈禧太后遂于翌日清晨匆忙挟光绪皇帝等离京,"狩猎"西京。

陈三立在葬父后回到南京不久,便是光绪二十七年(1901)的新年。新旧交替之际,他仿佛一下子苍老了许多,开始使用"散原"之号,并自称"散原老人"。也还是这一年,陈三立50初度,其《散原精舍诗集》中的诗开始收录。于此,"吟边闲却功名手"的陈三立,也完成了从"义宁公子"到"散原老人"的过渡与转变,开始了他后半生的诗人生涯。对于他来说,只是一个新的人生开端,但对于清末中国的文坛来说,却又是一个新时代的到来,作为中国古典诗歌的殿军、清末"同光体"诗派的领袖,陈三立开始登上历史的舞台。

光绪二十七年(1901)新年刚过,陈三立便将家从珠宝廊鸽子桥移至中正街(今名白下路)。此宅原系安徽贵池人、广东巡抚刘芝田的别墅,当时由其子、候补道刘世珩所居,陈三立一家在此前后住了数年。而刘世珩精擅诗文,素有名士之风,常与文人学士交游唱和,散原老人一家入居其宅后,他也常向老人请益,颇受其惠。

不久,陈三立致信时在上海的好友汪康年,请其为长子衡恪在沪择校。在汪氏的帮助下,陈衡恪很快入上海南浔路上由法国教会所办的圣赛威学堂,与其妻兄范罕同学。

自迁居到南京以后,陈三立常与俞明震、李亦元、陶森甲、薛次申、丁惠康、陈锐、文廷式等诗友交游唱和,并在诗中表达当年的朋友尚能重聚以及岁月沧桑之感,他在《十月十四夜饮秦淮酒楼,闻陈梅生侍御、袁叔舆户部述出都遇乱事感赋》中写道:

狼嗥豕突哭千门,溅血车茵处处村。
敢幸生还携客共,不辞烂漫听歌喧。
九州人物灯前泪,一舸风波劫外魂。
霜月阑干照白头,天涯为念旧恩存。

光绪二十八年(1902)一月,陈三立邀缪荃孙、江瀚、顾云、欧阳述、吴用威和梁公约等人到青溪观赏桃花,翌日又同登城西清凉山扫叶楼及随园旧迹,分别赋有《春晴泛舟青溪看桃花,吴董卿大令有诗纪兴次韵报之》《同叔澥、筱珊登扫叶楼》等诗。

是年二月,陈三立的两个儿子衡恪、寅恪随俞明震赴日本弘文学院留学。进入夏季,与陈家失去两年联系的黄遵宪终于得到了陈家的下落,并获悉陈宝箴已下世的消息,特致信陈三立,热情询问别后情形,情溢书表。陈三立接信后,即寄《黄公度京卿由海南人境庐寄书并附近诗感赋》作答。接到陈三立的复信及诗后,黄遵宪回想自己与陈家父子两代的深厚交谊,遂又寄《寄陈氏崝庐》五古二首。

是年中秋,亲家范肯堂、姚倚云从南通过江来访,在中正街的陈家小住时日。其间,陈三立陪同亲家游览了青溪、夫子庙、钟山、清凉山、鸡鸣寺等风景名胜,并作《中秋夜泛舟青溪》诗与范肯堂唱和。

光绪二十九年(1903),在两江总督刘坤一和继任总督张之洞的大力提倡下,南京创办三江师范学堂,并聘陈三立为该校总稽查(一云总教习)。二月三日,南京诗人顾云邀陈三立、陶槃林、郑孝胥等人赴乌龙潭畔其家中宴饮。酒酣意畅之时,诸友斗诗唱和,兴尽而返。

郑孝胥,字苏戡,又字苏堪,复字太夷,号海藏,福建闽侯人,早中进士,以诗闻名,时为江苏候补道,居秦淮河夫子庙教敷营,此后与陈三立唱和不断,并为同光体诗派魁首。

春天到来时,陈三立前往南昌扫墓,回来途经庐山时又冒雨造访易佩绅、易实甫父子,并赋诗以别。回南京不久,适逢陈三立的老友兼亲戚、江宁布政使李有棻离任回乡,顾云邀至其家为之饯别。此前,李有棻任江宁提学使,旋又升江宁布政使,刘坤一去世时一度署理两江总督,因与继任两江总督的张之洞不合而遭罢免,在任期间颇有声名,甚得南京人的好评。顾云家宴后翌日,陈三立也在清凉山扫叶楼设宴为李有棻饯别,席中还赋《扫叶楼会饯芗垣藩使二兄解官去江南》一诗相勉。

不久,日本教育家嘉纳、天野等数人来华考察文化教育。当嘉纳一行于八月二十二日抵南京时,江南陆军学堂总办俞明震邀陈三立、范肯堂、陶桀林、缪荃孙等南京文化教育界人士到陆师学堂作陪。席上,陈三立赋《日本嘉纳治五郎以考察中国学务来江南,既宴集陆师学堂,感而有赠》一诗,诗中将日本教育和中国文化教育进行对比,感叹中国的当务之急重在发展教育。

这年深秋过后,陈三立刚从南昌靖庐扫墓回到南京,就听说日军舰队袭击沙俄并占领旅顺港口,于是愤而赋《小除夕后二日闻俄日海战已成作》一诗:

> 万怪浮鲸鳄,千门共虎狼。早成鼾卧榻,弥恐祸萧墙。
> 举国死灰色,流言缩地方。终教持鹬蚌,泪海一回望。

光绪三十年(1904)清明节前后,陈三立再赴南昌靖庐为父母扫墓。回到南昌城时,与文廷式相晤,两人还约定一起乘船前往南京。不意数月过后的八月二十八日,陈三立从王德楷的来信中得知文廷式病逝,含泪痛赋《文芸阁学士同年挽词》六首,悼念这位"鸣鞭躞国门"的不羁志士,同时又顿生人生无常之感。

是年,光绪皇帝颁《都察院代递总检察厅丞王世琪等请开复已故湘抚陈宝箴原官呈》,诏曰:"迨光绪三十年四月二十日,经江西护理巡抚周浩奏请,将戊戌获咎案内之陈宝箴开复原衔,其子陈三立开复原官。"是年夏,光绪皇帝又颁诏曰:"光绪三十年五月丙戌谕:朕钦奉慈禧……皇太后懿旨,本年七旬万寿,叠经降旨施恩,京外臣民,无不均沾闿泽,因思从前获罪人员除谋逆立会之康有为、梁启超、孙文三犯实属罪大恶极无可赦免外,可余戊戌案内各员均著宽免其既往,予以自新,曾经革职者著开复原衔……"这两份诏书均见诸《光绪东华录》,说明清政府此时已对戊戌党禁有所宽宥,并恢复了陈宝箴父子的原衔、原职。但陈三立已对当时的朝政不抱任何希望,遂"坚谢各方之劝进",绝意仕途,不复再入官场。

是年夏,湖广总督张之洞(此时张之洞已从两江总督还任湖广总督)奉旨赴南京与两江总督魏光焘会勘河道及军事要塞。张之洞是陈三立的父执,素来对江西诗派颇有微词,向称"江西魔派不堪吟",但他对陈三立还是比较看重的。因此,他在南京的月余当中,时常招邀陈三立前来陪坐,其间一起游览,唱和颇多,陈三立还赋有《燕子矶奉和抱冰宫保同游韵》等诗。在此前后,陈三立还与易实甫、陈锐、胡研孙、江瀚、李瑞清、曾重伯、濮青士、俞明震、王聘三、黄泽生、饶石顽、许炳榛、仇徕之、赵仲弢等人游览南京风景名胜,相互唱和,多有诗文之作。

十月二十七日(11月30日),陈隆恪、陈寅恪兄弟赴日本留学,陈三立送至吴淞并赋诗二首。送走二子后,陈三立在上海逗留多日,其间还与丁惠康、吴保初等谈论时政,酬唱诗文,并看望了时在上海医病的亲家翁范肯堂。

当时,江西省内尚无铁路,为了让江西人能有自己的铁路,赣省乡绅也都颇为焦虑,时署太常寺卿的李盛铎遂联合110名江西籍京官,奏请成立江西铁道公司,采用民办方式,修筑九江到南昌一段铁路,是为南浔铁路。蒙旨恩准后,江西乡绅遂公推赋闲于家的李有棻任总经理,陈三立充任会办,又为协理。

陈三立虽自号"神州袖手人",不再过问政治,但自光绪三十二年(1906)起,他与李有棻等还是积极参与筹建南浔铁路一事,对家乡各方建设有所作为。其间,尽管筹办南浔铁路多逢曲折,但他仍尽心尽力。

光绪三十一年(1905)正月二十日,陈三立前往南通为亲家翁范肯堂送葬。范肯堂病故于上年冬,陈三立当时正在从南昌回宁途中,惊悉范肯堂去世即作《哭范肯堂》三首以悼。待范肯堂下葬以后,南通名士、状元公张謇与通州知州王旭庄等还专门设宴相请,双方各有诗文唱和。

是年秋,陈三立为南浔铁路等事再赴南昌、九江等地,积极筹措经费,出谋划策。在九江候船赴武昌募资时,陈三立赋《由九江之武昌,夜半羁邮亭待船不至》一诗。诗曰:

庐峰长影插江流,涛白烟青颜唾秋。
缋卧候亭数星斗,孤明灯火聚凫鸥。
支离皮骨残宵见,生死亲朋一念收。
魂梦十年迷玉笛,茫茫开眼此淹留。

船到以后,陈三立便径往武昌,发行南浔铁路债券。到达武昌后,适值重阳节到来,湖广总督张之洞知陈三立到来,心中大喜,遂热情邀其至洪山宝通寺一游,并设宴为之接风洗尘。

光绪三十二年(1906)正月初七,南京诗人顾云照例邀请陈三立等文人到家中宴饮。不久,顾云即与薛次申、熊季廉相继病亡。三位诗友的相继亡故,令陈三立不胜悲哀。

是年四月初,陈三立赴南昌西山为父母扫墓,他在拜访友人过后直接前往直隶,途中在湖北武昌、河南驻马店稍作逗留,最后到保定与直隶布政使毛庆蕃等旧友相会。

对陈三立来说,保定也是引起他无限伤感的地方。早在十年前湖南新政的前夕,其父陈宝箴曾在此任直隶布政使,而如今在父亲当年的官署里,仿佛仍能看到父亲的身影,聆听到父亲那熟悉而又亲切的声音。时光荏苒,世事沧桑,陈三立触景生情,情不自禁地挥笔题下了《四月下旬至保定,越闰月二日,实君布政兄宴集莲花池》一诗,诗曰:"阔略积岁怀,奔骋万里途。执手皎日下,各惊颜貌癯。世难责攸寄,谁能爱微躯。连宵倒衷肠,屏风触童奴。绕屋念先泽,涕陨沾襟裾。君也奋相接,百跃并一吁。城偏莲花池,胜迹耀上都。为我召宾僚,良辰挈榼壶。……兹来觐政役,复极视听娱。绸缪尊俎间,醉语效区区。"

而时任保定知府的罗顺循,则是陈宝箴当年任直隶布政使时的故吏门生,后来在湖南抚署中还教授过陈三立的诸子,他在与陈三立相见时称袁世凯"初督北洋,声名藉甚",但陈三立却不以为然,认为"袁氏非英雄也",并作《赠顺循》一诗相赠,讽劝罗顺循及早抽身,归隐著书。

离开保定后,陈三立又赴天津看望老友吴保初,然后循原路回到汉口。从武昌回南京时,好友黄小鲁、易实甫都赶来为他送行,陈三立于是沿江东下回宁。关于陈三立此行的原因和结果,史料上并无明确记载,古老的京城只是留下了陈三立擦肩而过的身影,直到多年以后,其子陈寅恪才在《寒柳堂集·戊戌变法与先祖先君之关系》一文中透露出个中缘由:

> 袁世凯入军机,其意以为废光绪之举既不能成,若慈禧先逝,而光绪尚存者,身将及祸,故一方面赞成君主立宪,欲他日自任内阁首相,而光绪皇帝仅如英君主之止有空名;一方面欲先修好戊戌党人之旧怨。职是之故,立宪之说兴,当日盛流如张謇,郑孝胥皆赞佐其说,独先君窥见袁氏之隐,不附和立宪之说。是时江西巡抚吴重熹致电政府,谓素号维新之陈主政,亦以为立宪可缓办。又当时资政院初设,先君已被举为议员,亦推卸不就也。袁氏知先君挚友署直隶布政使毛实君丈(庆蕃)、署保定府知府罗顺循丈(正钧)及吴长庆提督子彦复丈(保初)依项城党直隶总督杨士骧寓天津,皆令其电邀先君北游。先君复电谓与故旧聚谈固所乐为,但绝不入帝城。非得三君誓言,决不启行。三君遂复电谓止限于旧交之晤谈,不涉他事。故先君至保定后,至天津,归途复过保定,遂南还金陵也。

从陈寅恪这段文字当中,可以看出陈三立无意再现身于官场,更不屑于在袁世凯属下任事。是年八月初三,适值湖广总督张之洞70寿诞,光绪皇帝恩赏御笔"望重耆贤"匾额一方,以及"福""寿"各一方,慈禧太后也赏"福绥南纪"匾额一方及"宏总上流宣荩略,赞襄新治重耆英"对联一副。鉴于张之洞对陈家父子的旧谊,陈三立还特地撰写了《抱冰宫保七十赐寿诗》五古十六韵以贺。在这首长诗中,陈三立将张之洞比作中兴以来众望所归的重臣,对他寄予了很大的希望。

沈曾植在《与陈衍书》中称:"抱冰七旬大庆,公寿诗古律体乎?近体乎？伯严五古十六韵,良为健者……"两年后,光绪皇帝与慈禧太后相继驾崩,张之洞奉调入京任军机大臣,不久亦因病去世。一代人杰,驾鹤西去,陈三立当时另有挽联及挽诗以悼,怀念这位难得的国老兼前辈知己。

光绪三十四年(1908)春,陈三立再赴南昌崝庐扫墓,归宁时适逢其师陈宝琛来南京。陈三立与杨钟羲知府、吴康伯观察等陪同恩师同游鸡鸣寺、明孝陵、钟山及半山寺等名胜古迹,而时在南京的熊希龄、李瑞清、程颂万、沈曾桐、郑孝胥、程志和、夏敬观、杨钟羲等一起同游,两江总督端方还设宴款待,陈三立还有诗作。

是年十一月十四日,光绪皇帝驾崩于瀛台;翌日,慈禧太后亦逝,陈三立闻之作《纪哀答剑丞见寄》一诗,对光绪皇帝"剑底难为傀儡身"的身世寄予了极大的同情。

翌年正月初二,两江总督端方在督署设宴,邀集陈三立等南京地方名流,迎接樊增祥出任江宁布政使。

樊增祥祖籍湖北恩施,早年中进士,官至江宁布政使,以诗才闻名天下,民国后与另两位湖北同乡周树模、左绍佐并称为"楚中三老"。席上,陈三立赋《酬樊山叠韵见赠》一诗唱和。此后,樊增祥与陈三立时相来往,多有唱和,其诗虽学晚唐,但对以江西诗派为宗的陈三立,却颇多好感。

此后,三月十三日为寒食节,端方再邀陈三立、樊增祥、李瑞清等众人游钟山半山亭。数日过后,李瑞清在两江师范学堂邀樊增祥等宴集,并同游清凉山扫叶楼和翠微亭,陈三立也赋有诗作。陈三立名扬诗坛,两江总督的端方和江宁布政使樊增祥等大员对他都颇为尊敬,端方还具疏复其官职,却为陈三立婉拒。

是年秋,陈寅恪在复旦公学毕业赴德留学,陈三立到上海送行并赋《抵上海别儿游学柏灵(林)》诗,鼓励儿子学有所成。

宣统二年(1910),南京举办南洋第一次劝业会,陈三立曾受邀参与其中。该会开幕后,他还携家人前往参观。是年冬,他与长子陈衡恪前往南昌崝庐扫墓,行前得知好友黄小鲁病卧武昌,遂从九江折往武昌。到达武昌时,黄小鲁已逝世三日,陈三立不胜伤感,一周过后,再赴南昌。

宣统三年八月十九日(1911年10月10日)晚,武昌爆发新军起义并占领了湖广总督署。俟后,反清起义风起云涌,此起彼伏。当时,驻守南京的新军第九镇编制徐绍桢率军攻南京,未果而退。不久,革命党人又组织联军会攻南京,江宁布政使樊增祥与两江总督张人骏等先后潜逃,陈三立见形势危急,担心家人安全,遂携家急赴上海。

第四节 纵横文坛称诗老

陈家到上海后,暂住于虹口塘山路(后改为唐山路)俞明颐家中。

1912年元月1日,孙中山在南京建立临时政府并被推为临时总统。经历了辛亥兵革之乱后的陈三立,既有感于"邪说诡行,摧坏人纪",又慨叹"人心日非,世衰道丧",遂萌生"苟活蒙耻"之念,思想也逐渐转向守旧,日后便以一个"遗老"的身份活跃于文坛。旧历除夕前的一天,陈三立在一次聚会上,偶然碰到了也从南京逃出来的江宁提学使兼两江学堂监督李瑞清。从这位江西同乡口中,他得知了南京失陷于革命军之手的经过。当时,江宁布政使樊增祥、江宁将军铁良和两江总督张人骏先后出城潜逃,城内仅有张勋率军抵抗,李瑞清被表为江宁布政使。革命军进城时,李瑞清将藩署府库所存的200万现款交付江宁士绅保管,随后便携家到了上海。从此,李瑞清黄冠道服,自称"清道人",隐居沪上,鬻书为生。

1912年,京师大学堂总监严复,邀陈三立前往任事并主持中学部,但为他所拒。是年,陈三立应吴芝英所嘱,为其所藏的《董小宛孤山感逝图》《马湘兰翠袖佳人图》《方婉仪秦楼惜别图》及《黄媛介流虹桥遗事图》等四女士图题诗。时至旧历九月二十一日,陈三立在上海迎来了他60寿诞。是日,他赋《六十生日书二十八字》七绝一首。诗曰:

前识来因马耳风,诉哀篱壁一秋虫。

教镌肺腑藏奇字,已作尊前六十翁。

在这首诗中,陈三立以"秋虫"自喻,表达了对辛亥兵革的困惑,无奈之情溢于言表。不久,即传来了诗友寄禅病逝于北京的噩耗。寄禅大师为湖南湘潭人,原名黄敬安,幼年出家,署号"寄禅",又号"八指头陀",并以诗闻名大江南北,人称"诗僧"和"白梅诗僧"。民国成立后,他为创办中国佛学会而四处奔走,在北京力争各地寺产而为当局新政官员所辱,羞愤之下遂怛化于京师。寄禅逝世后,上海各界在静安寺举行追悼会,当时正值大雪纷飞,陈三立前来哭悼亡友,并作《雪中静安寺追悼会所哭敬安上人》一诗。诗曰:

> 逝景劳尘迸一哀,寺廊钟梵我重来。
> 随缘菊宴俄成谶,说法绳床忆覆埃。
> 游侠生平圆苦行,贪嗔文字谥奇才。
> 虚堂像设围飞雪,犹认期期咏白梅。

自辛亥兵起这年冬,到1915年初夏,陈三立一家基本居住于上海。其间,他常与沪上诸遗老聚会,诗酒流连,并多有诗作。1913年3月初,陈三立与瞿鸿禨、李瑞清、沈曾植、沈渝庆、周树模、郑孝胥、樊增祥、曾广钧、林诒书、陈衍、吴子修、吴士鉴、王乃征、王秉恩、缪荃孙诸遗老,在上海樊增祥的樊园成立超社,是为超社首次雅集,陈三立当时赋有《展花朝超社第一集》。两年后,该社易名为逸社,他们轮流做东,谈论时局,切磋诗文,抒发胸中郁闷之气。此后,陈夔龙、朱祖谋、王病山、冯煦等也加入其中,这群以清朝遗老为主体的诗社雅集,后来还有诗集刊行。

樊园第一次雅集过后,陈三立偕俞夫人一起悄悄地回南京探望故园——散原别墅。走进故园后,满眼都是零乱景象,这使陈、俞夫妇慨叹再三,陈三立还赋《由沪还金陵散原别墅杂诗》五首以纪其事。诗中描写了辛亥兵革对南京城造成的损害,并抒发了他对国家前途和百姓生计的忧虑之情。此次,他与夫人在南京旧居中仅住了十天,之后便返回上海。对于沿途中的所见所闻,他先后还作有《莫愁湖》《三月三日游雨花台作》《泛舟青溪》和《留别野十日即往沪》等诗。

是年夏初,陈三立与程颂万、俞明震乘车前往杭州,这是他生平第一次游杭州,美丽的西湖给他留下美好的印象,陈三立作有《六月十八日往游西湖晚抵刘庄》等诗。此后,他曾多次到西湖游览并与家人在杭州暂住数次,领略了美丽的江南山水风光,并留下了大量的诗文佳作。

因战乱所致,陈三立已有几年未回南昌为父母扫墓了。1914年2月,他途经南京时,还去查看了暂厝于太平门外薛次申的棺墓,并与王伯沆、俞明震等同游扫叶楼,之后便径往南昌西山。

1915年夏初,国内局势渐归平静,避沪已有5年的陈三立遂携家人重回南京,仍住于头条巷的散原别墅。

回到南京后,与散原别墅相距不远的鉴园主人吴鉴泉,邀一帮文人到他的鉴园宴集,为陈三立一家接风洗尘。鉴园对于陈三立来说并不陌生,此前他曾多次与诗友们在此相聚并饮酒赋诗,如今一别数年,重游旧地,庆幸这幢美丽的别墅在战乱中完存,于是赋得《鉴园小集》一首以志感慨。

是年夏季,陈三立应胡嗣瑗之邀至其家中宴请李瑞清回江西临川老家;数日过后,他又应康有为的弟子潘博(即潘若海)之请,为李瑞清所绘的《画松》题诗曰:"我观此幅伟丈夫,龙虎蟠拏海鹤奇。吐腹槎枒状窈冥,天荒地变独青青。痴儿不识撑霄汉,只待扶衰斫茯苓。"一日,陈三立与从天津归来的李瑞清和从上海来的郑孝胥在南京的仓园聚饮,作有《仓园酒集》一诗。他还到下关去探望李瑞清,作有《下关访李子申》一诗,他们一起到城北的三宿崖游览,两位老人共相搀扶,引得过往行人纷纷注目。

1916年二月初,陈三立前往南昌崝庐扫墓,回上海后参加女儿康晦与张宗义的婚礼,并在上海住到四月二十四日方才回南京。入秋以后,陈三立第二次到杭州游览,并与吴庆坻、冯煦、俞明震、陈曾寿等前往杭州郊外的西溪观赏芦花,瞻仰了清代厉鹗、杭堇浦的遗迹,并赋《补松同年招蒿叟、仁先、恪士寻西溪,饮交芦庵,观所藏卷子》一诗。

1917年9月24日,陈三立赴杭州,寓居于西湖湖畔的俞明震家中,这是他第三次游览杭州。翌日,也在西湖湖畔觅居的陈曾寿邀陈三立、俞明震、朱祖谋、夏敬观、王乃征、胡愔仲、谢凤孙等至家中宴饮,并商议在西湖法相寺修筑樟亭一事,公推陈三立撰写《樟亭记》以志。

翌年正月,康有为从上海寄诗《沪园守岁达元旦》,陈三立和以《奉诵更生守岁达元旦之作走笔和酬》一诗。不久,瞿鸿禨病逝于上海的消息传来,陈三立闻讯不胜哀痛,遂急赴上海吊唁。看到瞿鸿禨的遗容时,陈三立跪拜,失声痛哭,连呼"相国",并含泪作《瞿相国挽诗》。后来,他还撰写了《军机大臣瞿文慎公墓志铭》,对瞿鸿禨在"争以立宪之说进"时,"首定官制一切,审先后缓急,持重推施而调护骨肉,正朝廷,维政本,所系益巨"倍为推崇。

1918年夏天,陈三立约请康有为、王乃征、胡琴初、陈曾寿、黄同武等一班遗老游常熟虞山,游览了虞山北麓的破山寺和南麓的藏海寺,并各有诗作。

不意,陈三立回南京后,一场疾病袭来,使他卧床多日。时在北京任职的四子方恪得悉,急忙赶回南京探望。后来,陈三立在《俞觚庵诗集序》中还写道:"戊午夏及秋之交,余病血下泄,觚庵亦卧病沪渎,皆几死。"所幸时至中秋,病方初愈。

是年重阳节,也刚刚病愈的俞明震从上海来宁探望陈三立。此次,俞明震并未住进自己的觚园,而是在陈三立家中小住十余日。其间,两位姻亲老友相谈甚多,但面对世事忧患,却也不无感伤之词。逮至深秋,沪上传来好友沈瑜庆去世的消息,陈三立极为悲痛,连赋《挽涛园四首》,并在诗中深叹道:"袅袅秋风深,我苏公忆失。伶俜起为人,仇欲鬼伯叱。"

是年12月24日(农历十一月二十二日),俞明震遽逝于杭州俞庄,时年60岁。噩耗传来,陈三立急偕夫人直趋杭州往吊,并赋《哭恪士三首》以悼。俞明震的去世,陈三立十分伤感,他后来还在《除日雪后书感》中悲叹道:"四时分洒亲朋泪!"

1919年2月19日(农历正月十九日),陈三立接待来宁老诗人陈衍,并与南京的文人雅士陪同陈衍游览了鸡鸣寺、莫愁湖、明孝陵、桃花观、仓园等风景名胜,陈衍作《鸡鸣寺豁蒙楼茗坐同散原》《小住散原别墅数日,杏花天矣》等诗,陈三立也有诗唱和。

进入1920年后,陈三立逐渐谢绝应酬交游,作诗从此也日渐减少。

是年二月,好友冯煦来宁探望,陈三立、冯煦应金左临之邀,前往钟山人造林场郊游。是年清明节,陈三立再赴南昌崝庐祭扫,并作《清明抵西山上冢》等诗。返回南京后,即送周大烈北上赴京。

不久,素与陈三立交厚的文史掌故专家陈作霖病逝于南京,陈三立闻之不胜哀悼,题挽联云:"在顾石公座中,接席倾衿,当时久钦儒者象;继汪翁而后,征文考献,藏山遗有等身书。"后来,他还为陈先生撰写了《江宁陈先生墓志铭》,并在文中悲叹南京文人的凋零:"今年正月,先生年八十四,微疾卒,于是咸歔欷奔走相告曰:'吾乡耆旧尽矣。'即余衰病踽踽,亦以无由踵见先生,为居是邦之人幸也。先生讳作霖,字雨生,号伯雨,尝筑可园娱亲,学乐可园先生。世为江宁人。……"

谁知祸不单行,逮至秋天,诗友李瑞清又因病于八月初一遽逝于沪上。冬初,曾熙、胡小石、蒋国榜等扶李瑞清灵柩赴南京安葬,陈三立闻后亲往迎葬,并作《清道人卜葬金陵哭以此诗》。诗曰:

> 楼壁车厢反复看,海云写影一黄冠。
> 围城余痛支皮骨,避地偷生共肺肝。
> 中外声名归把笔,烦冤岁月了移棺。
> 带降新冢寻藜杖,滴泪应连碧血寒。

在这首悼怀李瑞清的诗中,陈三立引辛亥兵革期间,李瑞清坐守于南京这段史事,称赞其高尚的人格私德,同时也记述了辛亥兵革后两人共居沪上、诗文酒唱和的往事,反映了他与李瑞清之间的真挚友情。1926年6月,李瑞清的门人李健、胡小石、蒋国榜等,将恩师的诗、文和书法作品汇总成册,陈三立也为老友撰写了序言,并对他在诗歌、国学及书法上的造诣及其人格都做了很高的评价。

李瑞清丧事既毕,好友易顺鼎(八月三十日逝于北京)、姻亲喻兆蕃(十一月初二逝于萍乡)去世的噩耗又次第传来。是年,四位亲朋好友接连去世,耗音频传,使年近古稀之年的陈三立痛不欲生。

在艰难的痛哀中,陈三立终于迎来了1921年春天的到来。此时,南京城东的紫金山梅花岭上寒梅盛开,游人如织,好友冯煦知陈三立此时情绪低落,故特地从上海来宁相陪。冯煦到南京后,在陈三立家中住有数日。花朝之日,原湖南督军兼省长谭延闿觅居南京,邀陈、冯二人赴成贤街的初园雅集,陈三立席上赋《蒿叟游白下三宿返沪次和其留别之作》《花朝谭翰林重宴初堂》等诗以纪其事。

是年八月十三日,陈三立赴杭州西湖,在吉庆山与众亲友会葬俞明震。葬毕,又冒雨赴北峰瞿鸿机墓凭吊。此次在杭州小住,适值"两浙词人祠"落成并举行祭典仪式,陈三立也受邀参加。

当时,陈寅恪的留美好友吴宓归国,被南京的东南大学聘为教授。吴宓抵南京后,到南京头条巷散原精舍拜访。言谈之间,吴宓谈及陈寅恪在美国留学的困境,三立老人闻之伤心、叹息良久,慨叹无钱寄给寅恪,致使儿子困居国外。直到是年除夕之夜,老人在诗中还念念不忘地写道:"为忆二雏羁绝域,长饥谁挂杖头钱?"

1922年旧历九月二十一日,陈三立迎来了70华诞。早在这年正月初七,邻居胡宗武邀陈三立到家中宴饮。酒酣微醺之际,老人赋《人日宗武宅宴集赋纪》一诗,其中有句云:"醉语漫存人物论,老怀最忆草堂诗。"寿诞前后,散原精舍显得非常热闹,各界名流络绎不绝,贺客盈门,远方的文人诗客也寄来了他们的贺寿诗词、对联及书画作品等,陈家亲友也欢聚一堂,共同欢庆。当时,陈三立的恩师陈宝琛寄来了一幅双干古松图祝寿;叶玉麟作《陈伯严先生七十寿序》;邵祖平《无尽藏斋诗话》录沈曾植等九人诗,并称:"先生志节文章,并负重望于当世,宜夫言者词无溢美,受者意可泰然也。"林纾绘《散原校诗图》并题诗句云:"不仕自然全晚节,得名何必过高轩。"郑孝胥贺诗句云:"散原自是千载人,不朽何曾待文字。"康有为称:"诗名高比陶征士,秋气生成宋逸民。"冯煦贺诗句云:"北海风规刘邴管,西江诗派续黄陈。"夏敬观题词句云:"从翁学诗二十年,初如钝根坐学禅。酒楼一语为道破,渐悟立脚不在文字边。"姚华贺诗句云:"少陵诗句几山谷,永叔文章亦退之。"

沈曾植是陈三立多年的密友,其谊不仅是泛泛的文友之交,更在于情谊之上,他曾在贺诗中称陈三立"诗句流传十洲遍"。可惜的是,沈曾植不久谢世,令散原老人不胜悲怆,并哭之以诗。

1922年年底至1923年年初,梁启超应东南大学之邀莅校讲学,兼在金陵刻经处向欧阳渐(欧阳竟无)研习佛理。十月初三(11月21日)下午,梁启超约欧阳先生一同前往散原精舍拜晤陈三立。早在湖南新政时期,梁启超曾应陈宝箴之邀,任湖南时务学堂中文总教习,与陈家三代俱有交谊,此时与陈三立已有20余年未曾谋面了。对于这次难得的会晤,陈三立不但以《散原精舍诗》相赠,还拿出了家存50年的陈酿款待多年未见的老友。席间,几人一起谈论诗词文章及儒、佛之学,所谈甚兴,欧阳先生劝说梁启超放弃政治,究心于学,渗透以佛,并称"任公放下野心,则为法门龙象",但陈三立却称梁启超必不能忘怀政治,所以自然也就不能放下野心。此次,尽管主宾政治观点不同,俱各大开酒戒,放怀畅饮,梁启超更是喝得大醉而归。对于此次金陵之会,梁启超在1922年11月23日的《与思成、永忠书》中写道:"前晚陈老伯请吃饭,开五十年陈酒相与痛饮,我大醉而归。(到南京后惟此一次耳,常日一滴未入口。)翌晨六点半,坐洋车往听欧阳先生讲佛学(吾日日往听)……"

三个月后,梁启超结束了在南京的讲学,准备束装北归。行前,他还特地到散原别墅拜别。临别之时,梁启超还向陈三立求诗纪念,老人慨然允诺,挥笔写下了《任公讲学白下,及北还索句赠别》一诗。诗云:

> 辟地贪逢隔世人,照星酒座满酸辛。
> 旧游莫问长埋骨,大患依然有此身。
> 开物精魂余强聒,著书风貌托孤呻。
> 六家要旨藏禅窟,侍卧西山访隐沦。

受张之洞等人之影响,梁启超素不喜江西诗派及陈三立的诗,曾称陈三立的诗是"故作狞态向人",但他在《饮冰室诗话》中,却对陈三立的诗做如是之评:"其诗不用新异之语,而境界自与时流异,浓深俊微,吾谓于唐人诗集中,罕见其比。"

当年,陈三立曾向父亲力荐梁启超任湖南时务学堂的中文总教习,受梁氏之影响,他后来还对严复的译著产生了浓厚的兴趣,并作有《读侯官严氏所译社会通诠》一诗。

转眼之间,时令便到了盛夏。六月二十九日,俞明诗一病不起,溘然逝于散原精舍,时年59岁。其长子陈衡恪得知继母病重,即从北京回宁服侍,以尽孝道。母亲去世后,正值盛夏酷暑,陈衡恪也因为母亲冒雨购棺和过度劳顿而患染重感冒,后又为庸医所误,不幸于八月初七猝然离世,时年仅48岁。

夫人俞明诗和长子衡恪的相继去世,使陈三立悲痛莫名;三女安醴担心年迈的父亲忧愁过度对身体不利,遂劝父亲离家赴杭州疗养。在安醴及众子女的劝说下,陈三立这才勉强就道,前往杭州,移居于西子湖畔。

1923年秋,陈立三在子女的陪伴下来到了杭州,他在大病过后相继经历了俞明震、俞明诗和衡恪的离世,反观儿女们的劝说,心中反倒变得从容旷达起来。次子隆恪等将俞夫人及衡恪的灵柩运至杭州后,暂厝于西湖不远的净慈寺候卜安葬。

1924年4月,印度大诗人泰戈尔来华访问讲学。泰翁从上海到杭州此行,由诗人徐志摩和学者杨杏佛相陪,在杭州的西子湖畔与陈三立相晤。此次会晤,两位年高德劭的大诗人都兴致勃勃,所谈甚欢。俟后,陈三立与泰翁还合影留念,此照后在《东方杂志》刊登。此次晤面,泰翁将自己的诗集赠予陈三立,并向散原先生索《散原精舍诗》。陈三立却谦虚地对他说:"您是一位世界闻名的大诗人,是足以代表贵国诗坛的;而我呢,却不敢以我国之诗人代表自居。"虽然诗集终未赠成,此事却见诸1924年4月23日的《晨报》。

泰戈尔是印度著名诗人,也是著名的社会活动家。早年留学英国,多才多艺,在诗歌、小说、戏剧、绘画、音乐等方面均有很高的造诣。他一生著述颇丰,英帝国主义统治下的印度广大下层人民的悲惨生活和妇女的痛苦,在他的艺术作品中都有深刻的反映。尤其是他的诗歌,格调清新,自然流畅,具有浓郁的民族风格,于1913年荣获诺贝尔文学奖,也是第一位获得诺贝尔文学奖的东方人。泰戈尔是享有全球声誉的大作家,他的文学创作,代表了当时东方文学的最高成就。

陈三立与泰戈尔此次在美丽的西子湖畔相会,后来还被称作中印文化交流史上的一段佳话。关于泰翁与陈三立晤谈及合影一事,吴宗慈在《陈三立传略》中写道:"华、印两诗人,各为其本国之泰斗,比肩一帧,接迹重洋,诚近代中、印文化沟通之佳话,尤国际诗人罕有之事实也。"

时过不久,江浙战争的爆发打破了杭州的宁静,陈三立见杭州形势危急,遂匆忙移居沪上,以避战祸。到上海后,陈三立常与一班文坛老友聚会,交游唱和之余,常有诗钟之会。表面上看,日子过得倒也惬意,不过,忧患却常萦于老人内心,不能排解。他在《忆去岁避兵沪上,常聚为诗钟之戏次韵寄倦知同年》诗中就写道:"亡命迭为文酒会,飞笺截句列长筵。坐干涕泪娱酣战,归狎烟波又一年。"

1925年春,陈三立见江浙形势稍有转机,便又再往杭州。此次,他在净慈寺安下身来。此后,他仍像在上海一样,与一班前清遗老和诗友诗酒唱和,倒也算其乐融融。其中,尤以康有为、陈曾寿、余尧衢、陈夔龙、俞明颐、汪诒书等接触最多。

位于杭州城郊的西溪,环境优美,风光绝佳,殊为难觅,三立老人对西溪的风光情有独钟,并在一班诗友的陪同下前往游览数次。是年秋,陈三立在朋友们的陪同下前往西溪游览,并作《游西溪秋雪庵看芦花用倦知庸庵闲止唱酬韵》一诗。

早在1921年秋,浙江省教育厅长夏敬观发起在杭州附近西溪修建"两浙词人祠",是祠由坐落于西溪的原"秋雪庵"扩建而成,陈三立与朱古微、陈曾寿、袁思亮等人都受邀参加了落成典礼。1926年,当陈三立重游西溪时,又作有《西溪图记》。其文如下:

杭之西溪,背西子湖,别专幽胜。溪受分金、澹竹二岭,余溜狭流澄澈,港汊环回,万绿葳蕤中,迷惘出入,莫曙所向。上临秦望大小和诸山迤逦数十百里,峻薄云表,霁旭照耀,飞光倒景,澜漪暧暧如文鳞。穿十二桥,抵茭芦庵。茭芦庵者,尤为高人逸客栖游啸咏之地,厉樊榭、杭堇浦辈遗迹存焉。绕行里许,得隙壤。周梦坡居士始筑秋雪庵,祀浙东、西词人。岁时会饮一楼,尽揽西溪之胜。芦荡错落列槛下,花时披飏四照,白波素英,动摇起伏,浩荡控银海无极,秋雪之名以此。……

1925年春夏之交,方恪、康晦和安醴先后都来到杭州侍父。此时,陈三立决定与儿女们将俞明诗夫人和长子衡恪予以安葬。暑期来到时,陈隆恪、陈登恪兄弟也携家人分别从江西和武昌来到了杭州。是年12月3日(十月十八日),陈三立与子女和亲友们一起,将俞夫人和长子衡恪安葬于杭州西子湖畔的牌坊山黄泥岭,并在夫人墓旁预留生圹,同时还写下了"早晚青山便埋地,一抔从插六尘根"的诗句。

翌年初,章士钊在他主持的《甲寅》杂志上开始刊载江西诗人兼学者汪辟疆撰写的《光宣诗坛点将录》。汪辟疆在文中将光绪、宣统以来的著名诗人沿用《水浒传》中梁山将领的名次排号,将陈三立评为"天魁星及时雨宋江",并题赞曰:"撑肠万卷饥犹餍,脱手千诗老更醇。双井风流谁得似,西江一脉此传薪。"

陈三立居杭期间,江西南昌籍的邵祖平还常来拜访请益。邵祖平,字潭秋,时在杭州的之江大学任教,此前曾从章太炎先生研习文字,在南昌大学教书时曾拜谒过陈三立,著有《无尽藏斋诗话》等。陈三立对邵祖平有志于诗的想法颇为欣赏,并希望他为振兴江西诗派而努力,还为他题写了《赠邵潭秋》一诗,曰:"诗人心迹两峥嵘,坐拥岩峦广厦清。从此雁边江上塔,吟声次第答铃声。"

1926年4月初,时在杭州的陈三立突然染病,次子陈隆恪闻知后即携全家人赴杭侍奉。4日,陈隆恪一家抵达杭州。在陈隆恪夫妇的精心护理下,陈三立在六月病愈。六月十三日至十八日,隆恪一家几乎每天都陪同老人到西湖观荷游览,刚刚恢复健康的陈三立兴致颇高,并赋有《病起观荷》一诗。

1926年10月,北伐军占领江西省城南昌,然后挥师东下,直逼苏沪杭三角地区,陈三立惧怕战事,再次移居上海。

重回上海的陈三立仍然与旧辈新友交游唱和,乐而不疲。1928年8月31日,39岁的陈寅恪与唐景崧之孙女唐篔结为夫妇,并在上海举行了婚礼,书画家曾熙得悉后还赠《齐眉绥福图》相贺。此举使散原老人大为宽怀。

在回到上海的这几年中,陈三立的几位老友相继离世。1927年夏冯煦在上海去世,王国维于1927年6月2日(农历五月初三日)在北京自沉于昆明湖,1928年3月21日(农历二月二十八日)康有为逝世于青岛,1929年1月19日梁启超病逝于北平,蒋智由也于是月去世,1930年曾熙在上海病逝,吴昌硕病逝于上海。这些老友的相继离世,使暮年的散原老人不免添了几许愁绪,所以他就想离开上海,前往北平依三子寅恪,却总是为北方的战事所阻。

1929年秋冬之交,陈隆恪在庐山牯岭的河东路上坡租赁西式别墅一幢,距俞明颐的片叶庐仅数步之遥。10月,陈隆恪由九江东下赴上海,迎父到庐山奉养。

上海的朋友在得悉老人将赴庐山时,也都前来送行,轮流设宴并合影留念,其中尤以陈三立与秦炳直(字子质,晚号习冠)、余肇康(字尧衢,晚号倦知)的合影最为人称道,时誉"江湖三老图"。陈、秦、余三人也分别在合照上题诗留言。特别是余肇康,他既是陈三立的进士同年,又是多年的同乡好友,民国后一直居于沪上,与他往来较多。散原老人在照片上题有"将别海上,秦子质翁招余、倦知同年摄影成《三老图》,各缀句题其上"。

陈三立的另一位江西同乡、文坛名家夏敬观也赋有《送伯严赴庐山》一诗。诗云:"匡庐吾家山,高出江湖畔。泥沙挟而东,咳唾落泉涧。悬揣温伟容,岩石仁粲粲。君归我或往,奇事成一段……"

1929年农历十月二十一日,在次子隆恪的陪同下,陈三立从上海乘江轮前往庐山。十月底,陈氏父子顺利抵达庐山。从此,江西九江的匡庐之峰,便与中国近代著名诗人陈三立又结下数年的诗缘,并被文坛传为佳话。

庐山古时虽未名列"五岳"当中,却以风光秀丽而卓然独立,近代学者金松岑在品评我国名川大山时就称庐山似"诗翁",而陈三立的到来,则更为秀丽的匡庐增添了几分美意。

陈三立到庐山后,即去探望隐居于此的老友梁鼎芬。梁鼎芬是陈宝箴推行湖南新政时的才俊之一，他从小就仰慕东晋高僧慧远大师结白莲社于庐山之遗风，退出官场后在庐山小天池附近创设胜鬘精舍，潜心佛学，推究佛理，此前曾多次邀散原老人来此结伴以居。此次，梁璧元见散原老人舍弃繁华都市来此，分外高兴。此后，两人时常聚首，谈晤甚欢。不久，上海诗友陈曾寿也到庐山探望在此疗养的女儿，散原老人的熟识中又多了一位唱和的诗友。

陈三立到庐山之初，尽管朋友不多，却有梁璧元、陈曾寿两位知交时常相聚，故也其乐融融。可时过不久，梁璧元因病辞世，陈曾寿也携女回沪。同辈朋友的相继离去，老人变得日渐孤寂起来。时至寒冬来临，庐山到处都是冰天雪地，天寒地冻，老人因天气寒冷而不能出门，待在家中又颇显不乐。

1930年旧历新年即将来临，散原老人独自伫立于寓所的岩边，心中十分惆怅。所幸的是，他最疼爱的儿子方恪竟在除夕这天赶到了庐山，陪同老父过年。

新年过后，春天也姗姗来临，庐山的天气日渐变得暖和起来，山上的树木花草也渐渐露出了嫩黄的绿芽，老人此时也能到外面四处走走而宽怀不少。这一日，他携孙女小从下山到牯岭镇一游，归途中竟下起了蒙蒙细雨，陡然间为庐山的春天增添了无穷的诗意。此情此景，老人高兴得像孩童一般，兴高采烈地赋《雨霁步寻松树林还过山市》一诗。

时光荏苒，转眼就到了3月21日。这一天，俞大维、陈新午夫妇因公将赴德国柏林，携子俞扬和到庐山前来探望。散原老人见他们到来，心情特别高兴，还题赠俞、陈夫妇《三月二十一日别嫁俞氏女子随其婿大维往柏灵（林）》一诗，希冀他们到国外后风雨同舟，慎持威仪。

大维、新午夫妇下山后，著名画家徐悲鸿偕夫人蒋碧微和南京的老友欧阳渐也次第来到庐山。不久，陈登恪、俞大纲、贺鹏武、李一平、杨德洵等诸亲友也先后到庐山探望老人。散原老人见亲朋好友云集于此，大为开怀，喜不自胜。

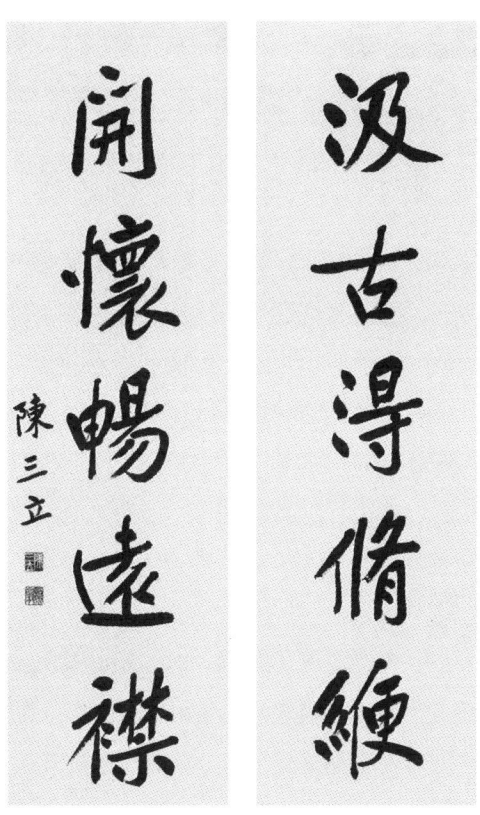

陈三立手迹

徐悲鸿与陈三立父子交往甚多。当年,徐悲鸿从老家宜兴到上海谋生时,曾应聘为上海的犹太巨商哈同花园绘仓颉之像,这幅画像得到了陈三立等人的欣赏,故徐悲鸿因此得以入哈同花园,这便是徐悲鸿与陈家相交之始。后来,陈衡恪、徐悲鸿俱被北大校长蔡元培聘为北大画法研究会导师。不久,徐悲鸿偕夫人蒋碧微赴法国留学,其间与陈寅恪、陈登恪先后相识,归国后还得与陈隆恪、陈方恪相识,故他与陈家的关系也就更加亲密起来。早在1923年和1926年,徐悲鸿曾先后两次为陈三立绘了《诗人陈散原》画像。

徐悲鸿到庐山后,就邀陈三立一家同游鹞鹤嘴。大家登上鹞鹤嘴后,俯视群山,但见山下洲渚所呈莲花之状清晰可见,美不胜收。三立老人目睹眼前美景,不禁为之大悦,于是立赋《徐悲鸿画师来游庐山牯岭相与登

鹚鹤嘴,下瞰山下洲渚》一首。诗曰:

> 秘泄瀛寰亦一奇,龙钟为显古须眉。
> 来师造化寻穷壑,散落天花写与谁?

夏日来到时,陈三立约徐悲鸿及其夫人蒋碧微、杨德洵及其夫人李淑德、劳用宏及其夫人等,还有陈隆恪一家,往游庐山五老峰。五老峰顾名思义,就是五座山峰,位于庐山之东,形似五个老年之人。五老峰下临阳湖,千丈绝壁,山势陡峭,犹如斧劈,历代来游者对之赞不绝口。

青年时期的陈三立曾多次到庐山游览,故对这里的印象十分深刻。此次暮年重登五老峰,他兴趣不减当年,兴奋之下又赋有《登五老峰绝顶》一诗:

> 帝缚屏魂闭雪中,初逾南岭拂青红。
> 遮迎断涧莺吟落,蹴踏层霄鸟道穷。
> 波鼙湖江浮日气,石攒刀箭斫天风。
> 须臾雾合身如豹,埋梦来添一秃翁。

这一年,陈隆恪在庐山自购别墅一套,陈三立取名为"松门别墅",并赋诗《首夏移居松树林新宅》以纪其事。

此时,四川绵竹籍诗人曹谟蘅(1892—1946),曾到庐山向老人学诗。曹谟蘅,字经沅,清末曾在内务部担任小官,民国时担任安徽省政务厅长等职,一度主持《国闻周报》,他诗学同光体诸老,故对陈三立颇为崇拜,经常向老人请益。曹谟蘅到庐山后,原在芦林湖畔居住,老人便劝他在松门别墅附近住下,以便常相过从。曹谟蘅新迁后,还赋有《新居距散原甚近》《累诣散原赋呈长句》等诗以纪其事。

是年中秋过后的第二天,陈三立独自到新宅不远处的松树林漫步。在一片皎洁的月辉之下,匡庐群山依稀可见,万籁俱静,老人漫步其中,默思低吟,分外入神,遂赋《十六夜月步松林》一诗。诗曰:

扬辉大月满层楼,起踏松林一径秋。
石罅吟虫扶夜气,灯边吠犬隔溪流。
蔽亏露叶粘星湿,明灭烟峦带梦浮。
自外九垓迷万古,欲依山鬼怨灵修。

1931年9月18日,日军突然向我沈阳驻军发起进攻,翌日便占领了沈阳,不久又占领了东北三省。这时,陈三立的好友余尧衢、谭延闿病故的噩耗次第传来。国事纷扰,老友永诀,使老人不胜悲伤,忍痛写下了《哭余俺知同年》一诗,并为谭延闿题写了这样一副挽联,云:"家训守黄门,莫问大名垂宇宙;天才追玉局,尚留遗咏挂匡庐。"

1932年1月28日,日军又纠集兵力向上海发动了进攻,"一·二八事变"爆发,我十九路军奋起抗战。散原老人虽然远居山中,却日夜为国计民生不安,为国事愀然不乐,他在梦中甚至还高呼:"杀日本人!"当昔日诗友郑孝胥被日本人利用而出任伪满洲国总理时,散原老人更是义愤填膺,并在《散原精舍诗集》再版时将书前的郑序删去不用,以示与郑氏分道扬镳。

这年农历九月二十一日,时在庐山的陈三立迎来了他的80华诞。是时,散居于全国各地的亲朋好友纷纷到来,远方祝寿的友朋也分别寄来了他们的贺诗、贺词、贺文和贺联及书画作品等。

陈三立作品

陈三立的诗早年学龚定庵(龚自珍),如他的七绝《题美人对镜》一诗曰:"脉脉情思袅袅身,蟠天际海为谁颦?青鸾飘尽黄莺寂,留得花前共命人。"此诗就颇得龚定庵诗的神韵况味。后来,他又转学江西诗派鼻祖黄庭坚,所作的新诗当中,所用新名词也较多,其中诸如"我欲骑鲸戏三岛""横刀独立问风潮""吾徒犹癖一家言""歌泣已开新世界""神仙真谪小蓬莱""昨逢里老话蒙学""为问朝廷变法无"等,不一而足。他能将自己的诗人格化,且内含独特的高亢之气,人格也超然物外,表现出一种清逸脱俗的风格,这在民国前后殊不多见。特别是民国后,散原老人声名大噪,其人其诗遂为海内争诵,被尊为一代宗师,人们称誉他是"同光体"诗派之"诗魁"。

同光诗的另一巨匠郑孝胥,在评陈三立的诗时说:"大抵伯严之作,至辛丑以后,尤有不可一世之慨,源泉虽出于鲁直,而莽苍排奡之意态,卓然大家,未可列之江西社里也。"陈散原诗学宋朝黄庭坚,这是世人所知的。

湖南新政后,陈三立携家人定居南京,此后还在上海居住有年,前后达30年之久,这一时期他与诗坛诸名家唱和较多,所作的诗也较多,并日渐成熟。在他70寿辰时,"远近以诗来祝者,辉溢庭户",前清遗老沈曾植赠他的祝寿诗有句云:"诗句流传十洲遍,文心不立一言云。"未几,沈老即下世,三立作《哭沈乙庵翁》一诗,诗云:"十日死生逢绝笔,万流依倚失长城。"

散原老人80华诞到来时,他的恩师陈宝琛在北平遥寄《散原少予五岁,今年八十矣,记其生日亦九月,赋寄庐山》诗以贺。诗云:

> 平生相许后凋松,投老匡山第几峰?
> 见早至今思曲突,梦清特地省闻钟。
> 真源忠孝吾犹敬,余事诗文世所宗。
> 五十年来彭蠡月,可能重照两龙钟?

1933年,南京国民政府许多重要机关也都迁至庐山避暑办公,庐山一时被称为"夏都",各界名流趋之若鹜,云集庐山。这一年,对八十开外的散原老人来说,却是极不平凡的一年。这年春三月,吴宗慈主修的《庐山志》将竣,老人为之撰写了序言;夏天,老人在庐山主坛万松林诗会;秋季九月初九在南京参加重阳登高雅集;冬季则作别江南,前往北平定居。

是年夏初,江西省政府主席熊式辉邀约时在庐山的各界政要及社会名流,在庐山万松林51号的李煜堂别墅举行诗会,并让曹谡蘅具体操办其事,公推陈三立主坛。

自从80寿诞过后,陈三立便决心"戒诗"了,但此次为了应酬,他还是勉为其难地应承下来前往参加。

是年7月29日(农历六月初七)下午,陈三立在次子陈隆恪的陪同下,参加由曹谡蘅在庐山牯岭李氏山馆举办的万松林诗会,参加者有汪精卫、吴鼎昌、戴季陶、王揖唐、熊式辉、李烈钧、许世英、曾仲鸣、李宣倜、黄秋岳、王赓、鲍庚、吴宗慈、龙榆生、林葆恒、邵元冲、张默君、太虚大师等75人,皆全国各界之名流,据说蒋中正也与会参加。

诗会开始后,由陈三立主坛,他略谈作诗之法,然后众人分拈慧远《东林杂诗》中的字为韵,各自赋诗,"唱和诗词中之最饶趣者,为蒋中正与王揖唐、曹谡蘅之联句"。此次诗会共得诗75首,由曹谡蘅编成《癸酉庐山雅集诗草》于是年秋初付梓,陈三立为之作序,泰山出版社印行。

这次万松林雅集,是抗战之前轰动全国的一次诗会,其影响之大,无与伦比。虽然如此,但对已是暮年的三立老人来说,原本他就不屑于与达官贵人交往,也无须再得到诗人骚客之拥戴,故届时参加实在也是出于勉强与无奈。不过,依散原老人的性情,既然与会参加,就要表示出自己的姿态,故老人那天的兴致也显得颇为高涨。尽管此次雅集他未有诗作,但从当时参加者的吟诗联句中,又可隐约看到他作为"尊老"的身影:"岿然一老存,久结山灵契"(吴汝登);"灵光尊一叟,齿宿神逾全"(曹谡蘅);"岿然一老灵光在,涵负乃为众妙津"(吴宗慈);"儒将升台亲校射,诗人分韵自探阄。斗南一老光坛坫,检点佳篇入选楼"(谢远涵)。特别是女中豪杰、邵元冲的夫人张默君,她写下了"西江宁独以诗鸣,诗名自有千秋在"的诗句,诗注中还另又写道:"散原世丈年八十一,谈诗犹甚健。"关于此次雅集的盛况,潘益民、潘蕤在《陈方恪年谱》中写道:"七月二十九日,散原老人在隆恪的陪同下参加曹谡蘅在牯岭李氏山馆发起的万松岭诗会,'公推主其事','唱和诗词中最饶逸趣者,为蒋中正与王揖唐、曹谡蘅之联句'。"

万松林雅集过后,转眼就到了中秋节,陈三立因患癃闭症(今称前列腺炎)而导致小便不通,因庐山医疗条件较差,遂决定离开庐山前往南京治疗。在次孙陈封怀和弟子吴宗慈的陪同下,陈三立沿江东下。到南京后,老人先住于南祖师庵7号的俞大维公馆,后迁居俞大维在总统府东侧不远处桃源新村的另一处私宅。

10月27日(农历九月初九),是一年一度的重阳节,时任国民政府行政院简任秘书的曹谌蘅,在南京城西清凉山扫叶楼又组织了一次雅集,以重阳登高雅集的形式,为散原老人重回南京接风洗尘。当时,参加者俱是文坛及各界名流,其中主要有陈衍、冒鹤亭、李拔可、邵元冲、柳诒征、黄秋岳、彭醇士、汪辟疆、夏敬观、吴梅、王晓湘、陈诗、吴镜予、卢冀野等,一共87位①名流,仍由曹谌蘅主持。此次登高雅集,以龚半千(龚贤)的"半亩园诗"分韵,得诗97首,后来编成《癸酉九日扫叶楼登高诗集》,散原老人题写了集名并题署"山楼秋禊图"和"癸酉扫叶楼胜集图",翌年印行时,老诗人陈衍作序。陈衍在序中写道:"去岁幕(暮)游白下,适散原老人至,约余往,相与泛舟后湖,有诗纪之。未几重阳,谌蘅及同志数人,选胜清凉山扫叶楼,大会东南名士,分韵赋诗。"

陈三立作品

11月8日(农历九月二十一日),适逢散原老人81岁寿诞,南京文坛

---

① 参加当年活动者在回忆中说法不一,一说是103人。

活跃分子如卢前、黄濬等人,以及梁鸿志、李宣倜等也前来祝贺,并邀老人参加秦淮河畔万全酒家之宴。是时,陈寅恪的夫人唐篔也从北京南下前来祝寿,并代表陈衡恪、陈寅恪两家迎接老人到北平定居。

第五节　忧愤捐世念家国

陈三立抵达北平后,住于西城四牌楼姚家胡同3号,长子陈衡恪的遗孀黄国巽与诸子随侍。每逢周末,陈寅恪一家也前来服侍。时在旧京的老友得知后,都先后前来探望拜访,其中如江瀚父子、陈曾寿兄弟、黄节、胡先骕、李国松、陈病树和袁思亮等人。早年诗友郑孝胥、罗振玉等当时依附伪满洲国,邀他前往共事,但他以大义为重,严词拒绝。

陈三立暮年迁居北平,实是陈寅恪出于孝道,考虑到年迈的父亲不习惯南方冬天的寒冷天气,有意让父亲在旧都安度晚年,散原老人也有意前往。但外界对此说法不一,其中一说是,散原老人苦于南方各界之应酬,故而北移旧都。徐一士在《一士类稿》中即称"师年八十七,弟年八十二,皤然二老,聚首旧都,共话畴曩,盖欣然亦复黯然",并对陈三立赴北平前后情形又写道:

> 吾兄彬彬尝谓:散原老人之诗,标格清俊(峻)。新派海派,固不通唱和,即在京式诸吟侣中,亦似落落寡合,每见离群孤往。昔年北政府盛时,闽赣浙派诗团优游江亭后海,或沽上之中原酒楼,往来频数酬唱无虚;陈则驻景南天,茕茕匡庐、钟阜间,冥索狂探,自饶真赏。及戊辰首会迁移,故都荒落,诗人泰半南去,此叟忽而北来,省其师陈弢庵,得"钱年小聚"之欢。壬子间杨昀谷赠诗:"四海无家对影孤,余生犹幸有江湖。"足为诗人写照。曩者春明胜流云集,则苏、赣间有江湖;今日南中裙屐雨稠,则旧王城为江湖。颇闻北徙之故,乃不胜要津风雅之追求,有介謦登堂者,有排闼径入者,江干车马,蓬户喧阗,悉奉斗山,愿闻玄秘,解围乏术,乃思依琼岛作桃源。此中委曲,殆非世俗所能喻,而其支离突兀,掉臂游行,迥异常人,尤可钦焉。

1934年春，陈三立在陈寅恪、陈封怀的陪同下到北海公园赏春，这里与中山公园都是老人常来的游地。是年，黄节、曹靖陶等人登门请益，并拜他为师。黄节是广东顺德人，字晦闻，曾任广东省教育厅长，老人对他的《蒹葭楼诗》颇为欣赏，并题词曰："格澹而奇，趣新而妙；造意铸语，冥辟群界。"另又称赞黄节道："早知晦闻能书，不意其诗功竟有如此之深。"曹靖陶则工诗善词，其诗学宗陶渊明，他在拜师请益时，陈方恪还代父亲写有《题曹靖陶看云楼觅句图》一诗相赠。

进入四月，江瀚之子江庸邀陈三立到中山公园的水榭雅集并合影，江瀚及夏仁虎、夏孙桐兄弟相陪，此外尚有杨钟义、林诒书、赵椿年、朱益藩、陈宝琛、李宣龚、孙雄等人。江庸，号翊云，曾任北洋政府司法总长和法政大学校长等职。翌年春，江庸再邀陈三立参加颐和园的眺远斋宴集，老人在隆恪的陪同下前往，并在北海公园作观赏桃花之游。

1935年农历十月，陈三立的恩师陈宝琛在北平寓所病逝，享寿88岁。散原老人哀甚，痛题联云："沉瀣之契，依慕之私，幸及残年偿小聚；运会所遭，辅导所系，务摅素抱见孤忠。"老人悲哀之情，溢于言表，继而又赋《挽弢庵师》一诗。诗曰：

> 一掷耆贤与世违，猥成后死更何依！
> 倾谈侍坐空留梦，启圣回天俟见几。
> 终出精魂亲斗极，早彰风节动宫闱。
> 平生余事仍难及，冠古诗篇欲表微。

不久，陈三立为恩师撰写了《清故太傅赠太师陈文忠公墓志铭》。1936年3月，他还为陈宝琛作《〈沧趣楼诗集〉序》。自过80华诞后，陈三立即"封笔"，不复作应酬诗文，尤其对官场及军阀之觞，更是拒之门外。虽是如此，也曾偶一为之，如诗友陈庸庵以汪氏的《四节图》乞题，老人竟破例赋七绝云："圣法沦胥望眼枯，还留佳话播东都。请看四节家风在，万古人纲系一图。"胡先骕在《四十年来北京之旧诗人》中称："张作霖死，张学良以二万金乞为其父作墓表，而散原拒之；学良乃以一万金饷章太炎，而太炎执笔,世人于是知两人之身价矣!"其风节如此,殊令人叹服。

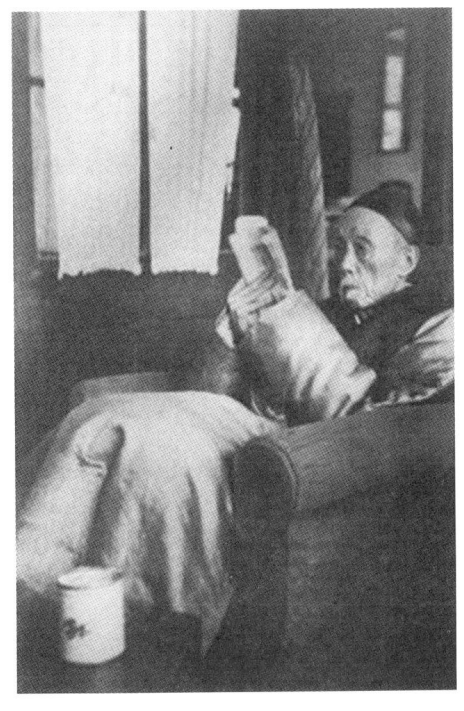

陈三立晚年

是年,英国伦敦国际笔会邀陈三立、胡适代表中国与会,但老人以年迈未能前往。对此,郑逸梅在《艺林散叶》中写道:"1936年,英国伦敦举行国际笔会,邀请中国代表参加。其时派代表二人:一胡适之,代表新文学;一陈三立,代表旧文学,但陈三立年八十四岁,不能远涉重洋,不果行。"

在生命的最后几年,陈三立虽生活无忧,心灵却显得更加孤寂。进入1937年,陈三立更是很少参加户外活动。但在这年的旧历新年过后,因北平举办康有为逝世十周年纪念大会,老人受邀,还是与吴佩孚、江朝宗、潘毓桂、徐勤等人一同前往参加。

自感于被社会抛弃的人,往往会有一种厌世之感,而陷入重重矛盾之中的陈三立,历经辛亥鼎革后自然也不例外。对此,他在《病山南归旋失其子过沪相对黯然无语既还敝庐念吾友生趣尽矣欲招魂为莫愁之游收悲欢忻聊寄此诗》中，竟也赫然直陈地写有"生趣尽矣"，诗句表面虽是写诗友王病山，实际上还是他夫子自况。在此前后，抒写悲情几乎成了他这些年诗赋的主题，诸如"吾生无乐处山中，披诵骚辞托迹同"(《遣闷》)、"辟居仍有世，留命到何年"(《丙辰元旦阴雨逢日食》)、"厌世忧天百无用，看围高烛倒深卮"(《除夕》)……

从上面这些诗句中，不难看出陈三立感到现实生活竟是了无生趣，并有"哀莫大于心死"之念。年与时驰，这对愈加年迈的陈三立来说，在80岁后便息影庐山并不再作诗，证明其心无疑是彻底地"死"了。

早在辛亥鼎革后，民国肇始，陈三立携家迁居上海，他在经历了改朝换代的社会大动荡后，又目睹了连年不断的军阀混战，执权柄者你方唱罢我登场，丝毫不顾平民百姓和国家前途，仅为个人利益而争权夺利，抢占地盘，不断给国家带来更大的动荡与不安，百姓不能安居乐业，怨声载道。面对这一幕幕悲惨景象，陈三立至哀至痛，在《俞觚庵诗集》序中写道："余尝以为辛亥之乱兴，绝义纽，沸禹甸，天维人纪，寝以坏灭，兼兵战连岁不定，劫杀焚荡，烈于率兽。农废于野，贾辍于市，骸骨崇丘山，流血成江河，寡妻孤子酸呻号泣之声达万里。其稍稍获偿而荷其赐者，独有海滨流人成就业赋诗数卷耳。穷所无复之举，冤苦烦毒愤痛，毕宣于诗，固宜弥工而寝盛。"这段话中，陈三立借描写战争给人民带来的灾难，又借给俞明震写序以自况，表达一个作诗的"遗老"以求得家人平安和心灵自慰的苦闷。这一时期，陈三立虽然作诗较多，但基本上都是以祭悼和怀人为主的悲愤之作，并在诗句中将内心深处的悲苦与愤懑倾诉出来。

特别是他1913年回南京探望青溪河畔的散原别墅时，昔年美丽的青溪和钟山以及繁华的六朝古都，如今剩下的只是"所掠半为墟"，而散园精舍则更是"猫犬饥不还，帙落干死鱼"，这又怎能不使老人痛不欲生，感慨万端！这一幕幕悲惨景象使老人仿佛跌入了鬼影幢幢的阴惨世界，而在这鬼影幢幢的世界中，这位年逾花甲的老人仿佛又被挤到了"鬼"的位置，故连所作诗歌都充满了"鬼气"和"鬼趣"。

同光体诗派另外两个诗魁沈曾植和郑孝胥，与陈三立也有相同的感触，沈、郑之间还频抒"鬼唱"之诗和"鬼趣"之和。

后来,沈、郑将这些唱和的"鬼趣"诗寄给陈三立,老人读后在《乙庵、太夷有唱和鬼趣诗三章,语皆奇诡,兹来别墅,怆抚兵乱,亦继咏之》中也附"唱"道:

月黑城壕西,有物绕屋啼。鬼车昂九首,云空答酸嘶。
妇孺出复壁,喘诉凶祸随。默怜血污魂,上下索逝骓。
汝颅易百钱,汝茜橐累累。

吹笳驻防城,悲气横蒿里。扪虱旗脚下,指彼枕藉死。
膏血长榛梗,风劲齐万矢。故宫影憧憧,恍啼人立豕。
侵陵新鬼大,故鬼待筑垒。

行吟傍溪路,秃杨长比人。幻作狰狞躯,攫挐增怒嗔。
我实无罪过,悉与山鬼邻。一世沦墟墓,枯骴恶能神?
宥汝(如)斫为棺,赢(裸)葬反其真。

上面这些诗可以说是"句句鬼语",呈现出来的又恰似"幅幅鬼画",这几首唱和沈曾植、郑孝胥的"鬼趣诗",使人情不禁地想到唐代"鬼仙"李贺的"鬼语",以及明朝徐渭的"神鬼火域"诗章画卷。而当陈三立在作别南京回到上海时,又赋有《留别散原别墅杂诗》十首,诗中的"登楼望山川,死气沉沉处。闲愁千万丝,吐挂鹃啼树"等句,则又流露出在"鬼的世界浪游"后的无奈与苦闷。对于"鬼趣",他的姻亲俞明震也有相同的感受,并在《读散原鬼趣诗》中唱和。

"鬼趣诗"在中国近现代文学史上是一个既令人称奇又令人难以索解的话题。义宁陈氏家族研究专家刘纳曾指出:"旧时代的消亡与旧文化的衰落使他往日所尊崇的一切都被推挤到'鬼'的位置,而遗老或准遗老的身份选择本身就包含鬼气。"在传统文人的眼中,"鬼趣"可以说是一道特殊的风景。从唐代的李贺,到明代的徐渭;从蒲松龄的《聊斋志异》,再到"扬州八怪"之一罗聘的《鬼趣图》;从方言小说《何典》,再到"同光体"诸老的"鬼趣诗",可以说既有相同的人生感受,又有相同的诗情意蕴,故鲁迅就曾称《何典》恰似"谈鬼物正像人间"。

陈三立晚年,亲历了辛亥兵革及后来的战乱灾祸,却又感到无能为力,故只能在诗中呼天泣血,将兵革之乱和家国之痛一寓于诗,诸如"人亡国亦瘁,对语交涕流"(《倚楼望西山》)、"国忧家难正迷茫,气绝声嘶谁救疗"(《由靖庐寄陈芰潭》)、"世患令人老,一生余几哭"(《墓上》)、"平生无可了,只有泪纵横"(《别墓》)、"人生留命殉歌哭"(《三月廿六日渡江入西山作》)、"自信眼穿偿一死,扶舆初烬培养成灰"(《初度日写愤示亲朋》)等。

1937年7月7日,日军向驻宛平的中国守军发起突然袭击,卢沟桥事变爆发。

国事蜩螗,令人惆怅。三立老人闻此巨变,虽忧愤成疾,但仍怀抱中国必胜之心。8月8日,日军开进旧都北京。此后,日酋三番五次到三立家中游说,但老人悲愤难抑,严词拒绝,其病情也日渐加重,并从此拒服药食,遂于9月14日(农历八月初十)忧愤捐世。

三立老人离世,严格意义上讲是"忧愤不食而死"。拒服药食,身体自然变得分外糟糕。在陈寅恪女儿的记忆中,姻亲俞明震之子俞大纯常来问疾,先与家人攀谈,述说外界局势不妙,但到三立床前却又故作满心欢喜并高声道:"姑爹好消息,今日又打了胜仗。"如此善意地宽慰老人。开始那几天,老人听到中国军队连打胜仗还感到无比欣慰,后发现这都是后辈为哄他随口说的,于是便不肯进食服药。那时,年幼的陈流求曾目睹家人几次捧着一碗流质食物进入祖父的卧室,最后又原样端了出来。弥留之际,三立老人仍牵挂着前方战事,并多次问儿子寅恪:"外传马厂之捷确否?"

陈三立去世时,陈家兄弟仅陈寅恪在侧,幸得表兄弟俞大纯、俞大纲在北京任事,前来照料。陈三立昔日诗友、时任伪满洲国总理的郑孝胥,从东北回北平后,先后于9月26日、11月8日到陈家吊唁,他在日记中也记有吊唁的细节。由于战乱及交通阻隔,陈寅恪只得将父亲的遗体暂厝于北平郊外长椿寺内,棺外用沙袋堆围。之后,陈寅恪便携家人匆匆南下。

直到十年后,也就是1948年端午节过后,陈家兄弟在表兄弟俞大维、俞大纲等人相助下,将父亲灵柩运至杭州西湖牌坊山与俞明诗合葬。至此,一代诗坛首领终于有了归宿。

陈三立出身于名门,他从一个青年政治家到纯粹旧体诗人的变化过程,对陈寅恪诸子也都产生了潜移默化的影响。湖南新政后,陈三立不再持有积极的从政态度,而是变成了"清流一族",仅以学术和诗歌为主而兼擅抨击时政的名士作风,成为他学术和政治的连接点。对于陈三立老人之死,汪荣祖在《史家陈寅恪传》中有如下之评:

三立死于七七事变那年,据说是绝食自杀,以抗议日本的侵略中国。自杀自有可能,因在他之前有(梁)渠川和王国维之死,但三立之死更象征老一代的凋零,随风而逝,永不会再有如此人物。

陈三立绝食殉国,噩耗传出,各地文人学士识与不识,无不悲痛万分,纷纷撰写挽诗、挽词、挽联及悼念文章,沉痛缅怀这位诗坛名宿,特别是他那绝食殉国的高尚气节,更是赢得了人们的景仰。

第六节 同光领袖称诗豪

纵观陈三立的一生,像他这样一个天生的政治家和改革家,由于晚清时期错综复杂的政治关系和变幻风云,原本孜孜于政治却又失之于无奈,最后只能退而求其次,成了一位啸傲文坛的诗歌领袖、同光魁首,有人便称这是清末民初之际政坛之不幸、诗坛之大幸。

陈三立早年是积极出世的,总想有一番大的作为,借以实现自己的远大抱负。

在经历了湖南新政失败和父亲遽逝的双重打击后,陈三立从一个锐气十足的政治家和改革家,最后退而成为一个文化保守主义者和纯粹的诗人,在出世与归隐的矛盾中,他最后虽然选择了后者,但其灵魂深处却依然常常挂念时局,以家国为念,并不断地汲取新知识、新营养,并用新思想来武装自己,借以适应瞬息万变的世局,以身体力行和与时俱进来影响子孙。从灵魂深处分析陈三立晚年的思想变化,不难看出严复所译"物竞天择,适者生存"的进化论思想对他所产生的影响。严复译赫胥黎《天演论》初版于光绪二十四年(1898),陈三立两年后阅读此书,并于光绪二十七年(1901)写下《崝庐书所见》一诗,诗云:

> 民有智力德,吴穹锡厥美。振厉掖进之,所由奠基址。
> 列邦用图存,群治抉症瘊。雄强非偶然,富教耀历史。
> 孰尸化育权,坐令侪犬豕。一沤知滔天,一尘测巍崫。
> 抚一蚁蛭区,以验俗根柢。卤莽极陵夷,种族且坦辴。
> 天道劣者败,中夜起扪髀。体国始经野,歌以俟君子。

从这首诗中,不难看出"进化论"思想对陈三立的影响和他对这一思想的接纳。基于此因,他遂于是年在南京中正街家中创办新式小学,聘请名师,用新知识来教授子女。逮至光绪三十年(1904),陈三立又写有《感春五首》组诗,其中尤以第二、第三首最能表达他对"进化论"思想的接受。

陈三立在写《春感》五首这一年,在送隆恪、寅恪赴日本留学时,在上海终得与严复相晤,从此结下了深厚的友情。当时,陈三立还写有《送严几道观察游伦敦》一诗,诗中还将严复比作战国时代的屈原,对这位学贯中西的启蒙思想家给予了很高的评价。1921年,严复病逝于福州时,陈三立还赋诗哀悼,并有"通人老学方追忆,魂湿沧波万里船"之句。

基于对陈三立一生经历和功业的认识,这里特别提及以下两点:

一、孜孜于政治却又失之于无奈

陈三立一生,游踪遍及东西南北,故陈衍称其"伯严知交满天下"。与陈三立极为稔熟的江西同乡、诗友欧阳竟无大师,在《散原居士事略》中对他的一生做如下之评:

> 改革发原(源)于湘,散原实主之;散原发愤不食死,倭虏实致之。得志则改革致太平,不得志则抑郁发愤而一寄于诗,乃至于丧命。彻终彻

始,纯洁之质,古之性情肝胆中人。发于政不得以政治称,寓于诗而亦不可以诗人概也。……墟墓生哀,宗庙生敬,情用不同,所以为情一也;天倪曼衍,正气舍生,所以唶真不失本心一也。大杀戮,社将屋,惟彼木石冥顽不此怒。夫散原者,固古之性情肝胆中人,始终一纯洁之质者也。

湖南新政失败后,陈三立虽然退出政坛,甘作"神州袖手人",却并未忘一个士大夫的责任,依然心忧家国,做了不少有益于社会的事,如参与东南互保,为江西省办铁路出力,倡议重修《庐山志》,身体力行地反对日本入侵中国等。对此,其同乡晚辈吴宗慈在《陈三立传略》中就称:

三十三年丁未(1907),与省绅李有棻等,创办南浔铁路,嗣先生继李主路事。未久,格人事,废罢,自恨无献替,则施其薪于金陵刻经处,其任事负责有若此者。

从上面这段话中可以看出,陈三立在退出政坛后,仍孜孜于社会公益事业,凡于国于民有利之举,他总是在力所能及的范围内尽心尽力。但是,他从中也感到了自己缺乏办实事的周旋能力,所以只能在"牵掣、谣诼日相挠败"的情况下,甘自引退。所以,经办南浔铁路也成了他晚年最后一件介入社会的大事。

陈三立在湖南新政失败而遭到免职后,其实还有许多可以复出的机会,却被他一一婉拒,故终其后半生,他在政治上就再未有什么大的作为。

第一次,光绪二十九年(1903),因翌年便是慈禧太后70寿诞,朝廷为装点门面,将戊戌旧党除康有为、梁启超外,一律开复原职。虽然朝廷已明文下诏为陈宝箴、陈三立父子恢复原衔、原职,但陈三立此时已对朝政不抱有任何希望,遂"坚谢各方之劝进",不复再入官场,绝意仕途。

第二次,光绪三十一年(1905),时任两江总督的端方邀陈三立充任湖南矿务局会办(一些资料称为总办),也为他所辞谢。

第三次,光绪三十二年(1906),袁世凯入军机处之初,大力延揽宾客,扩充势力,曾让陈三立的好友毛庆蕃、罗正钧、吴保初等电邀其北上。

陈三立虽然北上,却以"生不入京师"为由婉拒入京为官。

第四次,光绪三十二年(1906)七月,慈禧太后懿旨下诏仿行宪政,学部于次月奏辟咨议官以筹设资政院,并在全国遴选贤才,所奏33位"才识久著"士林学者为谘议官,陈三立与陈宝琛、张謇、郑孝胥、汤寿潜、梁鼎芬、谭延闿、严复、汪康年、缪荃孙、熊希龄、韩国钧、屠寄、夏曾佑、罗振玉等皆名列其中。时陈三立颇不以朝廷所谓立宪为然,故坚辞未就。

第五次,光绪三十二年(1906)年底,清廷改各省学政为提学使,时任学部大臣荣庆采纳乔树楠等之荐,欲任陈三立为湖南提学使。时在京师的熊希龄却认为陈三立必不肯就,遂改任吴庆坻。

第六次,宣统元年(1909),张人骏任两江总督,因他于光绪十二年(1886)丙戌科会试时曾充同考官,陈三立为该科贡士,故张与陈三立也算有师生之谊。张氏节制两江直到清朝灭亡,共两年有余,其间一度延陈三立入幕。

第七次,辛亥兵革后,陈三立与章太炎、程德全等均列中华民国联合会创办员名单,但未与革命党有积极配合和深层接触而作罢。

第八次,1912年春夏之交,时任京师大学堂总监督的严复,致函熊育锡,欲聘陈三立为该学堂文科监督,并嘱熊育锡代其向陈三立致意,陈三立终未应允。严复在《与熊纯如书(四)》中云:"伯严已坚辞不来,可谓善自为谋矣……"

第九次,据《郑孝胥日记》载,1924年夏,郑孝胥进京奏见废帝溥仪时,曾以《散原精舍集》相送,溥仪对陈三立也颇为推崇,遂准允其入宫奏见。但散原老人一直未予成行。是年11月,冯玉祥、鹿钟麟率西北军驱溥仪出宫,此事也就不了了之。此事,究其原因无他,实乃三立老人不再愿为清廷"效走"之故。

凡此种种,都充分证明了陈三立无心再问津政治之态,故终其余生,一直都未再出仕,从此也了结他对政治的一番情缘。

辛亥鼎革,民国肇始,陈三立不再进入官场,但他志节耿纯,因而又得到了时人的好评。

二、同光魁首,诗坛领袖

陈三立是清末民初新旧历史交会点上的一个重要人物,作为中国近代诗坛领袖和同光魁首,他在20世纪之初就受到文坛的高度重视。

陈三立与同光体诗派的重要人物郑孝胥、陈宝琛、陈衍等,俱为当时旧体诗坛代表人物,故文学史家还将他与陈宝琛、陈曾寿并称为当时诗坛的"海内三陈",又另加陈衍称为"四陈"。陈三立的诗歌既富丽华贵又清逸脱俗,既工整精警又自成一格,他的诗表现出一种卓尔不群的气势,在当时影响极大,赢得了"吏部诗名满海内"的美誉,这一美誉丝毫不是藻饰夸张之辞。徐彬彬在《凌霄汉阁笔记》中称:"近期的诗有'四陈':一个是'太傅'(陈宝琛);一个是太傅的门生、诗坛老宿、散原老人陈三立;一个是散原的同年陈衍(太傅的同年宝竹坡的门生);一个是陈曾寿仁先(湖北人,癸卯进士,学部郎中,记名御史)。"

对陈三立诗歌的研究和评述,其发轫者应该说是他同时代的诗友郑孝胥。郑氏在《〈散原精舍诗〉序》中,对陈三立的诗歌曾有如下之评:"大抵伯严之作,至辛丑以后,尤有不可一世之概。源虽出于鲁直,而莽苍排奡之意态,卓然大家,未可列之江西社里也。"

宣统元年(1909)五月,在江西同乡李瑞清、夏敬观二人的资助下,陈三立的《散原精舍诗》由上海商务印书馆出版,由伊立勋题端,收录陈三立于1901—1908年所作之诗769首,分为两卷。早在是年春,陈三立就请郑孝胥为之删定,并嘱其作序。郑孝胥之序在诗集付梓时刊于卷末。虽然郑孝胥后来依附于日本并当了伪满洲国总理,但他的诗歌创作却有独到之处,对陈三立的诗评也颇为肯綮。

郑孝胥也是当时诗坛屈指可数的大家,他在序中对三立老人的评述既切,评价也高。《散原精舍诗》初版后,受到了社会各界欢迎,前来求诗问学者络绎不绝,翌年便由商务印书馆再版。再版之时,改由郑孝胥题端,而郑所作序文也由原来的卷末移至卷首。1922年八月,正值陈三立70寿诞前一月,《散原精舍诗》由商务印书馆再次刊行,分初集、续集各二卷,续集则收录1909—1921年的诗歌计1035首,仍由郑孝胥删定并为之作序。

而作为同光体诗派另一位大家的陈衍,在《石遗室讲话续编》中称评陈三立道:"五十年来,惟吾友陈散原称雄海内。"又云:"伯严诗避俗避熟,力求生涩,而佳语仍在文从字顺处。世人只知以生涩为学山谷,不知山谷乃槎枒,并不生涩也。"还称:"散原为诗,不肯作一习见语……少时学昌黎,学山谷,后则直逼薛浪语,并与其乡高伯足极相似。然其佳处,可以泣鬼神、诉真宰者,未尝不在文从字顺中也。而荒寒萧索之景,人所不道,写之独觉逼肖。"①

稍后于郑氏、陈氏,陈三立的同乡兼晚学汪辟疆在《光宣诗坛点将录》中,对陈三立则称评更高,并诵"双井风流谁得似？西江一脉此传薪"之句,汪氏还以"天魁星及时雨宋江"比之陈三立,另在《近代诗派与地域》中又称:"盖散原诗亦经数变,早年专事韩、黄,大篇险韵,尽成伟观。辛壬避地海上,又兼有杜陵、宛陵、坡、谷之长,闵乱之怀,写以深语,情景理致,同冶一炉,生新奥折,归诸稳顺,初读但惊奥涩,细味乃觉深醇。晚年佐以清新;近体参以圆海,而思深理厚,尚不失自家面目。此其过人者也。"②

而与汪氏相近的是,钱仲联在其《近百年诗坛点将录》中,则将陈三立比作《水浒传》中的托塔天王晁盖。王赓在《今传是楼诗话》中也称:"辛亥以后,君诗境一变,闵乱伤时,多变雅之作。"著名掌故专家徐一士在《一士类稿》中称陈三立道:"雅望清标,耆年宿学,萧然物外,不染尘氛。"另又借其兄徐彬彬之口并推誉陈三立道:"散原老人之诗,标格清竣。新派、海派固不通唱和,即在京式诸吟侣中,亦似落落寡合,每见离群孤往。往年北洋政府盛时,闽赣派诗团优游于江亭后海,或咶上之中原酒楼,往来频数,酬唱无虚;陈则驻景南天,荧荧匡庐阜间,冥索狂探,自饶真赏。及戊辰首会适移,故都荒落,诗人泰半南去,此叟忽尔北来,省其师陈弢庵,得'残年小聚'之欢。壬子间杨昀谷赠诗:'四海无家对影孤,余年犹幸有江湖。'足为诗人写照。曩者春明胜流云集,则苏赣间有江湖,今日

---

① 语见钱仲联主编:《清诗纪事》(光宣朝卷),江苏古籍出版社,1989年版。
② 详见《汪辟疆诗学论集》,南京大学出版社,2011年版。

南中裙屐雨稠,则旧王城为江湖。颇闻北徙之故,乃不胜要津风雅之追求。有介挈登堂者,有排闼答主者,江干车马,蓬户喧阗,悉奉斗山,愿闻玄秘。解围乏术,乃思琼岛作桃源。此中委曲,殆非世俗所能喻,而其支离突兀,迥异常人,尤可钦焉。"杨声昭在《读散原诗漫记》中也评价陈三立道:"光宣诗坛,首称陈、郑。海藏向称简淡劲峭,自是高手。若论奥博精深,伟大结实,要以散原为最也。"李之鼎在《宜秋馆诗话》中称评陈散原说:"胸襟冲淡,志趣高尚,既不役于时,且复敦崇风义。"

但与以上郑氏、陈氏、汪氏诸人所论相反的是,以南社为代表的革命诗派对陈三立的诗歌则持以严厉的批判态度。如柳亚子就曾批评同光体诗为"貌饰清流,中怀贪鄙,吐言成章,少苍凉遒上之间,私以艰深自文浅陋,遂提倡所谓江西诗派者"。南社首领柳亚子等人对同光体诗和同光体诗人的不满,自然会涉及同光诗派领袖陈三立、郑孝胥、陈衍等。1937年抗战全面爆发后,散原老人家国事忧,不食而逝,亚子闻之,扼腕不置,感慨再三。1940年,亚子在《赠陈寅恪先生伉俪》中又写道:"少愧猖狂薄老成,晚惊正气殉严城。"诗后还另附注云:"散原老人与海藏(郑孝胥)齐名四十载,晚节乃有薰莸之异。余少日论诗,目郑、陈为一例,至是大愧。"大才槃槃如柳亚子者,对陈三立终能后恭,知错能改,诚不愧为正人君子哉!

特别是到了五四新文化运动前后,作为旧文学代表人物的陈三立,被当作新体诗歌的对立面而遭到彻底否定,如新文化运动主将胡适,在其《文学改良刍议》中,就对陈三立的诗痛批道:"病根所在,在于以'半岁秃千毫'之工夫作千古人的钞胥奴婢。"民国年间闽派诗人林庚白在《丽白楼诗话》中称"同光诗人十九无真感",且"误把抄书当作诗"。

在新中国成立后的三十余年中,意识形态领域因受极"左"思想之干扰,陈三立一直遭受不公正的待遇,并成了被批判的重点对象,其诗歌艺术、思想价值和历史定位等,都没有得到公正的评价和承认。那一时期出版的文学史等,要么对陈三立避而不写,要么写进文学史也只是全面否定和一味批判。其中如杨慎修在《避俗避熟的诗人陈三立》中就认为:"像陈三立这样一味以古为师,拒绝从时代生活中汲取营养,一味避熟求生,其结果不能不成为落伍者。"

"青山遮不住,毕竟东流去。"随着改革开放进一步深入,文化界极"左"思想也得以扭转,陈三立长期以来所遭受的不公正待遇也得以正本清源。而作为中国近现代文学史上旧文学的代表人物,陈三立又可以说是"重回人间",故有人称他是中国古典诗歌传统中最后一位重要的诗人,其诗歌中的爱国精神和艺术成也足以彪炳文学史册。

1995年10月,在江西省南昌市召开的"陈宝箴陈三立学术研讨会"上,马卫中、张修龄所写的《中国古典诗歌的末路英雄——陈三立诗坛地位的重新评价》引起了与会者的高度重视。与马、张二人观点相近的是,由章培恒、骆玉明主编的《中国文学史》(1997年由复旦大学出版社出版)也认为:"陈三立堪称中国古典诗歌传统中最后一位重要的诗人。"刘纳在1998年出版的《嬗变:辛亥革命时期至五四运动时期的中国文学》一书中写道:"以诗人的敏感意识到自己所经历的不仅是一代兴亡,感时悯世的悲哀挟带着对旧制度与旧有文化的追怀,使他的诗负载着异常的沉重。"翌年,刘纳的《陈三立:最后的古典诗人》在《文学遗产》第6期发表,该文将陈三立定位为中国"最后的古典诗人",并认为他是中国古典诗歌史上最后一位称得上"大"的诗人。刘先生这篇文章是研究陈三立的一篇重要文章,其观点与章培恒、骆玉明两先生的观点相近,并得到了学界的基本认同。

著名文史掌故专家、"补白大王"郑逸梅在《艺林散叶》中写道:"陈三立80以后,绝少作诗。每逢元旦,偶作告存诗而已。"陈三立的江西同乡兼门生胡朝梁,也曾这样称赞自己的老师:"道吾自画自合古,何必低首求同群?陈家兄弟文章伯,佳句流传江海间。"

随着年与时去,陈三立也渐渐老去。在他生命最后一抹苍茫的余晖里,这位被旧传统熏染至深至重的文化老人,却遭遇到了侵华日军的铁蹄踏进古都的悲惨一幕,此时此刻,老人只能在"夜号神鬼梦痕浮"的余吟声中,将肩上的文化责任让位给他的儿子陈寅恪等后人,拒服药食,然后步伯夷、叔齐而去……

第四章 艺坛三绝陈衡恪

◎

陈衡恪(1876—1923),字师曾,号觭庵,又号觭人,晚号槐堂,复号朽、朽者和朽道人等,并以染仓室、唐石簃、安阳石室等为笔名,陈宝箴之长孙,陈散原之长子,民国初年著名书画艺术家、诗人和文艺理论家,在诗词、绘画、书法和金石篆刻等方面都均取得了令人惊叹的成就,堪称艺坛"三绝"。

第一节 历逢坎坷命多舛

光绪二年二月十七日(1876年3月12日),陈衡恪生于其祖父陈宝箴在湖南的辰沅永靖兵备道署。

光绪六年(1880)十月初五,陈衡恪的生母罗氏去世,其遂由祖父陈宝箴、祖母黄氏抚养教诲。袁柏夔在《陈师曾墓志铭》中云:"生五岁,母罗淑人卒,鞠于祖母,侍郎公亲授以训诂。天禀慧绝,十岁能为擘窠书,涂抹赭墨,作云水烟峦状。间或弄笔为诗文,智章断句,多可诵者。侍郎公辄出以诧其宾客,宾客皆大惊,以为世乃有此童子也。"

陈衡恪童年时代就喜欢绘画,并表现出了很高的天赋。8岁时,祖父陈宝箴任浙江按察使,他随祖父母在美丽的杭州住有半年时光。他有一次随家人在西湖游玩,当看到湖面荷花盛开时,情不自禁地用手指在轿板上画了起来。回家后即索笔砚,开始画了起来,"涂抹赭墨,作云水烟峦状"。光绪十九年(1893),陈衡恪在《作画感成诗》中还写有"昔余八岁时,学画西湖莲"的诗句。后来,他随祖父母回到长沙,并师从当地画梅名家尹和伯,从而奠定了绘画基础。

陈衡恪出身于书香官宦之家,从小即受到了良好的家庭教育,10岁左右即能作擘窠大书,间或作丹青与短章断句,并随长沙绘画名手尹和伯学画花卉。稍长,又与著名书画家胡沁园、王湘绮等人相识,常向他们请教国画、古文及诗词。关于绘画的天赋,陈衡恪自己还对人声称,他曾在梦中与明代著名文学家、书画家徐文长(徐渭)相见并论画。徐渭还告诉他:"我得年七十有三,汝寿如之。"于是,陈衡恪常以徐文长转世自谓。

陈衡恪天资聪颖,又受家教熏染,从小不但喜欢绘画,而且对作诗颇有兴趣。光绪十三年(1887),湖南一名诗僧来到陈家,对陈家这位12岁的少年印象颇佳,遂赋《赠陈童子师曾》一诗作为鼓励。诗云:

童龄具耆德,头角方峥嵘。频伽发妙想,玉树敷新荣。
道由聚沙植,义以分梨成。好古兴不浅,鉴物智自明。
善葆青云器,相期黄阁名。

为了感谢诗僧的一番殷切寄语,陈衡恪还作《奉和寄禅上人》一诗。这首诗是陈衡恪存世最早的一首诗作。他在这首奉和诗中写道:

天下多奇士,山冈多兰芝。高禅志修己,不为世俗移。
甘心守寂寞,袈裟良足披。苟非鸿与鸾,焉能奋翅飞。
闲居非吾愿,岳游为子宜。灵境绝妄念,妙悟发新诗。
感情亦何报,援笔赓此辞。

还是这一年,时值而立之年的诗人陈锐因外出游学到陈家作别,陈衡恪即席赋诗赠别。陈锐也赋《陈郎歌》回赠。陈锐在诗的自注中写道:"予友义宁陈三立有子名曰衡恪,年未成童而有父风。会予将去益阳,留止长沙。嘉其赠行有诗,以此勉之云尔。"他在诗中还称衡恪为"奇童",并以"千里驹"相喻,寄语甚殷。陈锐在这首诗中,又将衡恪比作三国时代的早慧文人孔融和杨修,对他寄予了殷切的期望。《陈郎歌》后因收录于陈锐的《裒碧斋集》才得以流传下来,但衡恪为陈锐所作的送别诗,却未能流传下来。

光绪十九年(1893),陈宝箴聘周大烈(字印昆)和范钟(字仲林)为塾师,教授衡恪诗文、书法。这一年,17岁的陈衡恪即有不少诗文,其中留存下来的有《作画感成诗》《次韵祖父谢夕厂(庵)居士馈梅作》及《再叠前韵》《题侯总兵〈疏勒望云图〉》等。

陈衡恪的《作画感成诗》,乃是"赋秋大伯命书,即书近所为作画感成诗一首",送给他的堂伯父陈三桐(字赋秋)的。这首诗的手迹后来也被保存下来,现藏于修水县黄庭坚纪念馆。

陈衡恪还赋有《题侯总兵〈疏勒望云图〉》一诗。此诗有这样一个典故:湖南长沙人侯名贵(1835—1908),字桂舲,号熊湘,精于绘事,同治年间曾随左宗棠收复新疆,立功殊多,并以军功擢为提督。光绪初年,侯名贵率湘军驻守于新疆喀什噶尔(古疏勒),其间还在军营驻地附近的古木流泉间筑石为台,取名"望云",并自绘《疏勒望云图》等图,借以遥寄望乡思亲之意。后来,左宗棠、郭嵩焘、谭钟麟、杨昌濬、陈二立、曾广钧、杜云秋、孔宪教、何承道等120余位三湘名流,均对是图留有题咏。光绪十九年(1893),侯名贵的女婿袁绶瑜,将这些题咏诗词汇总成册,取名《〈疏勒望云图〉题咏集》,陈衡恪的《题侯总兵〈疏勒望云图〉》也被收录其中。

随着年龄的增长,陈衡恪的诗文及书画进步都很快,其师周大烈、范仲林见爱徒进学神速,也都颇感欣喜。周大烈系湖南湘潭人,教授陈衡恪古文、诗词;范仲林是江苏南通人,教授陈衡恪书法。在两位严师的教诲下,陈衡恪对书法、绘画、古文及诗词都产生了浓厚的兴趣,并为后来在艺术上的全面发展奠定了坚实的基础。

光绪二十年(1894)秋,塾师范仲林做媒,将其兄范当世之女范孝嫦介绍给衡恪。孝嫦的祖父范如松对这件婚事颇为称意,他在给儿子范当世的信中还论及孝嫦的婚事,并称:"汝弟带师曾照相来,今寄汝看。据云其乡终日无言,稍闲即学画,真可爱也。"而陈宝箴对长孙的婚事也颇觉满意,遂定于是年八月下聘,九月过礼,十月又派堂侄陈三垣携聘礼前往南通。十一月,范、姚夫妇携女儿孝嫦来到武昌,并于是月二十一日与衡恪喜结良缘。

范孝嫦又名菊英,小名菊保、菊儿,生于光绪二年九月十六日(1876年11月1日),与衡恪同岁。其父范当世,名铸,号肯堂,又号伯子,是桐城派古文大家,尤精擅诗词,曾任李鸿章幕兼西席;生母吴氏早逝,继母姚倚云,字蕴素,工诗能画,系安徽桐城世家出身,视孝嫦若亲生,母女关系非常融洽。范家、姚家均系诗礼之家,早在范仲林向陈家提亲时,陈宝箴即对他说:"我已看过君家四代诗文稿,为江南第一。"故陈、范两家对这门亲事都颇觉圆满。

范、姚夫妇做客陈家期间,与陈家老少相处颇洽,还与陈宝箴、陈三立父子俱有唱和之作。转眼之间,旧历新年将到,范、姚夫妇将回南通老家,陈宝箴也将北上履任直隶布政使。临行之前,出身于安徽桐城望族的姚倚云,特意还为女儿赋作《遣嫁孝嫦书以勖之》一诗,中有"辽海三年吾愧训,楚江一别汝悲忧"之句,对女儿予以训勉。范当世也赋《内人有诗别女,吾亦不可无以诒师曾也,遂次其韵》七律二首,赠予女婿衡恪,诗中寄语殷殷,感人肺腑。

范孝嫦出身于书香之家,知书达理,自嫁入陈家后,孝敬公婆,亲爱弟妹,颇得陈家老少好感。光绪二十二年二月十二日(1896年3月25日),陈衡恪、范孝嫦的长子封可出生。光绪二十六年四月十八日(1900年5月16日),范孝嫦在江宁又生一子,取名封怀,后来成为著名科学家、院士,被誉为"中国植物园之父"。一个月后的五月十八日(6月14日),范孝嫦在金陵香消玉殒,年仅25岁。六月二十六日,陈宝箴在南昌西山崝庐又猝然去世。七月,陈三立携家人从金陵赴南昌奔丧。十月,陈三立、陈衡恪父子将范孝嫦安葬于距崝庐二里处赵家塘。

陈宝箴任湖南巡抚后,与其子陈三立在湖南推行新政,使湘省面貌焕然一新。未料三年过后,陈氏父子俱被慈禧太后罢官免职。光绪二十四年(1898)秋,陈家赴南昌暂居;光绪二十六年(1900)春,陈三立又迁居江宁。到江宁后,经汪康年介绍,陈衡恪得入上海南浔路法国教会创办的圣塞威学堂读书,与其内兄范罕(1874—1936,字彦殊)、内弟范况(1880—1929,字彦矧)同学。

光绪二十七年(1901),陈衡恪转入江宁城北的江南陆师学堂附属矿务铁路学堂旁听。翌年(1902)二月,陈衡恪以文案身份,偕其弟寅恪随舅父俞明震赴日本留学,同行中还有周树人(后以"鲁迅"为笔名)、伍崇学等江南陆师学堂及附属矿路学堂同学。

1904年日本留学时的三兄弟(右衡恪、中寅恪、左隆恪)

到日本之初,陈衡恪先入东京弘文学院补习日语。弘文学院成立于是年年初,该校创办初期只是日本政府专门为教授清朝留学生日语及普通教育而开办的补习学校。后来,陈衡恪又转入东京高等师范学校,专攻博物学。此次出国前夕,衡恪、寅恪兄弟还拜访了时任上海同文书会总干事、英国浸礼会传教士李提摩太(Timothy Richard)。

此时,李提摩太来华已逾50年,他不但对中国的四书五经等国学典籍有过深入研究,且与张之洞、李鸿章、刘坤一等中国上层官僚有密切交往,并对中国的改革新政也寄予了深切同情,几年前还掩护过康有为等维新志士逃难出境。而在此时,他对陈家兄弟赴日本留学也极为赞赏,并勉励陈家兄弟:"君等世家子弟,能东游,甚善!"

由于同船赴日留学,加上陈衡恪与鲁迅在矿路学堂时原就相识,故陈家兄弟与鲁迅一直保持着很好的友情。尤其是陈衡恪,既与鲁迅是矿路学堂的同学,从日本归国后与鲁迅又同在北京任职,相互之间过从甚密,他还为鲁迅、周作人兄弟翻译的《域外小说集》设计过封面,鲁迅在1915年4月6日的日记中还记云:"赠陈衡恪《域外小说集》第一、第二集。"

陈衡恪在东京高等师范学校博物科读书期间,时常身背标本夹,到野外采集植物标本,虽然他归国后并未从事这个专业,但留学日本这段读书生活却对他的绘画帮助不小。更让他未想到的是,他的次子陈封怀,因小时候经常看到父亲侍弄植物标本,慢慢地对植物也产生了浓厚的兴趣,大学毕业后又远赴欧洲留学,专攻植物学,归国后被庐山植物园聘用做植物研究,并取得了一系列的研究成果,后来还被誉为"中国植物园之父"。

陈衡恪在留学期间,与中国留学生接触较多,其中主要有李叔同、欧阳予倩、江小鹣、周树人、张棣生等人。特别是李叔同,才华横溢,"二十文章惊海内",是一个在诗词、书画、篆刻、音乐、戏剧等多个领域里都卓有建树的艺术大师,与陈衡恪交谊很深。光绪三十二年(1906),李叔同赴日入上野美术学校读书,与来自湖南的中国留学生欧阳予倩等成立了文艺研究团体,同时又组织了中国历史上第一个话剧演出团体——春柳社。陈衡恪、陈隆恪兄弟得悉,即前往该校与李叔同相晤。陈衡恪与李叔同一见如故,言语投机,当李叔同提出要他加入春柳社时,志不在此的陈衡恪以"不敢高就"作罢。不过,陈衡恪与李叔同的友谊却延续了下来,并成为近代文坛上的一段佳话。

爱妻范孝嫦的猝然离世,使陈衡恪痛不欲生。因范孝嫦乳名菊儿,故陈衡恪特意绘制了两幅菊花图,并在图上另附悼亡诗四首,借以寄托对范孝嫦的怀念与哀思。其时,他还作有《感怀》一诗。

陈衡恪后来还将自己所作的菊花图呈其同乡、著名词人夏剑丞,夏感其情,也赋《惜秋华·陈师曾以画菊寓悼亡意,续婚后,偶于箧中检出,怆然伤怀,示余,余因为题此解》回赠。

陈衡恪的岳父范肯堂还作有《阅女婿陈师曾诸近作,至其画菊为吾女遗照而题四诗,潸然有述》一诗,道及陈衡恪所绘的菊花图及其所作的悼亡诗。

可惜的是,陈衡恪的这两幅菊花图和五首悼亡诗均已亡佚,不复得见。

光绪三十一年(1905)年底,陈衡恪从日本回国探亲,经人介绍,赴汉阳与吴门闺秀汪春绮结婚。

汪春绮,名梅未,春绮是其字,光绪九年十一月二十五日(1883年12月24日)出身于苏州一个世代书香之家。其父汪凤瀛(1854—1925),字志澄,号荃台,拔贡,育有汪荣宝、汪东和汪春绮等子女,他曾入张之洞幕办理洋务,甚得张氏信任,后历任长沙、常德、武昌等地知府,与其兄汪凤藻俱有学名。春绮的长兄汪荣宝、弟汪东(旭初),均以才名世。俞剑华在《中国美术家辞典》中称汪春绮:"工刺绣,能诗词,画梅有逸致。"

陈衡恪与汪春绮结婚后,从汉阳出发赴日本,临行前作《别妇》一诗。

光绪三十三年(1907),陈衡恪、陈隆恪皆在日本,范肯堂的两子范彦殊、范彦矧于上年也到日本留学,适姚叔节携其侄姚舜琴到日本,三家亲戚在东京聚首。陈衡恪作《姚叔节姻丈来游东京,其从子舜琴、范氏昆仲及余兄弟饮于太和馆。是夜同观天一翁奇术,并赠外舅肯堂先生遗诗,作此酬之》一诗。

姚叔节(1866—1923),即姚永概,安徽桐城人,光绪十四年(1888)乡试解元,历任安徽高等学堂教务长、安徽师范学校校长、北京大学文科学长,与其兄姚永朴(仲实)俱负文名,民国后还同任《清史稿》纂修。姚氏兄弟是陈衡恪的岳父范当世的郎舅,姚倚云即姚氏兄弟的亲妹,姚舜琴则为姚永朴之子。

光绪三十三年(1907),暑假期间,陈衡恪从日本归国,偕汪春绮回南京省亲。三立老人见长子偕"新妇亦来并",且"时大男、次男留学日本,第三男留学吴淞,皆以暑假归,期满将别",喜不自胜,遂赋《七月十三日,于后园聚家人用泰西法摹小像》一诗。

陈衡恪从小喜爱绘画,但他在日本时学的则是博物学。从日本归国后,除了短时担任过博物教师外,后来一直都未研究这门学科。但是,在日本学习博物这段经历,对他后来的绘画创作却影响甚大。光绪三十四年（1908）夏，陈衡恪写的《日光山光采植物》一诗，就是对自己留学日本期间采集植物标本的写照。

宣统元年（1909），同在日本东京留学的杨怀中转赴欧洲留学，陈衡恪在为其送行时作《送同学杨君留学伦敦》一诗。

陈衡恪诗中的杨君，即杨昌济（1871—1920）。杨昌济，字华生，湖南长沙人，其女杨开慧后嫁毛泽东为妻。早在光绪二十九年（1903），杨昌济考取官费留日，后更名怀中，先入东京弘文学院普通科，1905年又带湖南的黄国厚、黄国巽等20名青年女性赴日留学，1907年转入东京高等师范学院文科。1908年年底，清廷欧洲游学生总监蒯光典调杨怀中赴英国深造，他遂于1909年年初离日赴英，陈衡恪这首诗也就写于此时。陈衡恪是杨昌济留日期间的密友，故杨昌济在1920年逝世于北京时，陈衡恪还与蔡元培等发起了赙赠活动。

宣统元年（1909）夏，陈衡恪从日本学成归国，一度任职于江西省教育司。翌年春，他被南通名士张謇聘为南通师范学校博物教员，与王国维、朱东润、徐一笙等皆为同事。在南通期间，他与夫人汪春绮居住在城东通明宫别墅，"教课之余，作画吟诗，弄石自娱"，颇得其乐。是年冬至，陈衡恪与父亲陈三立携家到南昌西山扫墓，并赋《至前妻范氏墓所》悼亡诗。

陈、汪夫妇在通州度过了两年的恩爱时光，其间还合绘有《梅花团扇》《梅花册页》等画，间或有诗词唱和。周曾锦在《卧庐词话》中云："朽道人陈师曾旅南通时，寓城南（应为城东）通明宫，古刹也。荒坟老木，杳无人烟。小楼三楹，道人与其夫人汪春绮女士居之。有时会客，亦在楼中，瓶花炉篆，翛然绝俗。"陈衡恪的内弟汪东在《寄庵随笔·绿窗人静绣梅花》中，也有如下之忆：

春绮工绣。既归师曾，甚相得。余婚费氏时，师曾画百合梅花，倩姊绣之，持以为贺，见者誉为双绝……姊初不甚工辞翰，迨与师曾唱和，废寝食为之，猛进不已。每有所作，辄邮寄示余，其词较诗尤胜。如《清平乐·咏梅》云："碧天清晓，梦觉孤山道，雪艳生香春窈窕，惆怅乡关信杳。落花近日纷纷,东风吹断兰情,慵向溪桥横笛,小楼静倚黄昏。"又《庆清朝·用梅溪韵同师曾作》:"远翠浇尘,曲泉通石,柳丝斜绕溪亭。烟昏雾晓,倩谁绣笔经营。占得一枝潇洒,淡霞照绮晚妆成。花荫外,啼鹃梦断,不尽芳情。遥念背灯对月,正绿窗人静,珠箔光凝。三春过了,罗衣依旧寒生。珍重朱颜未老,天涯锦字寄叮咛。凭栏处,蕙风似剪,吹遍江城。"皆可传之作也。笺末师曾为刻印钤其下"绮语"。

陈衡恪在通州师范任教期间,夫人汪春绮曾依他1900年所作的悼亡诗原韵和作七律一首,姚倚云后来也作《和春绮游北土山原韵》七律及《步春绮和师曾悼亡原韵》《题师曾夫妇合画梅幅》等诗。但是,由于汪春绮和陈衡恪都去世较早,故汪春绮所作的这些诗基本未留存下来。

通州是陈衡恪原配范孝嫦的故乡,虽然他的岳父范肯堂已于光绪三十年(1904)十二月谢世,但陈衡恪、汪春绮夫妇仍时常到范孝嫦的继母姚倚云那里探望问候,可谓亲情依依。姚倚云很喜欢汪春绮,与她有过多次诗词唱和,还为陈衡恪、汪春绮夫妇合画的梅花图题诗云:"且为癯仙聊苦吟,十年旧梦不堪寻。清贫梁孟真成隐,合为冰姿托素心。"陈衡恪、汪春绮夫妇离开通州后,姚倚云还作《深秋散步,虚廊独对梅树,因忆春绮以其名梅未也。适其书至,喜而赋寄》一诗。诗云:"见梅忽相忆,树下动遐思。不语机先动,开缄喜可知。虫寒噪余响,柳老飕疏丝,病后忻能饭,多君慰我辞。"

在南通任教期间,陈衡恪因仰慕海派绘画大师吴昌硕的书法、篆刻,故在教学之余常到上海,拜吴昌硕为师。在此期间,陈衡恪的不少篆书、石鼓文以及篆刻作品,不同程度都受吴氏之影响。"知徒莫如师",吴昌硕曾对人说,陈衡恪"以极雄丽之笔,郁为古拙块垒之趣,诗与书画下笔纯如",可谓知人之言。

1912年夏初,陈衡恪所译《欧西画界最近之状况》在《南通师范校友杂志》第二期发表,是文向国内介绍了西方绘画的发展情况及现状,引起了中国美术界的关注。早在日本留学期间,陈衡恪即与就读于上野美术学校的李叔同交往甚密。陈、李二人都非常喜爱中国古典诗词、绘画、书法、金石篆刻艺术,后来还成了莫逆之友。1912年春,李叔同任上海《太平洋画报》副刊编辑,陆续刊载了陈衡恪的《春江水暖鸭先知》《偶坐侣是商山翁》《落日放船好》《独树老夫家》等画作。5月,陈衡恪抵达上海,《太平洋画报》还做了专门报道,并刊出陈衡恪的大幅半身照片。借此,中国美术界开始对这位画坛新秀和天之骄子予以关注。1912年5月30日,经李叔同建议,《太平洋画报》又刊登了《陈师曾书画篆刻润例》。其文约略:

堂幅每幅四尺以上四元,四尺以下两元,条幅每幅照堂幅减半,对联每副□元,册页每幅□元,扇面每柄□元,石章每字□元,碑版、匾额、命题作画均须另议,劣纸不画。

四年后的1916年9月,李叔同还为陈衡恪所绘的小幅《荷花》题句云:"一花一叶,孤芳致洁;昏波不染,成就慧业。"两年后,李叔同看破红尘,出家为僧,并将自己的玩具、泥俑等赠予衡恪,衡恪则将李叔同所赠的全部物品绘入画中,悬于自己的画室,作为对李叔同的最好纪念。可惜的是,陈衡恪的这幅画和李叔同送给陈衡恪的旧物在"文革"期间均被毁不存。1978年,画家黄苗子在其《货郎集》中还写到陈、李相交的这段往事。

1912年年底,陈衡恪应湖南第一高等师范学校之邀任教,与同在该校任教的留日同学杨昌济为同事。陈衡恪在该校仅有半年,即于1913年夏秋之交应北京教育部之聘,就任教育部编纂,主持图书编辑事宜。

第二节 领袖画坛逞雄才

陈衡恪从来到北京到去世,前后仅有十年,这十年是他生命中的最后十年,也是他的书画艺术得以全面发展和飞跃的十年。在这十年中,他从一个画坛新秀,很快成长为艺术趋于成熟的大家,他那活跃而又平易近人的身影频频出现于画坛,并被当时的艺术界视为领军人物。

到北京之初,汪春绮的兄长汪荣宝时任国会众议院议员,在北京租了一栋四合大院,并将父亲接来同住。由于汪家住所宽敞,衡恪遂偕夫人春绮住进了岳家。不幸的是,这年农历十二月二十五日(1914年1月20日),汪春绮染病猝亡,时年仅31岁。汪东对此还回忆说:"癸丑秋末,余迎姊同赴北京侍先君杨仪宾胡同,即伯兄衮甫寓处也。师曾方任职教育部,亦来就甥馆。退食之暇,谈画刻印,于是最乐。……是年冬,姊发斑疹,西医注以麻醉剂,遽卒。师曾悼之甚,始移居槐堂,盖不忍见遗容挂在壁也。"

1914年农历正月十三日,即汪春绮去世第18天,陈衡恪在教育部的同事兼好友鲁迅、许寿裳、钱稻孙前来吊唁并送来合作的挽联。是日晚,陈衡恪取唐代诗人李商隐的"荷叶生时春恨生,荷叶枯时秋恨成。深知身在情长在,怅望江头江水声",刻"深知身在情长在"印一方,在边款上又刻上"师曾悼亡,乃有此作;灯前自赏,不禁泫然。甲寅一月十三日夜",借以寄托自己的哀思。1916年,陈衡恪还绘《墨荷》一图,上面题的还是李商隐这首诗,只不过他将诗的"怅望江头江水声"改为"怕听江头江水声"。

1914年3月,适值汪春绮百日忌辰,陈衡恪作《春绮卒后百日往哭殡所感成三首》。

汪春绮去世后,时在南通的姚倚云并不知晓,她还让在北京农商部任职的儿子为陈、汪夫妇捎去了南通的土特产,陈衡恪在回信致谢时才将汪春绮去世的噩耗告知。1914年清明节,姚倚云收到衡恪的来信才得知汪春绮业已去世,她忍痛作《春季扫墓,无限凄凉,遥望通明宫,复哭春绮》一诗。

对诗中的"梅菊",姚倚云在诗后又作注云:"吾女名菊英,而春绮名梅未。"范孝嫦、汪春绮的先后去世,使陈衡恪陷入了"此恨绵绵无绝期"的哀痛之中,后来他还取两位夫人名字中的各一字,作为书斋的名号——菊梅双影庵,又镌"菊梅双影庵"印一方常携于身,以示不忘。直到1919年12月25日,陈衡恪才将汪春绮安葬于南昌西山赵家塘范孝嫦的墓旁。

1914年农历十二月二十九日,时在北京的陈石遗、林宰平、黄节等文学艺术界知名人士,在法源寺举行祭祀宋代诗人陈后山的活动,陈衡恪当日因事未至,后补《后山逝日设祭法源寺,余以事未赴因赋》五古一诗,是诗被评为第一,陈衍在题赠陈衡恪诗中还称"诗是吾家事,因君父子吟",并被士林传为佳话。

1915年2月22日,国立北京高等师范学校开办三年制手工图画科,陈衡恪被聘为该校国画教师,并兼北京女子师范学校及女子高等师范学校博物教员。

是年,陈衡恪迁居到留日同学张棣生的余房,因院中有一株合抱老槐,陈衡恪遂将这里的居所取"槐堂"之名,同时作为自己的号。后来,他虽迁出张宅,却仍以"槐堂"为号。

陈衡恪成名后,与陈半丁、凌文渊、齐白石并称为京师"四大画家",于1916年被北京高等师范学校聘为兼职教员,又与时在北京的画家姚茫父、凌霄凤和汤定之等,时常借用中山公园中的四宜轩挥毫作画,人称"四宜社"。

这年7月,经留日同学、时任北京大学教授的杨怀中(杨昌济)介绍,陈衡恪与黄国巽结为夫妇。黄国巽(1888—1971),原籍湖南长沙,生于平江。光绪三十一年(1905),时年17岁的黄国巽和姐姐黄国厚与湖南18名女子,在杨怀中的带领下赴日留学,成为中国官派女留学生之始。黄国巽到日本后入日本女子大学教育科,前后9年,其间还由杨怀中介绍随陈衡恪补习日语,由此得与陈衡恪相识。她与衡恪婚后,抚养衡恪前妇之子封可、封怀,后来还育有封雄、封举、封邦、封猷四子。陈衡恪去世后,她含辛茹苦,将诸子养育成人,1971年病故于北京,享年83岁。

1918年2月22日,北京大学校长蔡元培发起成立北京大学画法研究会并兼任会长,陈衡恪虽任职教育部,也与徐悲鸿、贺履之、汤定之、李毅士、吴法鼎、叶友善、胡佩衡等被聘为该会导师,同时兼任北京美术学校国画教授,对学生分门别类地予以悉心指导。1919年5月,中国画法研究会又在北京成立,陈衡恪被推为发起人之一。是年12月,清华艺术社团成立,梁启超与江小鹣等在成立典礼上即席演讲,陈衡恪则做"中国画是进步的"演讲。是年6月起,陈衡恪先后在北大画法研究会的《绘学杂志》发表了《清代山水画之派别》(第1期创刊号)、《清代花卉之派别》、

《对于普通教授图画科意见》《绘画源于实用说》等4篇文章,接着又在上海《东方杂志》发表了《中国人物画之变迁》(第18卷17号),称自己所倡导的中国传统绘画,决非恪守于复古立场,而是立足于新时代的创造需要。他所写《中国绘画史》虽刊于1934年,却早在1922年即已完稿。在这本书中,他就明确指出:"现在与国外美术接触之机会更多,当有采取融合之处,因在善于会通以发挥固有之特长耳。"研究者据此还称,陈衡恪是最早撰写《中国绘画史》的画家。

1920年1月至3月,陈衡恪的《文人画之价值》《中国画是进步的》先后在《绘学杂志》上发表。是年6月,他与金拱北等人在北京又发起中日联合绘画展览,影响甚巨。

陈衡恪是发现齐白石绘画艺术价值的第一人,他与齐白石的交往也被艺术界传为美谈,堪称中国现代艺术史上的佳话。1922年3月18日,陈衡恪接到荒木十亩、渡边晨亩等日本画家邀请参加赴日画展的电文,稍后即与北京的另一位大家金拱北前往日本,参加在东京府厅商工奖劝馆举行的中日绘画展览会。就在此次赴日行程中,陈衡恪将齐白石的画卷带往日本展出拍卖,在日本画坛震动很大,齐白石的声名一下子便传播开来。是年,陈衡恪所译的《中国文人画之研究》也由上海的中华书局出版,他被国立艺术专科学校聘为教授,门生有俞剑华、刘开渠、李苦禅、王雪涛、王子云等。

是年,适范孝嫦继母姚倚云60华诞,陈衡恪前往南通拜寿。到南通时,未曾想姚倚云已于前日到杭州躲寿。于是,陈衡恪急忙追至杭州,陪岳母畅游数日,其间还赋呈五章诗。与岳母从杭州一起回南通后,陈衡恪又在张孝钦、陈峙西、王个簃、范彦翔等旧友陪同下故地重游,参观了张謇在著名刺绣家沈寿生前所居谦亭创办的南通博物苑,并作《书所见》一诗。

1923年春节前后,继母俞氏染病,陈衡恪于春天回南京探望。在回北京时,5月5日(农历三月二十日)凌晨在山东临城突发劫车一案,导致津浦线火车数日不能通行。此时,他徘徊于浦口车站,赋《浦口待车·是时闻临城盗劫之信》一诗,以纪其事。

是年六月，时在大连的陈衡恪得继母俞氏病重消息，遂匆匆赶回北京，旋又急忙南下赴宁。六月二十九日，俞氏病故，衡恪在南京尽人子之责。适父亲亦病，他在侍服时染上伤寒，由于日本医生误诊为痢疾，以致延误，不幸于八月初七（9月17日）病逝于南京，享年仅48岁。

才华横溢的画坛天才陈衡恪，像一颗流星，在天空中划过一道耀眼的光芒后便过早地陨落了！

巨星陨落，艺坛震惊！所知之人无不痛心，扼腕叹息！

陈衡恪毕竟走得太匆忙了，也太年轻了！专家们无不发出悲叹：天妒英才！这既是陈门的不幸，更是中国画坛的不幸！与他同时代的吴昌硕、齐白石、黄宾虹等艺术大师相比，假以时日，以自己的综合实力，他完全有能力超越他们并取得更荣耀的佳绩，并对中国艺术史做出更大的贡献！

临终之前，陈衡恪自知将不久于人世，作《南归省亲，妻子尚留，此次前韵》一诗，对亲人做最后的告别，这首诗也成了他生命的绝笔。

是年10月17日（农历九月初八），北京的亲朋好友和门生，在北京宣外大街的江西会馆为陈衡恪举行了隆重的追悼大会，梁启超、姚华、周大烈、凌文渊等社会名流致悼词并发表演讲。《南通报》于是年10月30日，11月1日、3日、5日还分别刊载了相关新闻及诸人的悼词、文章。

梁启超痛心地说："师曾之死，其影响于中国艺术界者，殆甚于日本之大地震。地震之所损失，不过物质，而此损失，乃为无可补偿之精神。"

衡恪是在得病后因庸医误诊才去世的，故在他去世的三周这天，其弟隆恪在《八月七日大兄三周忌日》中又称："丧中未察医能误，地下犹疑梦可寻。"

1925年12月3日（农历十月十八日），陈衡恪与其继母俞明诗夫人一同安葬于浙江杭州西湖牌坊山，其父陈三立在《长男衡恪状》中称："七岁至十岁能作擘窠书，间弄丹青，缀小文断句，余父辄举以夸示宾客，忘其为溺爱也。"

陈衡恪一生凡三娶，育有六子。初娶江苏南通范肯堂之女范孝嫄，生子封可、封怀；继娶苏州汪春绮，未育；再娶长沙黄国巽，生子封雄、封举、封邦、封猷、封举、封邦早殇。六子当中，以陈封怀成就最大，也最有名，后来还成了院士。

第三节　三绝名世载史册

综观陈衡恪一生，他在艺术上是成功的，其成就有目共睹。但是，他5岁丧母，青年、壮年连丧两妻，晚年正当事业如日中天时，不幸又丧继母，自己也因过度劳累染疴而逝，其人生道路充满了坎坷，这样的人生经历，实让人扼腕称叹！

陈衡恪是位天才式的全能艺术大师，虽出身于官宦书香世家，且又是当时画坛上的领军人物，但他为人处世十分低调，丝毫没有高人一等或大艺术家的架子，更不给人以哗众取宠、沽名钓誉之感，所留给世人的永远是和悦肃穆、平易近人的形象，使人敬慕之外又多了几分亲切。

陈衡恪性情平和，各行各业朋友甚多，但与朋友相处时却从无町畦之嫌，唯在艺事上勇猛精进，令人惊诧。他的猝然去世，识者闻耗，莫不怆然悲悼，时在欧洲布鲁塞尔的蔡元培闻而悲叹道："陈师曾君在南京病故，此人品性高洁……在现代画家中，可谓难得之才，竟不永年，惜哉！"余绍宋也在1923年农历八月初九的日记中写道："惊悉师曾病殁于南京，复为陨涕。师曾人品极高，天才卓越，使假以年，诗书画皆可成家，不料竟死耳！"

无论是从人品上来讲，还是从艺术上来讲，陈衡恪都广为人道，像他这种身份的大艺术家，中国古代并不多，今人则更是罕见。

一、高风亮节，人格崇高

（一）结谊鲁迅

陈衡恪的生命虽未过天命之年，却与著名作家鲁迅三度相处，他们是相处二十余年的好友。

早年，鲁迅在南京江南陆师学堂附设矿路学堂读书时，陈衡恪由于该校监督俞明震是其舅父这层关系，一度借读于该校旁听。当时，陈衡恪虽然吃住都在学校，但到底与公费的正规生有所不同。那时，他常着便装，从未着学校规定的学生服，而同学们也都知道他是俞明震的亲戚，于是便送给他一个"官亲"的绰号。

1902年,俞明震带鲁迅、张邦华、伍崇学、顾琅、刘乃弼等官费生赴日本留学,陈衡恪和弟弟寅恪皆以自费生同行。到达日本后,陈家兄弟与鲁迅同读于东京弘文学院,这是他们的第二次相处。1913年,陈衡恪与鲁迅都供职于北洋政府教育部,这是他们的第三次相处,此次相处长达十年,直到陈衡恪去世。陈衡恪与鲁迅的三次相处,情谊一次比一次深厚,关系也越来越亲密,称得上知己。鲁迅常为朋友而向陈衡恪求画求字,衡恪也总是予以满足。对此,周遐寿在《鲁迅的故事》中说道:"师曾给鲁迅刻过好几块印章,其中刻'竢堂'二字的白文石章最佳。"在鲁迅的日记中,关于陈衡恪的记载就有近80处。陈衡恪和他的继母俞夫人去世时,鲁迅还奉赙仪两元,以示朋友之谊和悼念之情。

(二)提携齐白石

陈衡恪留学日本前后近十年,识多见广,眼界颇高,在诗词、书画、篆刻等艺术上又敢于大胆创新,主张融会中西,并提出了"宜以本国画为主体,舍我之短,采人之长"的观点。在艺术上,他既是一个标新立异的理论家,又是一个脚踏实地的实践者,湖南画师齐白石也正是在他的帮助和提携下才开始"衰年变法",并最终成为一代绘画大师。

1917年农历五月,时年55岁的齐白石在朋友们的劝说下到北京发展。当时,他住在前门外西河沿排子胡同阜丰米局后院的郭葆生家中,旋又迁至西砖胡同法源寺内与杨潜庵同住。其间,他经朋友引荐得与陈衡恪相识。1918年,齐白石一度回湖南湘潭茹家冲老家料理家事,翌年春复来北京,仍居法源寺。此后,他相继结识了林琴南、徐悲鸿、贺履之、朱悟同等文化艺术界名流,并与易实甫、罗瘿公、罗敷庵、汪霭士、凌文渊、王梦白、萧龙友、陈半丁、姚茫父、杨潜庵、樊增祥、郭葆生、夏午诒、张仲飏等人时常交游唱和。

初到京师时的齐白石,少有人欣赏他。1922年,陈衡恪将齐白石的画携往日本参展并出售,向日本方面大力推介,引起了日本美术界同人的重视,这是齐白石的绘画作品第一次走出国门。对此,白石老人在自传中曾道:"师曾提拔我的一番厚意,我是永远忘不了他的。"老人还有赠衡恪诗云:"君无我不进,我无君则退。"由此可见两人情谊之深。1923年陈衡恪病卒于南京的噩耗传来,白石老人十分伤心,他在悼诗中沉痛写道:"哭君归去太匆忙,朋友寥寥心益伤。"

陈衡恪

两位艺术大师的交谊为中国艺术史留下了一段佳话。在陈、齐两人的交往中,陈衡恪的崇高人格既得以体现,更得以升华。

二、技艺精湛,三绝传世

作为一个杰出的书画艺术家,陈衡恪在诗词、绘画、书法和金石篆刻等方面,都取得了令人羡慕的佳绩。在中国现代艺术史上,陈衡恪是画坛公认的一代巨匠和大师级人物,他年岁虽小于吴昌硕和齐白石,但成名却介于吴昌硕和齐白石之间,可以说起到了承上启下的作用,为中国画的发展做出了重大的贡献。

吴眉孙在《陈师曾遗诗跋》中称:"师曾恒言:生平所能,画为上,刻印次之,诗词又次之,盖称心而出之也。然晚近诗坛当分据一席,则又非予一人之私言。"吴氏在《寥苞簃画萃》中也道:"师曾精研书画,独辟蹊径,饶有明人风格。诗近宋人,而不貌袭其祖若父。刻印裤子效吴缶翁(吴昌硕),而能变其体。"陈衡恪也曾自称:"平生所能,画为上,兰竹为尤,刻印次之,诗词又次之。"

陈衡恪是一位传统的文人和书画艺术家,特别是他生命中的最后10年,相继发表了《中国画是进步的》《文人画之价值》等论著,试图确认中国传统文人画的价值,并主张"不以形似,正是画之进步",借以扭转当时画坛上那种死气沉沉的复古画风。在《文人画之价值》一文中,他给"文人画"下定义道:"何谓文人画?即画中带有文人之性质,含有人文之趣味,不在画中考察艺术上之功夫,必须于画外看出许多文人之感想,此之所谓文人画。"在他看来,传统的中国文人画不但要像董其昌所说的那样,做到"读万卷书,行万里路",还要做到"功夫在画外","不求形似",而以"逸笔草草","聊写胸中逸气"。因此,他又写道:"文人画之要素,第一人品,第二学问,第三才情,第四思想,具此四者,乃能完善。"从而全面揭示了中国传统文人画的文化意蕴和精神内涵,直到今天还为人称道。

陈衡恪在北京10年,既是他生命中的最后10年,也是他艺术生命中的最辉煌的时期。这一时期,他在中国画坛上的领袖地位已经确立,面临"全盘西化"文化思潮的影响和中国文化的式微,作为一个徘徊于新旧交替时代的艺术巨匠,他站在远比一般艺术家更高的高度,在中西交融的新视角下,对传统中国文人画的价值重新进行审视和诠释,尽管这种审视也流露出他对传统中国文化的眷恋。

陈衡恪在诗歌、绘画和书法篆刻方面都取得了巨大的成就,因此还被人誉之为"三绝"。

(一)诗歌创作

陈衡恪的诗歌基本上旧体诗,除承其家学濡染外,还得到过其岳父范肯堂的指教,再加上他善于将中西方文化融会贯通,故其诗歌往往妙趣天成,意境深邃。叶公绰在《陈师曾遗诗序》中称:"君以文人之画,发为画家之诗,探之胸臆,而师乎造化。"汪辟疆的《光宣诗坛点将录》,钱仲联的《近百年诗坛点将录》,其中所列也均有陈衡恪之名。宣统元年(1909),陈衡恪的好友兼江西同乡胡朝梁(梓方)也曾有"陈家兄弟文章伯,佳句流传江海间"之评。

　　从时间上讲,陈衡恪的诗歌大致可分为两个时期,中间以1910年为界。前一时期以在朋友间传抄为主,后一时期则以出版传播为主,并日益得到社会的重视。从内容上讲,陈衡恪的诗歌主要有题画诗、送别诗和悼亡诗等,其中尤以悼亡诗写得最为出色,也最能打动人心。

　　刘经富在《深知身在情长在——陈衡恪的悼亡诗》中,称陈衡恪的诗道:"虽承家学而不貌袭其父,诗风冲和萧淡,清刚劲上。情真语挚……诗笔疏朗,悼亡诸作尤工。"可以说,悼亡诗是陈衡恪诗歌中的特色之一,在其众多的诗歌中也是最为人所称道的。兹录其所作悼亡诗数首如下:

题春绮遗像

人亡有此忽惊喜,兀兀对之呼不起。
嗟余只影系人间,如何同生不同死。
同死焉能两相见,一双白骨荒山里。
及我生时悬我睛,朝朝伴我摩书史。
漆棺幽闷是何物,心藏形貌差堪拟。
去年欢笑已成尘,今日梦魂生泪泚。

春绮卒期年矣,哭之以诗

别我刚成一岁回,幽宫从此闷寒灰。
悠悠同是无根者,东东谁为出世才。
即事寻源身正苦,浩歌作达意何哀。
宵来独对寒灯下,一往沉冥泪暗催。

哭奠春绮殡宫

尖风削面绕东城,呜咽重来意不任。
荒寺寂寥林木异,素帏幽冷网尘生。
同居华屋宁非分,猛见椽题又失声。
我若先归九泉下,知君无泪得生倾。

(二)绘画创作

对陈衡恪的遽然去世,梁启超称这是"中国文化界的大地震"。梁氏的话自有其道理,依梁氏之为人和其所见之广,此言固也不虚。

作为一个天才式的绘画大师,陈衡恪在绘画艺术上也是比较全面的。他除了具有深厚的学养和理论做支撑外,又有高人一等的眼光和境界,而重要的则是,他在山水、花鸟、人物、漫画等多个领域的创作实践中都取得了巨大成功。这些成功的取得,具有以下几个方面的原因:一是来自于家学家教;二是来自于他的天赋;三是来自于他的勤奋;四是来自于他的博览广取。纵观中国近现代绘画史,很少有人能够像他这样,在短短十年当中一跃而成为大师级人物,也很少有人能像他这样,在诸多绘画门类中都取得卓尔不群的巨大成就。

陈衡恪是中国现代艺术史上的大师,他不但是中国近代美术最重要的启蒙者之一,也是中国美术史研究的开拓者之一,同时还是中国漫画的创始人之一。梁启超称他"在现在美术界可称第一人",鲁迅称他"开一代新境",吴昌硕称他"是一个不寻常的人"。潘天寿更是叹惜道:"死得太早,否则他的艺术成就在吴昌硕之上。"丰子恺也说:"国人皆以为在我国,漫画是我创始的,其实不然,陈衡恪在《太平洋画报》上所发表的以毛笔作的简捷画,题意潇洒,笔力洁劲,事实上才是我国最早创始的漫画。"国画大师傅抱石也称陈衡恪"是一代中最伟大的画家"。更有人认为,陈衡恪完全可以"平视缶庐",堪与艺术大师吴昌硕并美。

周遐寿在《鲁迅的故事》中称:"陈师曾的画世上已有定评,我们外行没有什么意见可说,在时间上他的画是上承吴昌硕,下接齐白石,却比两人似乎要高一等,因为是有书卷气。这话虽旧,我是同意的。"邓云乡先生在《记陈师曾艺事——兼谈与鲁迅的友谊》一文中写道:

论画,师曾先生六七十年前,是海内外闻名的大家,山水、花卉、人物,无一不能,无一不精,前人评论其画云:"所作山水,多肖黄鹤山(元代王蒙),花卉则视华新罗(清代华岩)为乾劲,人物变陈章侯(明代陈洪绶)之法,而以粗笔出之,竹石亦极简妙。"

山水画一直是最能代表中国画神韵和品位的画种,陈衡恪的山水画师法前人而不师法今人。当时山水多为"四王派"——王时敏、王鉴、王翚、王原祁的末流,陈衡恪不学时人,而决定另寻门径。他所传世的山水画,多是师法龚贤、沈周和石涛等艺术巨匠。但他又深知,绘画不可离开古人,也不可全靠古人,"必须学甲的也学乙的,取甲乙的好处,而自己造出一个丙来,才能卓然成家"。其成功之处,即在于他能够从前人的影子中挣脱出来,并最终形成自己的风貌与风格。

就山水画来说,陈衡恪从小攻习绘画,及长又留学东洋多年,眼界高超,见识不凡,其得意门生俞剑华就认为,其师对明末清初"金陵八家"之首的龚贤,以及沈周、石涛等人的画艺都下过很深的功夫,并博取其所长,为己所用。此外,陈衡恪对明代徐渭(徐文长)、"金陵八家"和"扬州八怪"也都有一定的研究和吸收。

陈衡恪的山水画传世名作主要有《湖柳远山》《王维诗意图》等。前者取法于沈周的疏散淡远,后者取法于唐人意境,对云、石、水和树木都处理得既恰到好处,又颇具匠心,令人叹赏不止,给人以爱不释手之感,画中尚题有王维的"泉声咽危石,日色冷青松"诗句。陈衡恪的人物画代表作品主要有《妙峰山进香图》《读画图》和《美人弹箜图》等。前者反映四月间妙峰山进香时的盛景,颇有宋代大画家张择端的《清明上河图》遗韵;后者画红衣美人抱箜篌而弹的情状,风韵直追唐人遗风。这些作品不但在当时名扬京华,而且还赢得了日本朝野的一片赞赏之声。对于《读画图》这幅画作,民国年间著名掌故专家黄秋岳就曾评价道:"师曾《读画图》,尽绘展览游客往来玩赏之状,审者一望,可脱口呼其姓名,莫不抚掌叫绝。"

对于花鸟画,陈衡恪也取得了很大的成就。他是吴昌硕的得意门生,在花鸟画创作上自然带有老师的影子,他所取的"染仓室"和"唐石簃"等笔名,也多受老师吴昌硕"仓石"字号之影响,他后来又取"朽""朽道人"诸名号。吴昌硕曾对人说"化我者生,破我者进,似我者死",对于老师话中的这些道理,他自然也是有所领悟,了然于心。

陈衡恪的花鸟画多为写意之作,工笔不多。一方面,他受老师吴昌硕的影响较大,另一方面他又取法陈道复、徐文长,继承明、清以来的写意花鸟传统,取诸家之长而别具一格。在绘画创作中,他喜欢虚实相生的手法,大胆省略,以空衬实,画意开旷深远,引人入胜。

兰花是陈衡恪最擅长画的花卉之一。他在创作兰花时,往往采用婉转笔法,多用水墨,特别善于表现兰花在风中摇曳的情态,此举就极得石涛之神韵。至于竹子,风竹、雨竹、晴竹、老竹、嫩竹、竹笋等,他无所不画,也无所不工,给人以"干亭亭而叶潇潇,如见其动,如闻其声"之感。他画竹别具格调的是竹石扇面,或石淡叶浓,或竿淡叶疏,很有轻逸的情趣,近代绘画史论家、陈衡恪的门生俞剑华对此曾称:"石涛的兰竹为清代画坛一绝,陈衡恪的兰竹则可称之为近代画坛一绝。"

陈衡恪的花鸟画最有名的是现收藏于上海朵云轩的《八哥》等,从中也可看出他在花鸟画上的不凡造诣。

陈衡恪曾留学日本近十年,故在色彩、构图等方面也受到日本近代画风之影响,虽然他师从吴昌硕,却又能跳出老师的圈子;虽然学习东洋画风,却从不亦步亦趋,而在色彩、形状、构图诸方面都形成了自己独特的风格,别具一格,自成一家。所以,吴昌硕在陈衡恪去世后即悲痛地为他题下了"朽者不朽"四字。现代画家胡佩衡在《陈师曾和他的画》中,曾这样高度评价陈衡恪的花鸟画作:"他专画大笔写意花卉,曾得吴昌硕的亲传,后来又追踪徐青藤、陈白阳、'扬州八怪'的画法。但他不是一味地追踪,而是经过写生功夫,融合成为另一种大写意的面貌,有它独特的风格。他画花卉痛快淋漓,气势磅礴……"

陈衡恪的传世绘画,除手迹以外,具有重大影响的还有《师曾遗墨》六辑、《北京风俗图》二册,均属采风之作。对于这些画作,一些人将它们看作漫画,也有一些人将它们看作人物画。

《北京风俗图》共34幅,现藏于中国美术馆,这是陈衡恪为中国人物画廊所留下的一笔珍贵的遗产。从这些画作中,不难看出有以下两个特点:一是在人物画的内容上,从佛、道、观音、大士、隐者、仕女等向平凡人物的转换;二是在创作手法上,从精细圆润的技法到肆意漫画的过渡。陈衡恪去世后,挚友姚茫父为了怀念他,还在他的每一幅《北京风俗图》上都另行题词,另外还有陈孝起、程穆庵、何芷舲等人的题句,最后汇成《箓猗室京俗词》,由琉璃厂淳青阁印行。后来,这些画还在《北洋画报》上连载,扩大了《北京风俗图》的社会影响。

《北京风俗图》取材广泛,妙趣横生,既来自于生活现实,又化之为艺术真实,从而上升到艺术的高度,同时还有文人简笔画的特点,使人在"寥寥数笔"中得到"余趣无穷"之感。整个画卷犹如一幅色彩斑斓的社会风景画卷,既有对平凡人生的描绘,又有对世风世态的讽刺,还有对达官贵人的鞭挞,更有对官场黑暗的揭露。这些绘画作品对中国画的发展也产生了深远的影响,开辟了中国现代现实主义人物画的先河,意义可谓非同一般。故丰子恺在《我的漫画》中就写道:"陈师曾的小幅简笔画《落日放船好》《独树老夫家》《乞食》等,寥寥数笔,余趣无穷,给我很深的印象。我认为这是中国漫画的始源。不过那时候不用漫画的名称,所以世人不知'师曾漫画'。"从丰子恺的这段话中,既可看出他的谦虚,又可看出他对陈衡恪开创中国漫画事业的推崇。

(三)书法篆刻创作

陈衡恪是位具有多方面成就与贡献的艺术大师,除以画名世外,在诗词、书法、篆刻等方面都有独到之处。他短暂的一生,继承和发扬了中国传统文人画的优点,将诗词、绘画、书法和篆刻熔为一炉,四位一体,相得益彰。

陈衡恪曾对人坦言:生平所能,画为上,刻印次之,诗词又次之。综观其艺术上取得的成就,人们又将其诗词、绘画和书法篆刻称为"三绝"。

小的时候,陈衡恪便师从周大烈攻习古典诗词和古文,又师从范仲林攻习魏碑、汉隶和楷书,后又师从其岳父范肯堂学习行、草二体,间或学习古典诗词。移居南京和上海期间,他又与著名画家、书法家李瑞清、曾熙、吴昌硕等过从甚密,不同程度地受到他们的影响。特别是其师吴昌硕,对他影响更大。正是因为有这样多的名师指点,勤奋好学的陈衡恪的书法艺术才会取得较高的成就。而于篆刻,陈衡恪主要取法吴昌硕,又化出自己的风格。

陈衡恪作品

　　陈衡恪的书法和篆刻艺术，取法于吴昌硕而又别有天地，并形成了刚健婀娜、秀韵天成的独特风格，在民国年间流派纷呈的篆刻海洋中自成一体，而在名家辈出的吴派篆刻园地中更是一枝独秀，卓然独立。

　　陈衡恪不仅为世人留下大量的诗词、绘画、篆刻艺术作品，还留下了很多艺术研究的文章。关于他的遗著，目前发现的主要有《槐堂诗钞》《染仓室印存》《陈师曾先生遗墨》《中国绘画史》《清代山水画之派别》《清代花鸟画之派别》《中国人物画之变迁》和《文人画之研究（价值）》等传世。此外，尚有其门人郁剑华所辑之《不朽书》等。

　　1923年9月17日（农历八月初七），这是一个灰色的日子！这一天，陈衡恪像一颗光芒四射的巨星陨落了。他的生命的过早完结，也给中国20世纪初期的画坛留下了绝唱！但是，陈衡恪在诗歌、绘画、书法、篆刻上所取得的一系列巨大成就，永远为后人所景仰。

第五章 史学大师陈寅恪

◎

陈寅恪(1890—1969),字彦恭,系陈宝箴之孙,陈三立之子,中国现代学术史上的一代史学大师,也是一位著名的诗人、文学家。

在中国现代学术史上,成就卓越的学人不乏其人,而像陈寅恪这样出类拔萃的史学大师则可以说是绝无仅有,他以自己的治学精神和治学实绩被誉为中国现代学术史上"三百年来第一人",完全是名实相符的。

第一节 留学东西觅新知

清光绪十六年五月十七日(1890 年 7 月 3 日),陈寅恪出生于湖南长沙通泰街周达武提督的蜕园(此宅原是唐朝刘蜕故宅),因在族中排行第六,故同辈弟妹后来都称他为"六哥""六兄"或"六弟",子侄辈则尊其为"六伯"或"六叔",又因是年为旧历庚寅年,肖虎,故其祖母黄太夫人还为他取"寅恪"之名,他长大后也便以此名行世。

陈寅恪出生时,适逢长沙年届 90 高龄老儒熊鹤村登门造访,祖母黄太夫人欲借鹤老福寿,为孙子又取字"鹤寿",此字后来未用,按陈家族谱排列所取"彦恭"字号也使用不多。

陈寅恪出生后,其祖父陈宝箴于是年十月被任为湖北按察使,上任三日,奉命又署理布政使。翌年,陈寅恪随家人从长沙迁至武昌。6岁那年,陈宝箴时任湖南巡抚,其子陈三立则襄助其在湖南推行新政。

陈寅恪成年后,虽成了一代史学大师,但他小时候并未表现出有什么过人的天赋。对于父亲小时的明显特点,女儿陈流求、陈小彭和陈美延在《也同欢乐也同愁:忆父亲陈寅恪母亲唐筼》一书中的回忆也仅有以下几点:一是"从小好静,喜欢思考",这是头脑思维的特点;二是"不擅长户外游戏"而显得"笨手笨脚",这是行动上的特点;三是"自幼酷爱读书","自识字起嗜书如命,见书就读,不分昼夜"。这就是他小时候的个人爱好与特点。

祖父陈宝箴被罢官后,陈家离开长沙到南昌暂居。光绪二十五年(1899),陈寅恪有一次随父亲到一家书肆购书,当他看到父亲所买的书中有钱谦益作序的《梅村集》后十分喜欢,对此感到很好奇。长大后,陈寅恪与父亲一样也嗜好买书,并爱收藏天下已读和未读之书,此举也与父辈的熏陶有关。对此,陈寅恪还写道:"寅恪追忆光绪己亥之岁(1899)旅居南昌,随先君(陈三立)夜访书肆,购得尚存牧斋序文之《梅村集》。"无形之中,这也成了陈寅恪晚年撰写《柳如是别传》最早的缘故。这一年,陈寅恪才9岁。

到南昌的第二年,陈寅恪与家人告别祖父,移居江宁(南京)。到江宁后,他仍与兄弟们在家塾中读书。

光绪二十八年二月二十六日(1902年4月4日),在江南陆师学堂监督、大舅父俞明震的带领下,13岁的陈寅恪与长兄衡恪一起,与周树人、张邦华、刘乃弼、顾琅、伍崇学等乘大贞丸号日轮自南京启程前往日本。此次赴日留学,周树人等是公费生,而陈寅恪与长兄衡恪则是自费生随行。

到日本后,陈家兄弟入嘉纳治五郎刚创办的东京弘文学院就读,重点是补习日文。1904年夏,陈寅恪归国回南京度假。其间,其五兄隆恪考取是年官费留学,名列1904年度江南派送的120名公费生之列。

光绪三十年（1904）十月二十七日，陈寅恪与陈隆恪再次赴日留学。陈家兄弟离开上海时，父亲陈三立还专门到上海的吴淞码头相送，并赋《十月二十七日，江南派送日本留学生百二十人登海舶，隆、寅两儿附焉，送至吴淞而别。其时派送泰西留学生四十人亦联舟并发，怅然有作》七绝二首，以作鼓励。

此次赴日留学，陈寅恪仍在弘文学院高中就读，陈隆恪则入庆应大学，旋又转入东京帝国大学攻读财经专业，长兄衡恪则已于几个月前进入日本高等师范学院攻读博物科。需要说明的则是，陈寅恪第一次赴日时，年仅13岁；而在第二次赴日时，不少资料都称他考取了官费留学资格，但在《清末各省官、自费留日人员名录》中并没有他的名字，而他的两个兄长陈衡恪、陈隆恪却榜上有名。

光绪三十二年（1906）初，陈寅恪因脚气病需要疗养遂又归国。归国以后，陈寅恪一边在家休养，一边读书，并于光绪三十三年（1907）插入吴淞复旦公学高中部就读。陈寅恪在复旦公学读书时分在丁班，同学中不少人后来都成了学界名人，其中有徐子明、竺可桢、曾昭权、钱智修等人。徐子明后来留德且获海德堡大学史学博士学位，徐氏是江苏宜兴人，戊戌变法时代曾赞助维新的徐致靖、徐仁铸父子，即徐子明的族人，徐仁铸曾在陈宝箴任湖南巡抚时当过湖南省学政。竺可桢后来成为国内一流的气象专家，新中国成立前曾任浙江大学校长，新中国成立后担任过中国科学院副院长等职。据竺可桢日记记载，陈寅恪在班上成绩是最好的，有一次以平均94.2分而名列第一，而竺可桢则以86.6分而名列第四。陈寅恪与他是同班，也是同桌，后来还有过多次交往。对此，竺可桢在1947年12月21日的日记中还称："当时余同班有陈寅恪、钱智修（经宇）、曾昭权，余人已不能记忆。"竺可桢与陈寅恪这对科学巨匠与史学大师之间，惺惺相惜，几十年来一直保持着真挚的友情，成为中国现代学术史上的一段佳话。另一位学习成绩也很突出的同学叫曾昭权，与陈家也算姻亲关系，他是中国机电专业奠基人之一，湖南大学机电专业就是他创立的，还当过湖南大学机电系主任，新中国成立后在反右中跳楼自尽。钱智修系江苏常熟钱氏子弟，后来也成了学者。

对复旦公学的读书生活,陈寅恪后来也直言不讳地承认,他虽在日本弘文学院读过高中,但到复旦公学读书时,学业也还是"高中程度"。当时,复旦公学尚未正式列为大学,这也是陈寅恪在国内唯一就读的一所学校,也是他在一生中唯一取得的一张文凭。

宣统元年(1909)夏,陈寅恪从复旦公学高中部毕业。是年秋,在亲友的资助下,陈寅恪独自前往德国留学,入柏林大学攻读语言文学。此次赴德留学,陈三立前往上海送行,并赋《抵上海别儿游学柏灵(柏林)》一诗,对爱子到异国游学寄予了殷切的期望。

1910年秋,朝鲜被日本吞并,陈寅恪有感于斯,愤怒地写下了《庚戌柏林重九作:时闻日本合并朝鲜》一诗以寄情怀,诗中有"惊闻千载箕子地,十年两度遭屠剖""兴亡今古郁孤怀,一放悲歌仰天吼"等句,借以抒发心中的不平。这首诗也是陈寅恪最早表现关心时局的诗作。

翌年春,陈寅恪因脚气病复发,于是前往挪威疗养,其间还有北欧诸国之游,"游踪所至,颇有题咏",并在《北海舟中》写有惊叹"斜阳大月中宵见"之句;往吊大文豪易卜生之墓时,又写有"北欧今始有文章"等句。

这年秋天,陈寅恪转入瑞士苏黎世大学,仍攻读语言文学。在瑞士期间,他还作有《宣统辛亥冬大雪后乘火车登瑞士恩嘉丁山顶作》一诗,描写当地的雪山美景。诗中写道:

> 造物作画真奇恢,下笔不假丹与煤。
> 粉白一色具深意,似为俗眼揩尘埃。
> 车行蜿蜒上绝壁,苍龙翘首登银台。
> 杉松夹道戴冰雪,风过撞击鸣琼瑰。
> 碧泉喷沫流涧底,恍若新泻葡萄醅。
> 直须酌取供渴饮,惜我未办玻璃杯。
> 我生东南山水窟,亦涉弱水游蓬莱。
> 每逢雪景辄探赏,何曾见此千玉堆!
> 车窗凝望惊叹久,乡愁万里飞空来。

陈寅恪入苏黎世大学仅数月,国内即爆发了武昌起义。当时,国内反清起义风起云涌。陈寅恪因身在国外,对国内形势不明就里,因此非常担心家人的安危。在此情况下,他归心似箭,遂于1912年初从瑞士归国。

从欧洲回到国内时,其父三立早已携家到上海避乱,并在虹口老靶子路27号暂居。关于陈寅恪此次归国的真正原因,他本人没有文字上的记载,而很多资料都说他是为筹措学费。其实,他归国的真正原因乃是挂念战乱中的家人;当然,筹措学费也是其中原因之一,但决非最主要的原因。对此,汪荣祖先生在《史家陈寅恪传》中就写得较为令人信服。汪先生说:

回国的原因很可能是因辛亥革命。革命爆发后,陈家逃难至沪,寅恪挂念家人而回国探亲。归后见亲人无恙,寻又乘轮船赴巴黎。至于说资用不给,回国筹措,似非实在。因往来花费不赀,反而费钱。

1912年元旦,中华民国临时政府成立。陈寅恪看到家人迁到上海后还算安全,于是就又准备前往欧洲继续学业。1913年新年刚过,陈寅恪再次起程。此行,他从西伯亚到达欧洲,之后进入法国巴黎高等政治学校,攻读社会经济学专业。之所以要选择社会经济学专业,乃是因此前他在苏黎世大学时就读了马克思的原版《资本论》,加上国内爆发的辛亥革命,社会民生等重大问题影响了他,他因此就对政治、经济学产生了浓厚的兴趣。

入巴黎高等政治学校不久,就有消息传来:国内有人提议袁世凯为终身总统。当时,巴黎正举办"摩登之装束"选举花魁之会,并将满头秀发染成绿色的一位女郎评为"花魁",陈寅恪因对袁世凯素无好感,于是写下了"花王哪用家天下,占尽残春也自雄"的诗句,借以讽刺。

1913年冬,陈寅恪赴英国伦敦旅游。翌年,第一次世界大战爆发。在战火纷飞的欧洲,想静心读书已不可能,为安全计,陈寅恪于是年秋应江西省教育司副司长符九铭之邀,取道归国,赴南昌为该省的留德学生阅卷,并得允将为"补江西省留学官费"。

从1915年秋开始,陈寅恪在江西南昌连续三年参加阅卷,闲暇时间则数度谋职养家。对此,俞大维后来在回忆中称:陈寅恪此次归国后,一度担任过蔡锷的秘书,时蔡锷正任新成立的经界局督办,陈寅恪在该局数月,其工作就是"分译东西图籍,详溯中国经界源流"。1915年11月,蔡锷潜回云南,而陈寅恪所任之职也就此中断。

1916年8月,谭延闿任湖南省省长兼督军,因与陈三立有旧交,于是便任命陈寅恪为湖南省府公署交涉使署长(一说是股长),其留日同窗林伯渠此时则任省府秘书兼总务科长。但时过不久,陈寅恪即又离开长沙,转赴南昌教育司阅卷。陈流求、陈小彭和陈美延在《也同欢乐也同愁:忆父亲陈寅恪母亲唐筼》中说:"其间1915年曾赴北京,一度担任袁世凯北洋政府经界局局长蔡锷的秘书。1916年至1917年,曾在长沙任湖南公署交涉股股长。"

在为江西省教育局阅卷的三年闲暇中,陈寅恪大部分时间住在南京家中。其间,京师图书馆也曾拟聘他担任主任,但因他决意再度出国而作罢。

1918年秋,陈寅恪得到江西省许诺的官费留学的机会后,遂决定再次前往德国柏林大学复读。但此时欧战刚结束,德国为战败国,元气尚未恢复,学校一时不能走上正常的教学轨道,陈寅恪只得临时决定先赴美国留学,然后再转赴德国。是年12月,陈寅恪从上海登船赴美。翌年初,他进入美国哈佛大学,师从著名语言学家、东方学权威蓝曼(C. R. Lanman,1850—1941)教授,主修梵文、巴利文及印度哲学、佛学等,同时还选了读闪米特(Semitic)语等。

蓝曼对印度哲学、印度语、佛学等均有很深的造诣,并撰有《梵文读本》《印度泛神教之开端》等专著。陈寅恪随蓝曼就读时,俞大维、汤用彤等此时也在蓝曼门下读书。

在哈佛期间,陈寅恪与著名新人文主义大师白璧德(Lrving Babbitt)还讨论过佛教问题,并引起了白氏的高度重视。其间,陈寅恪与中国的留学生俞大维、赵元任、汤用彤、吴宓、梅光迪、顾泰来、汪存典、楼光来、张鑫海(即张歆海)等留美学生交往,这些人归国后也都成了著名学者或教授。此外,他与吴宓、汤用彤还被中国留学生称为"哈佛三杰"。

"哈佛三杰"之一的吴宓,生于清光绪二十年(1894),字雨生,又字雨僧,陕西泾县人,学问既好,且向来又自负,但他在俞大维引荐下与陈寅恪相识后,对陈寅恪惊人的记忆力和博览群书都极为叹服,后来还成了陈寅恪的终生挚友。吴宓在《自编年谱》中写道:"1919年1月底2月初,陈寅恪君来到美国,先寓康桥之Mt. Auburn街,由俞大维君介见。以后宓恒往访,聆其谈述,则寅恪不但学问渊博,且深悉中西政治,社会之内幕。"吴宓自述与陈寅恪相识是由俞大维引荐的,此后他成了陈寅恪并不太多的终生好友。他还在日记中称赞陈寅恪:"学问渊博,识力精到。远非其同辈所能及,而又性气合爽,志形高洁,深为倾倒。"

此后,吴宓便与陈寅恪相交往,并愈来愈感到陈寅恪的过人之处。

在美国哈佛留学3年后,陈寅恪又赴德国并入柏林大学研究院,潜心研究梵文、东方古文字学,同时还学习中亚古文字等。他此次到柏林,始于1921年9月,至1926年回国到清华任教,前后约有4年时间,其间师从欧洲梵学泰斗路德施(Heinrych Luders),使得他的东方语言文字水平更加深厚。此外,他还时常聆听缪勒(Mueller)、海尼斯(Haenysch)、佛兰克(Franke)等著名学者的讲学。为了更好地了解西方汉学情况和发展格局,他还前往巴黎拜访法国最具声名的汉学权威伯希和(Paul Pelliot)教授。伯希和(1878—1945),既是当时法国汉学正统派领袖,也是举世公认的汉学泰斗,曾于1908年2月首次对敦煌进行全面考察,并带走很多敦煌珍贵文物,归国后对这些文物进行了深入研究,取得空前的成果。1938年,英国牛津大学聘陈寅恪为该校汉学教授,即为伯希和所荐。

陈寅恪在柏林大学期间,德国史学界最流行的是兰克(Ranke)学派,这个学派还是当时欧洲史学界的主流学派。该学派最重视对原始资料的积累和利用,特别是对史料的考证、辨析、求真等方面,与清朝乾嘉学派的考据方法有许多相通之处,因此引起了傅斯年、陈寅恪等留学生的高度重视。兰克本人早年攻读语言学,后转入历史研究,他继承和发展了德国历史语言比较考证学派的理论和治学方法,并提出了独到的见解:"对可靠资料的批判考证,不偏不倚的理解,超然物外,客观的叙述,所有这些加起来,就可以再现全部的历史真相。"兰克学派对世界史学界产生了巨大的影响,他们主张史学研究的唯一任务就是用史料来说明"真正发生过的事情",因而还被当时的欧洲史学界称为"科学的史学"。兰克学派的这种客观主义的史学观,对后来中国的史学界也产生了巨大的影响。

留学柏林的陈寅恪

从1921年至1924年,陈寅恪入柏林大学研究院,专门研究梵文及东方古文字学。

陈寅恪在日本、美国、德国等游学前后达二十余年,精通日文、英文、德文、法文、俄文等语言,还能使用梵文、藏文、拉丁文、巴利文、西蒙古文等十余种语言,足迹遍及亚、美、欧三大洲,虚怀若谷,尽情地吸收和融会异国的知识、智慧、德行和治学方法,陶冶了情操,开阔了眼界,活跃了思维,并在师从一流学者的过程中,博采众长,从而奠定了学术研究的坚实基础。此后,他比乾嘉学派更上一层,取得了巨大的学术成就,将中国文化研究推向了一个新的高度。其弟子、国学大师季羡林在评价陈寅恪时曾称:"从西北史地,蒙藏绝学,佛学义理,天竺影响,进而专心治六朝隋唐历史,晚年又从事明清之际思想界之研究。"

据清华大学历史系张国刚对陈寅恪留学柏林大学档案材料的调查，陈寅恪留德时竟遗留有64本笔记，这是他留学柏林大学的真实记录，从中也可看出柏林大学一些课程的设置情况。归国后，陈寅恪被清华国学研究院聘为导师，他最初两年所开的课，基本上也都是以佛学、梵学、蒙古学和满学为核心的。

在柏林读书期间，由于国内战乱频繁，经济来源多次中断不继，生活甚为困难，但他仍坚持苦学，未曾懈怠。对他那时的苦读情况，杨步伟在《忆寅恪》中曾有回忆："那时在德国的学生们大多数玩得乱得不得了，他们说只有孟真和寅恪两个人是宁国府大门前的一对石狮子。"而著名学者毛子水在《记陈寅恪先生》一文中也写道："我于民国十二年二月到过柏林。那年夏天傅孟真也从英国来柏林，我见到他时他便告诉我，在柏林有两位中国留学生是我国最有希望的读书种子：一是陈寅恪，一是俞大维。"进而，毛子水更称陈寅恪"是我生平在学问上最心服的朋友"。

傅斯年、毛子水这里所说的俞大维，便是陈寅恪的姑表兄弟。俞大维生于光绪二十三年（1897），早年毕业于上海圣约翰大学，后赴美国哈佛大学留学并获哲学博士学位，旋又赴德国深造，归国后进入政坛，先后担任国民政府军政部参事、兵工署署长、交通部部长和国防部部长、总统府资政等职，同时也是一位著名的导弹专家。

陈寅恪赴欧洲读书多年，但终究未曾得到过一纸高级文凭，也未有任何学位，完全是为读书而读书。

陈寅恪归国后，专心于学，从未参与政治活动，即使对于社会文化等问题，他也很少公开发表自己的言论和意见。但是，他并非只是一个象牙塔里的学者，他也有自己的原则和立场，且也从不隐瞒自己的原则和立场，更不会因形势而改变自己的原则和立场。

五四运动以后，主张维护中国文化特性的人虽然日趋减少，但在颇多学兼中西的学人中，他们虽沿袭中体西用之说，却也不放弃固有的传统文化，强调综合与创造。

留欧期间，陈寅恪与同在那里的中国留学生交往较多，其中诸如朱德、周恩来、徐悲鸿、罗家伦、傅斯年、俞大维、曹谷冰等，这些人后来也都各有所成。特别是周恩来,后来还称赞陈寅恪是"爱国学者"。

陈寅恪幼承家教,潜心于学,从少年时代开始,即相继赴日、美、德、英、法等国留学,前后达23年之久,其间孜孜以求,学问终得很大的进步,他留学多国且久,却未曾得过一纸硕士和博士文凭。对此,他曾解释说:"专博士并不难,但两三年内被一个具体的专题束缚住,就没有时间学其他知识了。"而对于陈寅恪此时的学问,汪荣祖在《史家陈寅恪传》中写道:"寅恪本人的中外学问根底,1926年到清华前,大致已经奠定,只待时间的磨炼,便能臻于炉火纯青之境界。"

第二节　水木清华尊师高

1926年1月,陈寅恪从法国马赛港登船,2月抵达上海。因思念病中的父亲,他到上海后即赶往杭州侍奉父亲,以尽孝道。

时至6月,陈三立病愈,陈寅恪即打点行装前往北京。7月7日,陈寅恪抵达北京,旋即到清华国学研究院上课。好友吴宓见他前来,喜滋滋地写下了"独步羡君成绝学"之句。

是年8月25日清华暑假后开学前,陈寅恪前往清华学校报到。

1925年,清华在留美预备学校的基础上大为扩充,扩充后的清华分为三部分:原留美预备处、大学部和国学研究院。其中,大学部有11个系,国学研究院正式名称为研究院国学门。是年9月1日,清华研究院国学门正式成立;9月14日,正式开学。到此,清华研究院国学门开始走上轨道。

早在清华扩充前的1925年2月,清华即在胡适等人的倡议下,仿照北京大学1922年创办的国学门先例,成立了国学研究院筹备委员会,聘请从美国归来的吴宓担任主任委员,具体负责筹办事宜并制定研究院相关章程。

其实,清华国学研究院是一个独立的研究机构,与大学部并无直接的关系,其教学目的是培养"以著述为毕生事业"之国学专才,学科包括中国历史、哲学、文学、语言、文字学、音乐以及东方语言等,招生对象不限于大学毕业生,凡有经、史、小学根基者都可应考,所开之课也分为"讲课"和"专题研究"两大部分,另外还时常请校外专家前来做临时演讲。

清华国学研究院可以说是民国教育史上的一个创举,它借鉴了北京大学1922年创立的研究所国学门之经验,在创办过程中也有自己的特色:全院中枢是导师,风格兼中西之长,又效仿牛津、剑桥之成规,毕业时间没有严格界定,但毕业证书则由校长及全体导师签名盖章。

清华国学研究院有四大导师(一说加李济为"五大导师"),他们皆为当时学有专攻的大师级人物,分别是王国维、梁启超、赵元任和陈寅恪,此外尚有李济。该院第一个导师是王国维,他是由胡适等人推荐;第二位导师是梁启超,第三位导师是赵元任,最后到校的则是陈寅恪。这几位导师按学校规定都常住校。

在清华国学研究院的四位导师中,王国维、梁启超两人年纪较大,算是陈寅恪的长辈,他们的学问和声名自不待言;而赵元任本是清华1910年的清华庚子赔款留美生,后又赴美康奈尔、哈佛大学主修数理和音乐,得有哈佛物理博士学位,归国后在清华任教,这三人都有声名和专著,且又有从教经验。唯有陈寅恪,此时既无硕士、博士等高级文凭,也无学术专著,此时尚在德国留学未归,更无任何执教经验。有鉴于此,当吴宓等拟聘任陈寅恪时,校长曹云祥还颇为犹豫,后经梁启超、吴宓等人引荐劝说,陈寅恪终于走进了清华校门。关于清华聘请陈寅恪担任导师之事,众说纷纭,莫衷一是,甚至还有一些遗闻轶事,故被传得神乎其神。但是,作为最重要当事人的吴宓,在其日记中则有明确记载,这也是清华决定聘陈寅恪最有力的佐证。

吴宓在日记中所说的Y.S,指的就是当时的清华校长曹云祥,而P.C,则指当时的清华教务长张彭春,此人即南开大学校长张伯苓之弟。也就是说,吴宓为了能将陈寅恪聘请到校,先后三次找校长和教务长商榷,直到最后一次方才敲定。在此情况下,陈寅恪顺利进入清华也就是顺理成章的事了。

陈寅恪到清华任教之初尚未结婚。当时,他与吴宓同住于工字厅的西客厅。吴宓与陈寅恪早在美国留学时即已相识,此后相交日深。陈寅恪到校后，吴宓还赋诗以赠。

清华国学研究院有众所周知的四大导师，而前来就学的也都是一时之选，国学研究院第一届招收学生30余名，第二届招收学生38名，前后约70名，故当时就流传有"清华学院多英杰"之说。

另据清华大学校史记载，陈寅恪到校后首开的课是"佛经翻译文学"，后又开"西人之东方学之目录学"等课，指导研究生的范围则包括"古代碑志与外族有关系者之比较研究""摩尼教经典与回纥文译本之比较研究""蒙古满洲之书籍及碑志与历史有关系者之研究"等。他讲的这些学问对那些尚未走出国门的学生来说无疑是高深莫测的，再加上他一口江西地方话，不少学生听得似懂非懂。

在清华的前两年，陈寅恪与王国维交谊颇深。于公来说，两人同是清华国学研究院导师；于私来说，两人可以说是"忘年之交"。陈寅恪与王国维在学术上可以说走得很近，关系也颇为亲密，以至常常"对泣数行"。"风谊平生师友间"，王、陈两位文化大师间的友谊，也成了后人关注的话题。

王国维，字静安，号观堂，光绪三年（1877）生于浙江海宁，杰出的古文字学家、古器物学家、古史地学家、诗人、哲学家和文艺理论家，一生著述60余种，批校文化典籍超过200种，被学术界誉为"中国近三百年来学术的结束人，最近八十年来学术的开创者"，还有人称他是中国现代新史学之鼻祖。

1927年6月2日（农历五月三日），王国维在颐和园排云殿前投昆明湖自绝。陈寅恪惊闻之下，不胜哀痛，亲率研究院学生前往吊唁，并对王先生遗体行三叩九拜大礼。此后，他还怀着伤感与怀念之情写下了《王观堂先生挽词并序》的长诗。

1929年6月2日（农历五月三日），在王国维辞世两周年的忌日，清华大学研究院师生为他竖立了一座纪念碑，并公推陈寅恪为纪念碑撰写碑文。陈寅恪当仁不让，遂写道：

海宁王先生自沉后二年，清华研究院同人咸怀思不能自已。其弟子受先生之陶冶煦育者有年,尤思有以永其念。佥曰,宜铭之贞珉,以昭示于无竟。因以刻石之词命寅恪,数辞不获已,谨举先生之志事,以普告天下后世。其词曰:

士之读书治学,盖将以脱心志于俗谛之桎梏,真理因得以发扬。思想而不自由,毋宁死耳! 斯古今仁圣所同殉之精义,夫岂庸鄙之敢望。先生以一死见其独立自由之意志。非所论于一人之恩怨,一姓之兴亡。呜呼! 树兹石于讲舍,系哀思而不忘,表哲人之奇节,诉真宰之茫茫。来世不可知者也。先生之著述,或有时而不彰;先生之学说,或有时而可商;惟此独立之精神,自由之思想,历千万祀,与天壤而同久,共三光而永光。

义宁陈寅恪撰文,闽县林志钧书丹,鄞县马衡篆额,新会梁思成拟式,武进刘南策监工,北平李桂藻刻石。

中华民国十八年六月三日二周年忌日
国立清华大学研究院师生

陈寅恪为王国维纪念碑所写的碑文,后称《清华大学王观堂先生纪念碑铭》,这篇铭文后来还被看作是陈寅恪一生学术思想主旨的"宣言"。于是,很多人还认为,王国维先生纪念碑文,名义上是对王国维的纪念,但实是陈寅恪自己的"夫子自道"。

1928年春,陈寅恪又被北京大学聘为兼课教授,主要讲授佛经翻译文学。是年秋天,他又开始讲授蒙古渊流研究。从1930年开始,陈寅恪还兼中央研究院理事、历史语言研究所第一组(历史组)主任、北京故宫博物院理事、清代档案编委会委员等职。

1928年,原由外交部独管的清华学校,易名为国立清华大学,易名后改由外交部和教育部共管,后又由外交部独管,不久又由外交部和教育部共管。1928年9月,罗家伦任清华大学校长。翌年,清华大学国学研究院停办。在这两年中,清华虽升格为国立大学,但诸事繁多,中多曲折,师生中也多有不堪者。单就国学研究院来说,1927年王国维去世,梁启超后来也因病离教旋又去世,赵元任时常外出搞方言调查,讲师李济也因从事田野考古在外奔波,研究院只有陈寅恪一个导师在任,导师去不能继,再加上南北战争频仍,学校屡次改制易名、易长风波不断,凡此种种,都严重地影响了学校的正常教学秩序。对此,陈寅恪向学校反映情况,主张再聘富有真才实学和有声望的学者前来任教,但未能如愿。研究院遂于1929年秋撤办。陈寅恪对此颇有不平,并写诗嘲讽道:

弦箭文章苦未休,权门奔走喘吴牛。
自由共道文人笔,最是文人不自由。
石头记中刘姥姥,水浒传里王婆婆。
他日为君作佳传,未知真与谁同科?

而有趣的则是,作为五四运动健将的罗家伦,曾是陈寅恪的留德同学,他在出任清华大学校长伊始,时常还身着少将戎装出入校园,师生均为之侧目。罗家伦在校还高谈"纪律化",倡导"军事化"管理,并标榜清华"新时代"之开始。罗氏上任后,还专门登门探望陈寅恪,临走时还将自己编的《科学与玄学》一书相赠,但陈寅恪却作联云:不通家法科学玄学;语无伦次中文西文。横额为:儒将风流。

陈寅恪的性格与同院导师王国维十分相似,虽然表面不苟言笑,却也不乏诙谐幽默。那时,清华学校中文考试有"考对联"一项,主要测试学生的传统知识,入学考试、本科考试、研究生考试都有,常请学问渊博的陈寅恪出题,他出的题目如今流传下来的有"孙行者""墨西哥""人比黄花瘦""少小离家老大回"等,不一而足。有一次,他在课堂上还对学生说:"我送你们一副对联:南海圣人,再传弟子;大清皇帝,同学少年。"之后,他还对学生们解释说:清华导师梁启超是康有为的门生,王国维曾任清朝皇帝溥仪的"南书房行走"一职,所以你们便是溥仪的同学和康有为的再传弟子啦!学生们听了他这番风趣解释,都如沐春风,不禁莞尔。

清华国学院结束后,陈寅恪转为该校中文系、历史系的合聘教授,并为两系的研究生开专题课。他在中文系讲授"佛经文学""世说新语研究""唐诗校笺"等课,在历史系讲授"魏晋南北朝专题研究""隋唐五代史专题研究"等课。此后,他所开的课结合他的研究方向,从佛教史研究扩大到整个中国中古史的文史研究。

陈寅恪的教学在北京是出名的,许多外校学生也都前来旁听。他的学生罗香林在《回忆陈寅恪师》一文中曾写道:

陈师对学生的爱护,真是无微不至,不但在学术上的个别引导,使学生个个都走向专门研究,能渐渐有新的发现的境地,就是对学生的日常生活,乃至于毕业后的就业情形,也非常关心。

而作为旁听生的周一良先生,后来也在《怎样使观点和材料相结合》一文中写道:

我从燕京到清华旁听(实际是偷听,因为不需要办任何手续)陈先生的课,感到与以往所听的中外历史课大不相同,犹如目前猛放异彩,佩服无已。那里一起去听课的,有在当时的中央研究院历史研究所工作的余逊、俞大纲(都已逝世)和劳榦(现任教于美国加州大学洛杉矶分校)三位先生。我们这几个青年都很喜欢京剧,下课之后,常常议论说:"真过瘾!好像又听了一场杨小楼的拿手戏!"

汪荣祖在《史家陈寅恪传》中称:"自陈寅恪初任教清华,至七七事变,计约十年。这段时间为其一生中,读书最勤、研究最力、收获最多的日子。主要是因为生活较为安定,图书资料较易获得,研究条件较佳之故。"汪氏所言不虚,但还有一个重要条件就是,这十年陈寅恪正处年富力强的阶段,精力也最为充足也是他从事治学的一个重要因素。

1929年1月19日,梁启超因病逝世,陈寅恪题挽联云:

其学以通方知类为寄,不仅奇字译鞮创通龟契;
一死明行已有耻之义,莫将凡情恩怨猜拟鹓雏。

1929年1月20日,在北平广慧寺举行大殓,前往送葬的陈寅恪与胡适有了初次晤面的机会。胡适在1928年5月4日即与陈寅恪的父亲陈三立在上海有过会面。当时,郑孝胥、胡小石、徐志摩、夏敬观、李拔可、林贻书、陈方恪等人均在场,郑孝胥日记中有详细记载,胡适日记中也有"在昆三家吃饭,见到陈伯岩(严),年七十六"之述。

1930年,正值胡适40岁生日,赵元任为中央研究院同人作白话诗祝寿,陈寅恪为白话诗后签名祝寿的16人之一。此后二人一直还有书信往来,胡适还请陈寅恪任中华教育基金编译委员会会员。

1926年7月,37岁的陈寅恪进入清华,到1928年他已是39岁的人了。初到清华时,他与几个单身男教师住在工字厅,并与其中的体育教师郝更生相识。1928年初春,郝更生在和陈寅恪聊天时,提到他的女友高梓的干姐也是一位体育教师,家中挂着一幅署名"南注生"的书法,于是便向陈寅恪请教"南注生"为何许人。陈寅恪听完,遂惊讶地说:"此人必灌阳唐景崧之孙女也。"

身着西服的陈寅恪

唐景崧(1841—1903),字维卿,号南注生,进士出身,光绪二十年(1894)署理台湾巡抚。《马关条约》后,他率台湾军民反对,回大陆后与康有为在光绪二十三年(1897)在桂林创办圣学会,后因忧郁而死。

陈寅恪向以博学多才著称,此前也曾读过唐景崧的《请缨日记》,他还因舅父俞明震在台湾任职的关系,对《马关条约》割让台湾、澎湖给日本时的晚清政局,以及舅舅俞明震曾在台湾辅佐唐景崧成立"台湾民主国"等事了如指掌。"南注生"是台湾巡抚唐景崧的别号——这是他向郝更生做出的解释。不久,陈寅恪迁至赵元任的南院二号,吃住都在赵家,并向赵元任、杨步伟夫妇谈起这幅字。本来,他对这幅字就很感兴趣,再加上赵元任、杨步伟夫妇劝说,他便向郝更生提出,希望拜访这幅字的主人。

陈寅恪拜访了这位女教师。果如陈寅恪所料,这位女教师正是台湾巡抚唐景崧的孙女,名叫唐筼。

唐筼,乳名家琇,字晓莹,广西灌阳人,生于光绪二十四年(1898)。其父去世较早,早年与母亲生活于天津,曾就读于天津女子师范,毕业后留校任附设小学教员,后又入金陵女子学院和上海体育专科学校进修,毕业后仍回天津女子师范任体育教师兼体育系主任,不久转入北京女子文理学院任体育教师,继而又移居上海与母同住。

陈寅恪与唐筼几经接触,了解渐深,双双坠入爱河,遂于1928年7月10日正式订婚,订婚筵即设于赵元任家中,前来作陪的有罗家伦、吴宓等人。席上,吴宓还高兴地赋《贺陈寅恪新婚》一诗,并向陈、唐二人献上了"蓬莱合住神仙眷,胜绝人间第一流"的美好祝福。

1928年,因清华正式改为大学,罗家伦被任命为校长,所以学校延至10月12日方才开学。暑假期间,陈寅恪到上海探望父亲及家人。8月31日(旧历七月十七日),陈寅恪与唐筼女士在上海喜结连理。是年,陈寅恪39岁,唐筼30岁。

唐筼是名门闺秀出身,也颇能诗,并留下"同隐深山便是仙""岭表相依共命人"的佳句,她在与陈寅恪结婚后的几十年中,夫唱妇随,和睦相处,与丈夫常有唱和、联句之作。

是年10月初,清华大学开学,陈寅恪由上海乘船北上。11月中旬,待陈寅恪将在清华的住所收拾好,唐筼即于11月中旬来到北京。陈寅恪与唐筼结婚后,先后生有流求、小彭、美延三女。其中,"流求""小彭"的所取之名都与当年被迫割台有关。为女儿取名一事,也反映了陈寅恪、唐筼夫妇的家国观念。

1931年,适逢胡适40初度,陈、唐夫妇前往祝贺,并请胡适为唐景崧的遗墨题诗。当年,胡适的父亲胡抟(胡铁花)曾在台湾任知县,因这一关系,唐、胡两家也算是世交。

胡适为唐景崧遗墨题诗这天是9月19日,也即"九一八"事变的翌日,消息刚得传出。胡适与陈寅恪等16位前来道贺的朋友闻知,无不义愤填膺。胡适与朋友们联想到36年前的台岛抗日的情形,而日军现又向我东北同胞开枪开炮,无不回首神伤,感慨系之。陈寅恪对胡适题诗十分感谢,9月23日还专门复信胡适,以表诚挚谢意。

面对日军的侵略行径,陈寅恪难怪在谢信中要写下"涕泗何从"之词了。此后,陈、唐夫妇将胡适题诗的这幅唐景崧的遗墨一直视若拱璧,并一直保存到他们走完自己的生命。在多年的颠沛流离和后来多次抄家中,他们不知丢失了多少宝贵的东西,唯有这幅遗墨一直伴随在他们身边。而陈寅恪、唐筼夫妇在四十余年的共同生活中,都以自己真挚的爱情,经受住了各种风波的考验,这对"神仙眷侣"也堪称近代学人中的楷模与典范。

陈寅恪比胡适大一岁,陈寅恪是一位史学大师,而胡适则是一位自由主义大师,两位大师均出身于书香门第,待人接物也有温润儒雅的共同之处,而且他们在学术上也都保持着自由之风,在私交上也一直都保持着亲密的关系,这种关系直到胡适离开大陆。但胡、陈二人又有区别,胡适性格外向,虽游离于政治之外却又涉足于政治之中;而陈寅恪性格则略显内向,虽然也关心政治,却终生不涉足政治。

1934年,清华大学文学院代理院长蒋廷黻在《历史系近三年概况》一文中,对陈寅恪的教学和研究有过专门的表述,他在文中写道:

国史高级课程中,以陈寅恪教授所担任者最重要。三年以前,陈教授在本系所授课程多向极专门者,如蒙古史料、唐代西北石刻等,因学生程度不足,颇难引进,近年继续更改,现分二级。第一级有晋南北朝及隋唐史,第二级有晋南北朝史专题研究及隋唐史专门研究。第一级之二门系普通断代史性质,以整个一个时代为对象;第二级之二门系 Sesminar 性质,以图引导学生用新史料或新方法来修改或补充旧史。

在初入清华的十年当中,可以说是陈寅恪一生学术事业最辉煌和最自由的时期,他在执教之余,研究也取得了累累硕果,从而也奠定了他在史学界的地位。

1937年2月,因病在家休养的胡适,读了陈寅恪写的几篇文章,并在日记中记下了如下一段评语:"读陈寅恪先生的论文若干篇。寅恪治史学,当然是今日最渊博、最有识见、最能用材料的人。"

陈寅恪自1926年进入清华,他在国外留学虽二十余年,却一直喜欢穿着中国的唐装,很少看到他西装革履。时任北京大学教授的钱穆,对陈寅恪的装束就颇为欣赏,并表示他自己的服装也是效仿陈寅恪的。1935年,清华大学出版的《清华暑期周刊》还刊登了该校学生写的《教授印象记》文章,将清华大学的各大教授一一画像,对陈寅恪的描绘则是一个典型的中国绅士。文中写道:"一位里面穿着皮袍,外面罩以蓝布大褂、青布马褂,头上戴一顶两旁有遮耳的皮帽,腿上盖着棉裤,足下蹬着棉鞋,右手抱着一个蓝布大包袱,走起一高一下,相貌希(稀)奇古怪的纯粹国货式的老先生。"

第三节 流离南北忙著述

1937年7月7日,全面抗战开始。

7月29日,侵华日军进逼清华园。8月8日,日军开进古城北平。此时,85岁高龄的陈散原忧愤已极,拒进药食,延至9月14日(旧历八月初十),遂逝于西四姚家胡同三号。

散原老人去世时,陈家兄弟仅陈寅恪在旁,其他兄弟后来才陆续赶来。由于战事紧张,兄弟们只得将老人灵柩暂厝于长椿寺,陈寅恪于11

月3日晨携家人踏上了艰难的逃难之路。此时,家中男工佟忠良和女佣王妈也随行照拂,北京大学毛子水、袁复礼两教授也与陈家同行。

早在北平沦陷前夕,清华大学即已着手准备南下之事,陆续疏散师生;北平沦陷后,清华与北大、南开三校奉国民政府之命,在湖南长沙合组临时大学,并于1937年11月1日上课。

陈家经过一月的长途跋涉,历尽千辛万苦,终于在11月20日抵达长沙。对于此次逃难经历,唐筼后来曾补写有《避寇拾零》,以纪其事。

到长沙后,陈家暂住于亲戚张景福家中,后又借居于北师大文学院院长黎锦熙家中。是年年底,日寇逼近长沙,临时大学奉命迁往昆明。陈寅恪只好携家人西迁。对于此次迁徙,陈寅恪长女陈流求曾有如下记述:

离长沙时已经霜冻。经衡阳搭长途汽车,星夜投宿零陵县,随后到达广西桂林市……仅几天,又急着赶路,在细雨濛濛中登上了长途汽车,经乐平到达梧州……晚间登上内河江轮沿西江而下,经虎门直达香港。

1938年旧历新年初一,陈家抵达香港。此时,唐筼因患心脏病而不能行,一家人只好在香港滞留下来,暂在罗便臣道104号地下室安下了家。

1939年秋陈寅恪一家在香港

(左起陈小彭、陈寅恪、唐筼、陈美延、陈流求)

陈寅恪携家南下时,曾托朋友将他视为珍宝的一批书稿寄往长沙。他到长沙时,书尚未到,待他一家离开长沙时,只好去信给朋友让他再将书改寄到长沙亲戚家中。不幸的是,这批书后来均毁于长沙大火。更不幸的则是,他随身携带的两箱珍贵书籍,后来也在由香港经越南赴滇途中丢失,这使一向爱书如命的陈寅恪痛心疾首,一度"几乎得精神病"。

新年过后,由于唐筼患病不能随行,陈寅恪只得将妻女安置于香港,只身前往云南蒙自上课。此时,临时大学奉命改为国立西南联合大学,简称"西南联大"。由于住房等原因,联大分设于昆明、蒙自两地。是年,陈寅恪恰逢"知天命"之年,国破家亡,国仇家恨,使他身不由己。

临时大学西迁后,文法学院设于云南蒙自,理工诸科则设于昆明。后来,文法学院也迁到昆明,陈寅恪便前往昆明任教,住于昆明青云街靛花巷的青园学舍。在此期间,他在联大教授"两晋南北朝史"等课,并开始着手撰写《隋唐制度渊源略论稿》。

1939 年,陈寅恪完成了《隋唐制度渊源略论稿》。是年春,英国牛津大学由法国汉学正统派领袖伯希和与中国的胡适等人推荐,正式敦聘陈寅恪为该校汉学教授,并授予他为英国皇家学会研究员。这是牛津大学历史上第一次聘中国人为教授,说明他的学识得到了中外学界的承认。此时,陈寅恪时常闹病,又思在港家眷,自忖昆明高原气候对自己不大适应,于是决定夏天离开联大赴英讲学。

1939 年 6 月 1 日,陈寅恪致信梅贻琦,向清华大学请假一年,拟往牛津大学讲学,梅校长立表同意,并称他作为中国第一个被牛津大学所聘教授,为清华和西南联大争了光,更为中国学术界争了光。暑假来临时,联大老友吴宓还在昆明的海棠春酒家为他饯别。

1939 年暑假,陈寅恪于 6 月 22 日离开昆明,于月底经河内转抵香港。正当他准备与家人一起向英国进发时,不意旅费又成障碍,导致在港滞留两个多月。进入 9 月,德国向波兰发动突然袭击,更大规模的欧战爆发,遂使陈寅恪赴英计划搁浅而不能前往。此时,陈家因香港生活费高昂,陈寅恪赴牛津大学讲学一事也告搁浅,但牛津大学仍虚席以待,直到 1946 年 1 月 21 日,牛津大学才正式公布陈寅恪因身体健康不佳辞职,这才另聘他人。

英国既不能去,陈寅恪只好又回西南联大教书。他此时又担心唐筼因病不能适应昆明的高原生活,所以尽管家中生活很苦,但只能在香港住下。此时,陈寅恪真可以说是百般无计,心中不免苦恼万分。

转眼之间,1940年春节又过,陈寅恪有重庆一行。事因蔡元培于是年3月5日在港病逝,中央研究院召开第五届评议会并选举新任院长,陈寅恪作为中央研究院第一组组长和该院兼职研究员身份前往与会。当时,中央研究院评议会的学者大都信奉民主和自由主义,皆不欲以政府指派的"政客"为院长,故傅斯年曾有"寅恪矢言重庆之行,只为投胡适一票"的说法。

当时,中央研究院院长最有力的竞争者是翁文灏、朱家骅和胡适。不意,就在评议员们选举之时,蒋中正却递来了"条子",提出顾孟余为中央研究院院长人选。书生气向来十足的陈寅恪,本来对朱家骅、翁文灏这些曾做过蒋中正秘书的人都不以为意,此次对"上面"条子所指派的顾孟余就更不放在眼中了。尽管平时他为人处世很是低调,但如今为了中央研究院的发展大计,他私下愤愤不平地对傅斯年等人说:"我们总不能单举几个蒋先生的秘书。"

3月21日晚,中央研究院秘书翁文灏暨总干事任鸿隽,具名宴请各位前来参加中央研究院评议会的评议员。晚宴上,陈寅恪大发其"学术自由,及院长必须在外国学界有声望,如学院之外国会员等"观点。晚宴结束时,参加者还进行了民意测验,结果翁文灏得21票,胡适得20票,朱家骅得19票,其他得票不一,而蒋中正"条子"上具名的顾孟余却连1票也未得,其尴尬自不必说。与陈寅恪一同出席评议会的竺可桢,在当天日记中就记有这件史实:"五点至美专校一号晤陈布雷,遇晓峰,谈及蒋先生提出以顾孟余为中央研究院院长事,余谓恐评议会中通不过。余表示决辞浙大。"

3月22日晚,蒋介石邀中央研究院及在渝学术界重要人士宴饮,陈寅恪参加了此次宴会,这也是他第一次见到蒋中正。此次相见,陈寅恪还向最高当局建议成立"科学青年团",后来却因战乱而未能实施。陈寅恪后来还赋有《庚辰暮春重庆夜归作》一诗,借寄情怀。

吴学昭在《吴宓与陈寅恪》一书中,陈述了吴宓对陈寅恪这首诗的理解:"寅恪赴渝,出席中央研究院会议,寓俞大维妹丈宅。已而蒋公宴请中央研究院到会诸先生。寅恪于座中初次见蒋公,深觉其人不足有为,有负厥职。故有此诗第六句。"

3月23日,中央研究院评议员正式选举研究院院长,结果翁文灏、朱家骅各得24票,胡适得20票,顾孟余仅得1票。根据选举结果,以及朱家骅在社会上更具学者色彩且更被学术界所接受的影响力,理应由朱家骅当选为中央研究院院长。但在蒋中正的干涉下,朱家骅却只能以代理院长身份综理院务。对于此次正式选举,竺可桢在当天日记中也有类似的记载。

1940年,陈寅恪的第一部中古史专著《隋唐制度渊源略论稿》问世。这年暑假,陈寅恪离开昆明,赴香港探亲,再次等机会以应牛津大学之聘。不料,欧战方亟,战事日烈,中西交通为之中断,他拟赴英国之事遂又搁浅。不得已之下,为解决家中生计,陈寅恪只得在中英文化协会总干事杭立武的介绍下,应香港大学中文系主任许地山之邀,到该校担任哲学教授,月薪500元。陈寅恪之所以就任香港大学教职,其实只不过是权宜之计,暂留香港,也是为了便于继续等待时机到牛津大学就教。

为了欢迎陈寅恪前来授课,香港大学中文系还在许地山的操持下,在学校的薄扶林运动场特地为他的到来举办了一次隆重的欢迎会。1940年10月,他在港大还用英文做过一次公开的学术演讲——"武曌与佛教"。

在香港大学期间,陈寅恪还完成了《唐代政治史述论稿》一书,这部书是他的第二部中古史专著。此书前一年在香港脱手时,他还在书的序中署下了"辛巳元旦陈寅恪书于九龙英皇太子道三百六十九号寓庐"的字样。后来,经进一步完善,此书于1943年在重庆出版。

1941年8月4日,港大中文系主任许地山先生病逝,港大遂决定由陈寅恪接任中文系主任之职,并做公开学术演讲。

1941年12月8日,太平洋战争爆发,日军迅速侵占香港,港大也被迫停课。翌日,一向惜才如命的傅斯年连续给杭立武、王毅悟和陈寅恪发了三封电报,要各方协助陈寅恪一家离开香港。

日军占领香港后,陈寅恪一家也因交通中断而困于此。在困居香港期间,陈家真可以说是陷入了"愁城"之中,他称一家人生活于"绝港"一点不假。

陈寅恪在生死攸关的战乱中,虽然身染疾病,生活无着,仍手持《宋史》,仔细诵读汴京失陷时的情景,并以自己身临其境的感受,进而印证汴京失陷时的种种情态。在此情况下,他真正读出了史中的"三昧"。

陈寅恪置身于沦陷后的香港,一系列的"困惑"又都向他袭来。凡此种种,他在脱险过后的6月19日,在致中央研究院院长朱家骅及傅斯年等人的信中写道:

……弟当时实已食粥不饱,卧床难起,此仅病贫而已;更有可危者,即广州伪组织之诱迫。陈璧君之凶妄,尚不足甚为害,不意北平之伪北京大学亦来诱招,香港倭督及汉奸复欲以军票二十万(港币四十万)交弟办东亚文化协会及审定中小学教科书之事,弟虽拒绝,但无旅费离港,其苦闷之情不言可知……

陈寅恪信中所指"伪北京大学亦来诱招",按傅斯年的解释就是:"所谓伪'北京大学'事,系钱逆稻孙所为,钱曾受寅恪推荐,彼此次乃以欲拖之下水以报德……"这样一来,也就导致了疾恶如仇的傅斯年在抗战胜利后执掌北大时惩处钱稻孙的决绝态度。

得悉陈寅恪一家愁困港岛,时在重庆的中央研究院、中英文化协会、西南联大等各大文化教育机构负责人无不焦急万分,他们不忍一代文化巨匠蒙难于港,于是立即行动起来,迅速筹款汇往香港进行救济;时任中央研究院代院长的朱家骅还专门派人秘密潜往香港,迎接陈家老小。

1942年5月初,在各界人士的帮助下,陈寅恪携家人趁乱逃离出港。此后经过一番辗转周折,终于在1942年6月18日安全抵达桂林。清华大学教授金岳霖曾称陈寅恪"不是书虫,是正义感非常之强的学者,而且是了不起的学者"。

离香港以后,陈寅恪曾有赴四川南溪李庄镇的中央研究院史语所担任专职研究员之念，但又考虑到那里的气候更不适合自己的身体，再加上生活开销也大，于是便致书傅斯年辞去中央研究院历史语言研究所（以下简称史语所）专职研究员之职。

陈寅恪抵达桂林后稍事休息，便于翌日致信朱家骅和傅斯年，报告香港失陷及出港脱难之经过，也就是上面的这封信。陈寅恪一家安全归来的消息传出后，国内学术界无不为之欢欣鼓舞。

1942年7月，广西大学校长李四光与中英庚款会干事杭立武商议，决定让陈寅恪以清华大学教授名义到广西大学开设讲座，每周授课三小时。此时，杨树达也在该校任教，李四光是陈寅恪在日本弘文学院的同学，杨树达则是他的清华同事，李、杨二人与陈寅恪相处颇为欢洽，杨树达为此还写下了"朋友独有陈夫子，万卷罗胸未肯忘"等诗句。陈寅恪在广西大学期间，一边授课，一面整理旧作，间或又做内迁准备。

是年秋开学不久，陈寅恪被国民政府教育部评为部聘教授。陈家到桂林后，吴宓得知老友业已脱险，喜从天降，特寄诗以贺，并在诗中兴奋地写下了"喜闻辛苦贼中回，天为神州惜此才"的诗句。

是年年底，陈寅恪携家由广西赴成都燕京大学就教，途中在重庆做短暂停留并住于俞大维家中。是时，朱家骅、顾颉刚等所操办给蒋中正献九鼎、作铭文的消息流传于重庆的大街小巷，陈寅恪心有不平，于是赋作《癸未春日感赋》以寄李庄史语所第一组诸友。适逢竺可桢从贵州遵义赴重庆参加教育部年终工作会议，与当年同学陈寅恪相遇于重庆，他在12月18日的日记中也记有陈寅恪所写的这首诗：

至观音岩晤俞大维有及陈寅恪。寅恪方自广西大学挟其夫人及三女往成都燕大。渠夫妇身体均不佳，但三女儿强健活泼。寅恪对于骝先等以起献九鼎、顾颉刚为九鼎作铭惊怪不止。谓颉刚不信历史上有禹，而竟信有九鼎，因作诗嘲之曰："沧海生还又见春，岂知春与世俱新。读书渐已师秦吏，钳市终须避楚人。九鼎铭词争颂德，百年粗粝总伤贫。周妻何肉尤吾累，大患分明有此身。"

陈寅恪在诗中讥讽某些人不顾战事日急和百姓苦难而热衷歌颂当局,表达了对国家前途和百姓生活的忧虑情怀。就在这时,忽然又传来了得意门生张荫麟遽然病逝的噩耗,陈寅恪更是哀愤不已。

陈寅恪的清华诸门生当中,史学家张荫麟可以说是其中最出色的一个。1933年11月2日,陈寅恪在致傅斯年信中就称"张君为清华近年学生品学俱佳中之第一人","其人记诵博洽而思想有条理,以之担任中国通史课,恐责令无更较渠适宜之人。若史语所能罗致之,则必为将来最有希望之人才"。张氏在抗战期间英年早逝,时在桂林的陈寅恪,忍痛题写挽诗两首,借以"怀古伤今"。

在广西大学任教期间,陈寅恪作诗较多,撰短文多篇,虽在逃难之中仍不忘读书著述,既有"万里乾坤空莽荡,百年身世任蹉跎"之感,又有"国门生入有新愁"之切肤之叹。即便如此,陈寅恪于1943年6月还冒着日本飞机轰炸的危险,经湖南衡阳绕道赴广东坪石,为播迁于此的中山大学师生讲学一周,并做"清淡和清谈误国""南朝民族与文化""五胡问题及其他"及"宇文泰及唐朝种族问题"等专题学术演讲,受到了中大师生的热情好评。对此,7月1日的《国立中山大学日报》还报道了他此行讲学的相关内容。正是此行,陈寅恪与中山大学结下了不解之缘,后来还在这所大学走完了他生命中的最后20年。

1943年8月,侵华日军逼近湖南,长沙再度告急,有病在身的陈寅恪,携家人遂搭乘货车由桂林出发,途经宜山、金城江等地进入贵州境内,一个月后方才到达重庆,在观音岩的俞大维家中暂住下来。

当时,战时的重庆条件艰苦,物价飞涨,时在重庆复旦大学任教的蒋天枢、蓝文征等陈寅恪的旧时学生,得悉恩师一家来渝,知其生活困难,于是便将自己省吃俭用的奶粉等送了过来,以解燃眉之急。卧病在床的陈寅恪知蒋、蓝二生前来相探,十分高兴,强支身体从床上坐起,并激动地说:"我就是缺乏这个,才会病成这样。"

12月下旬,陈寅恪的病体稍得好转,即在侄子封雄的护送下,携家人登程前往成都的燕京大学。原来,他曾准备前往南溪李庄镇就任中央研究院史语所专职研究员,但因身体和生活等原因却又不得不打消了此念。

12月底,陈寅恪携家人抵达成都,住于陕西街27号燕大校舍,与著名语言学家李方桂家合住一楼。当时,陈家住于楼上,李家居于楼下。不久,因燕大上课地点改在华西大学文学院,故陈家再迁至华西坝的广益宿舍。

到成都后,华西大学中国文化研究所又聘陈寅恪为特约研究员。1944年春,陈寅恪在燕大的月薪是450元,薪水超过了燕大校长,比燕大一般教授的360元要高得多。此一学期,他所开的是"元白诗歌研究"和"魏晋南北朝史"两门课,第二学期又开"唐史研究"和"晋至唐史专题研究"等课。他在燕大的讲课很受师生们的欢迎,就连川省名儒林思进先生也前来听课。

1945年新年正月初七(1944年1月31日),这天是民俗中的"人日"。朋友们带着陈寅恪一家游览了成都的杜甫草堂。朋友们推着坐在独轮车上的陈寅恪,他在车上还赋《甲申春日谒杜工部祠》一诗以记其游:

> 少陵祠宇未全倾,流落能来奠此觥。
> 一树枯柟吹欲倒,千竿恶竹斩还生。
> 人心已渐忘离乱,天意真难见太平。
> 归倚小车浑似醉,暮鸦哀角满江城。

是年3月,中山大学聘陈寅恪为该校研究院文科研究所历史部名誉导师。7月1日,陈寅恪又前往该校演讲,受到了中山大学师生的好评。

到了这年下半年,陈寅恪的眼疾急转日下,且左眼已不能视物,不得不住进了成都的存仁医院接受治疗。11月23日,陈寅恪在成都致李庄的傅斯年、李济信中即称:"弟前十日目忽甚昏花,深恐视网膜脱离,则在瞽废。"但他更担忧"终日苦昏眩而服药亦难见效,若忽然全瞽,岂不太苦,则生不如死矣!"到医院动手术是同年12月18日,但"情形严重",一个月后,因"手术之结果不满意,欲再动第二次手术"。经过几番考虑,因身体太弱,且目力拟有好转,遂决定"暂不再开刀","以静养及服药吃滋养品为治疗"。然而最大的困难还是经济来源,在燕京大学的"薪水仅足用一星期或十日",不得已再向傅斯年求助,希望能得到教育部部聘教授的实质待遇以救所急。甚至他还有请中央研究院代院长朱家骅上呈蒋介石来解决问题的想法,可见他对自己眼疾的重视程度,以及养病费无着的深切焦虑。

在燕大任教期间,虽然成都的条件也不甚好,但陈寅恪在这里总算安下身来,仍不断从事学术研究,教课之余,著述不辍。1944年12月12日,陈寅恪又完成了《元白诗笺证稿》一书的撰写,这是他的唐代三稿中的最后一部,他还于翌年的1月10日,致信李庄镇史语所的陈槃,请他转交给史语所所长傅斯年。但也就是12月12日这一天,右眼本来就已失明的陈寅恪,却痛苦地发现自己的左眼也看不清了。于是,他急忙让长女流求到校代为请假。休息两日后仍不见好转,这才于14日住进了成都的存仁医院。

1944年,英国科学院鉴于陈寅恪30年代的学术成说,以及发表于中央研究院集刊上的《天师道与滨海地域之关系》《支愍度学说考》和《东晋南朝之吴语》等研究成果,吸收他为通讯院士。但在这年11月,他却因用眼过度而视力急剧下降。12月18日,存仁医院的陈耀大夫诊断陈寅恪的左眼视网膜脱离并做手术,但由于当时条件较差及其他原因,手术效果并不太理想,从而导致后来赴英、美两国也不能再治。

1945年旧历除夕(2月12日)这天,陈寅恪从医院回家过年。途中,他耳闻沿街除旧迎新的鞭炮之声,心中平添不快,忧从中来,于是更加担心此后目疾不愈,遂作《甲申除夕病榻作时目疾颇剧离香港又三年矣》和《甲申除夕自成都存仁医院归家后作》两诗。

住院近两月,陈寅恪既不能到校为学生上课,又不能看书著述,心中焦急,情绪不佳,幸得刘开荣、刘适等燕京大学研究生自发前来轮流看护,照顾极周,其心情才稍感宽慰。

由于对目疾焦虑日甚,陈寅恪身体状况一直不佳,心情也不甚好,再加上战时物价飞涨,诸事堪忧,他不得不放慢了研究学术的步伐。

是年五月十七日,陈寅恪迎来了56岁华诞。悲欣交集之下,他忍痛赋3首七绝,以述心事。

在哀叹身世之余,陈寅恪仍以国事为念,渴望着抗战胜利的到来。

1945年8月11日晨,抗战胜利消息传来,病卧于床的陈寅恪听到后不胜快慰。尽管消息来得有些突然,但在欣喜之余,他仍奋笔疾书,又赋《乙酉八月十一日晨起闻日本乞降喜赋》一诗,以寄托喜悦之情。

抗战胜利,举国若狂,陈寅恪庆幸国家出头,兴奋之情自不待言,但数日过后,目疾日甚却又使他变得心情不佳,再加上一系列厌闷之事,遂又生"世上欲枯流泪眼,天涯宁有惜花人"之叹。

抗战期间,英国牛津大学曾邀陈寅恪任汉学教授,旋因战事急转直下导致航路不通,故一直未能成行。抗战胜利后,英国皇家学会又约请陈寅恪赴英治疗眼疾,牛津大学也仍续前聘。1945年9月14日,陈寅恪作别成都的家人,由研究生刘适等陪同前往昆明。是时,适逢西南联大的邵循正、沈有鼎、洪谦、孙毓棠等4位教授也应邀赴英讲学,于是便在邵循正等人的陪伴下,又于9月21日由昆明经缅甸飞往印度,再由印度乘机飞抵伦敦。

此行赴英途中,陈寅恪还赋有《乙酉秋赴英疗治目疾自印度乘水上飞机至伦敦途中作》一诗寄其情怀。

是年10月初,陈寅恪抵达英国伦敦。在异国他乡期间,治疗陈寅恪眼疾的主治医生是眼科名医杜克艾尔德(Sir Stuward Duke Elder)先生。

翌年1月25日,杜先生在全面诊断后,为陈寅恪写了一份意见书。陈寅恪得知英国无法治疗眼疾,便将意见书转寄给时在美国的胡适,这份意见书因此在胡适1945年4月5日的日记中被保留下来。胡适对陈寅恪的情况比较了解,此前也曾建议他到纽约哥伦比亚大学眼科中心接受治疗。但他此次在接到陈寅恪从英国寄来的最后诊断书后,也向美国的医生请教,悉知美国医生对陈寅恪的眼疾也无甚良策。

陈寅恪在得悉眼睛恢复无望后,也无意再应牛津大学之聘,于是正式辞去了牛津大学教职,决定绕道从美国归国。1946年4月,陈寅恪乘海轮离开英国。临行前,他还写"眼昏到此眼昏旋,辜负西来万里缘"的诗句,心中酸楚可见一斑。4月19日,海轮抵达美国纽约,陈寅恪得知美国医生对自己的眼疾也无良策,于是船至纽约时也就未再登岸,挚友赵元任、杨步伟夫妇及在纽约留学的杨联陞、周一良诸弟子闻知,皆登船相探,相谈两个小时,语多悲伤。启船时,陈寅恪与众人在船上依依作别,径自归国。5月,陈寅恪抵达上海并暂住于哥伦比亚路(今番禺路)7号的表弟俞大纲家中,妹妹陈新午则从南京专程赶赴上海来迎,并将哥哥接至她在南京南祖师庵7号的寓所。

陈寅恪到南京后的8月上旬,唐篔携三个女儿从成都到了南京。此时,隆恪、方恪、登恪、康晦等陈家兄弟姊妹先后抵宁,都在俞大维、陈新午夫妇的南祖师庵7号寓所住下。

一番悲喜交并过后,陈家兄弟姐妹又各奔东西。本来,陈寅恪此次到南京后,供他选择的有两个单位:中央研究院史语研究所专职研究员、清华大学专职教授。他在周密考虑过后,决定北上就任清华大学教职。

1946年暑假过后,陈寅恪将流求、小彭转入南京汇文女中,然后与夫人唐篔带着幼女美延前往北平,并于10月下旬经海路回到了清华园。

陈流求姊妹在回忆中,每当提及九姑和姑父时,都洋溢着温情。特别是陈寅恪的长女流求,因长得酷似九姑新午,两家人都对她宠爱有加。后来,因值战乱流离,陈家生活困难,九姑还不时予以接济,流求和小彭抗战胜利后又都在南京读书,九姑也成了姐妹俩的监护人,生病照料,上、下学也都管得很严。

1946年10月26日,陈寅恪回到清华大学报到,是年安排他的是教授"隋唐史"和"唐诗研究"(翌年增"魏晋南北朝史"等课)。时任清华大学历史系主任雷海宗见他身体不好,且又旅途劳顿,遂劝他休息休息再说,但他坚决拒绝。

到清华后的翌年8月,陈寅恪再次被教育部评为部聘教授,聘期5年。当时,清华校方为解决陈寅恪的目盲及生活不便等问题,给他配备了最好的住房。因眼睛失明且行动不便,陈寅恪便将寓所命名为"不见为净之室"。不久,校方还指派研究生陈庆华和刚从美国留学归来的王永兴做他的助手。王永兴是陈寅恪早年的研究生,他任恩师助手后,常侍于恩师身边,对恩师的言行举止可以说多有了解。多年后,他在回忆中还记忆犹新地写道：

  他指定我读《通鉴》哪一卷或者从哪一年到哪一年，而且嘱咐我要读得慢一些，读得清楚一些。读到一个段落，他就叫我停下来，他思索着，然后就提出这一段里的问题和要注意的地方，让我写在本子上。常常是读完《通鉴》某一段，就要我去查出在《唐》书里，在《会要》《通典》里所记载的和这一段有关的材料，读给他听，然后，他指出这几种记载的有哪些不同，哪个记载是对的，哪个是不对的，这些，他都让我记在本子上。这样读了几天，他就叫我把本子上所写的重复给他说一遍，他总结综合，口授出来由我写下，就形成讲课稿或详细的提纲。不只是讲课的主要内容，而且讲课所涉及的史料、与讲课有关的每一条材料，他都做了严谨的校勘与考证。

  重返清华园后，陈寅恪已成了一个盲人教授，携家居住在清华大学新林院52号，与历史系主任雷海宗成了对门邻居。当时，中央研究院、清华大学和北京大学三单位，各为陈寅恪聘了一名助教，协助他查书和抄写并进行研究，但他与许多一般公教人员一样，过的仍是十分清苦的生活。1945年，陈寅恪到英国治疗眼疾时，在德国哥廷根大学留学行将毕业的季羡林闻知，即写信向陈寅恪报告自己在德国读书的十年心得，其导师瓦尔德·施米波先生还是陈寅恪当年在柏林求学时的同学。陈寅恪接信后即回信，表示向胡适、傅斯年、汤用彤等推荐他到北大任教。1946年，留德十年的季羡林从海外归来，经陈寅恪再三向北京大学推荐，终被北大破格任命为教授兼东方语言文学系主任。此外，季羡林归国后的一些论文也是经由他审订和推荐得以发表的，这种甘当"人梯"的精神，使季羡林十分感动，数十年后每有提及仍感念不已。

  1947年2月，为抗议北平当局出动大批军警宪特深夜在市内入户搜捕一事，陈寅恪与北平的许德珩、朱自清、向达、吴之椿、金岳霖、俞平伯、徐炳昶、陈达、张奚若、汤用彤、杨人楩、钱端先等，联合发表《保障人权宣言》，旗帜鲜明地发表对当局的不满和愤慨："我最恨这种事！夜入民宅，非奸即盗!"

到了这年清明节(4月5日),陈寅恪携家人与大嫂黄国巽一家,到北平宣武门外的长椿寺祭扫父亲的亡灵。此时,三立老人遗柩在此已停厝了整整十年。一年过后,陈家兄弟姐妹方才将父亲的灵柩运到杭州入土安葬,此时已是1948年端阳节后的事了。是年冬天,北平天气特别寒冷,物价又上涨得非常厉害,陈寅恪一家生活更加困难,且因家中经费日绌而无力供应暖气,连烤火用煤的钱都无法支出,陈寅恪身体状况较差,更是耐不得寒冷天气,不得不忍痛将珍藏多年的《蒙古图志》和《突厥文字典》等宝贵资料出让给北京大学东方语言系。时任北京大学校长的胡适见此,想赠他一笔钱以解燃眉之急,但陈寅恪却坚持"无功不受禄",表示不能平白无故接受。为了减轻校方负担,他出让也仅换得2000元烤火用煤的费用。数十年后,季羡林在其《怀旧集》中还回忆道:"在这一批书中,仅一部《圣彼得堡梵德大辞典》市价就远远超过这个数目了。这一批书实际上带有捐赠的性质。而寅恪师对于金钱的一介不取的狷介性格,由此也可见一斑了。"当时,署名"天吁"的记者还在报上发表"生查子"词并作序云:"陈寅恪卖书买煤,为之意苦者欠之。"其词则曰:"铮铮国士名,矻矻寒离苦,生事困樵薪,珍裘归书贾。燎原战火燃,断续炊烟午,何异又卖书,风教委尘土。"

转眼之间,一年时间倏忽又过。1948年11月,古都北平因解放军陈兵城下而成了一座围城。12月13日,清华大学在隆隆的炮声中被迫停课。由于战火迫近清华园,陈寅恪为家人安全计,遂于是日携家入城安居,在大嫂黄国巽家中暂时住下。翌日,北大校长胡适让秘书邓广铭寻找陈寅恪,并通知陈家第二天早晨随他同机南下。当晚,又有人前来通知,称傅斯年从台湾来电,请他务必与胡适一道前往南京。

此前,国民政府以蒋经国、朱家骅、王世杰、傅斯年、俞大维等为主,策划"抢救"平津学术界知名人士计划,并派国民党青年部长陈雪屏前往北平迎接,但陈寅恪不屑与"两栖"于官场、学界的陈雪屏同行,所以拒绝与他同机南下。据邓广铭后来撰文回忆,陈寅恪离开北平时曾对人说:"其实,胡先生因政治上的关系,是非走不可的;我则原可不走。但是,听说在共产党统治区大家一律吃小米,要我也吃小米可受不了。而且,我身体多病,离开美国药也不行。所以我也得走。"

12月15日凌晨,陈寅恪携家人在中南海公园勤政殿前登车,之后便驰往南苑机场,与北大和清华的胡适、毛子水、钱思亮、英千里、黄金鳌、张佛泉等教授及其家属20余人,匆匆登机南下。

陈寅恪携家人离开北平后,从此就再也未回来过。在此行南下的途中,陈寅恪还赋有《戊子阳历12月15日于北平中南海公园勤政殿门前登车至南苑乘飞机途中作并寄亲友》一诗。

对于陈寅恪突然携家人从清华园出走一事,冯友兰1988年所写的《怀念陈寅恪先生》一文中,称"静安先生、寅恪先生即当代文化上之夷齐也",而陈寅恪的南下之举,也使朋友"俱感突然"。

15日18时3刻,飞机安全抵达南京明故宫机场,蒋经国、朱家骅、王世杰、傅斯年、杭立武等人早已在机场候迎。到南京后,陈寅恪在南京萨家湾南祖师庵7号的俞大维家中仅住一晚,翌日便又匆匆携家人赶赴上海,住进了哥伦比亚路的表弟俞大纲家中。

当此之时,刚接任岭南大学校长的陈序经,既是陈寅恪的多年好友,又是他抗战初期西南联大的同事。早在1948年8月,陈序经就任岭大校长之初,就曾致信陈寅恪并希望他能到岭大任教;是年11月,时任岭大历史系主任的孔德,原是清华国学研究院首届毕业生,也致信诚邀恩师到岭大任教。陈序经得知陈寅恪业已离开清华且至上海,觉得陈寅恪"落户"岭大业已水到渠成,于是又向陈寅恪发出橄榄枝。陈寅恪见此,也就一口应承下来。

陈寅恪在上海期间,从南京赶到上海的胡适,多次劝陈寅恪前往台湾,但陈寅恪因已允诺岭大之聘而未予答应。

1949年1月16日,陈寅恪将原在清华大学读书的长女陈流求转入上海医学院,之后便与夫人唐筼带着次女小彭、三女美延,乘招商局秋瑾号客轮赴粤。19日,陈寅恪抵达广州黄埔并作《戊子冬复由上海乘舟至广州感赋》一诗。此时,岭大校长陈序经早已派卢华焕等人在码头迎候。

陈寅恪一家到达广州后,被安排住进岭南大学西南区52号校舍,与校长陈序经一家住于同一幢校舍。至此,陈寅恪一家便在岭南大学安然落户了。

陈寅恪抵达岭大的翌日,《岭南大学校报》还刊登了《为国家作育人才,文学院添聘教授多位——名教授陈寅恪等将应聘到校授课》的消息,并称"本校王力院长亦出其门下",全校师生得知后,无不奔走相告。

稍后,与陈寅恪经历相似而又有所区别的另一位史学家钱穆,在《师友杂记》一书中写道:"又一日,余特去岭南大学访陈寅恪,询其此下之行止。适是日寅恪因事赴城,未获晤面,仅与其夫人小谈即别。后问其夫人意欲避去台北,寅恪欲留粤,言辞争执,其夫人即一人独自去香港。幸有友人遇之九龙车站,坚邀其返。"

陈寅恪到广州后,刚抵台北并任台湾大学校长的傅斯年,还多次劝陈寅恪到台大任教,新任国民政府教育部部长的杭立武也多次电邀,敦促其莅台,但均为陈寅恪婉拒。1949年夏,时任国民政府交通部部长的俞大维,以及陈寅恪从前的学生程靖宇等,先后从香港到广州看望陈寅恪,并再三劝他前往台湾,但陈寅恪终未启行。自此,陈寅恪便与胡适、傅斯年天涯相隔,再未谋面。

关于陈寅恪执意留粤的缘由,外界说法不一,莫衷一是。钱穆所说也是其中缘由之一。黄秋耘在《黄秋耘回忆》中曾称陈寅恪与弟子王力在"去留"问题上也有过探讨,并云:"何必去父母之邦?"对于此行到岭南大学任教,陈寅恪本人未透露什么。直到十年后,陈寅恪在第七次交代稿中尚又写道:"当广州尚未解放时,伪中央研究院历史语言研究所所长傅斯年多次来电催往台湾。我坚决不去。至于香港,是英帝国主义殖民地,殖民地的生活是我平生所鄙视的,所以我也不去香港,愿留在国内。"

但无论如何,陈寅恪最终选择了留在广州,这却是个不争的事实。此后,陈寅恪便一直长留于此,直到去世,前后整整20年,岭南羊城也成了他一生中所居最久之地。对此,作家陆键东在《陈寅恪的最后二十年》中也道:"岭南大学这段校园生活,成为陈寅恪后半生为数不多的一段有些亮色、泛起一些快乐波澜的岁月。"

陈寅恪到岭大仅过月余,岭大中文系教授李沧萍因病去世,陈寅恪为之题挽云:"短梦兴亡,珠海魂归迷故国;高楼风雨,玉溪春尽感斯文。"李沧萍去世后,陈寅恪的弟子、香港大学教授罗香林也赴羊城吊唁,顺便探望恩师,针对恩师所写的挽李先生一联,他在《谈陈寅恪师》一文曾称:"这虽对李先生说的,然隐隐中即含自伤的意味。我曾特至九家村请教,看见陈师,虽然安详如旧,然目力衰退,于光线极强的地方,始能看出那大如指头的文字,若字稍小,或光线稍暗,便不能看见。我深恐师不幸失明,则真是中国学术文化的不幸,心里非常难过。"

1949年,对于灾难深重的中国来说,可以说是个新旧交替的一年,而特别需要指出的则是,渡江南下的解放军于1949年5月相继占领了南京、上海、杭州等地,时任台湾大学校长的傅斯年在台北还一再来电相催,促陈寅恪启驾,但陈寅恪坚持不往。是年夏,俞大维因母亲曾文珊在香港去世,其间还托程靖宇赴广州的陈寅恪家中探望,并劝其迅速携家人赴台,但陈寅恪却执意留在羊城,直到国民党政府于是年10月撤离广州,陈寅恪一家这才在广州安定下来。

第四节　栖身岭表著红妆

1949年1月29日,正是旧历新年到来之际,刚到岭南大学10天的陈寅恪感慨万端,赋有《己丑元旦作时居广州康乐九家村》以纪。诗曰:

> 无端来作岭南人,朱菊黄蕉斗岁新。
> 食蛤那知今日事,买花追惜少年春。
> 一生心苦谁同喻,数卷书存任更贫。
> 独卧荒村惊节物,可怜空负病残身。

位于广州的岭南大学原是一所由美国基督教长老会创办的私立大学,其前身是1888年创办的"格致书院",学校曾几经迁移,最后迁到广州河南的康乐村。1927年,国民政府将学校收为国有后,改为岭南大学,经过二十余年的发展,逐渐成为一所拥有文、理、农、工、医等学院的综合大学。据说,岭南大学校园原是东晋袭封"康乐公"的大诗人谢灵运谪居岭南时的栖身之地,所以此前的岭大师生和后来的中大师生,也都喜欢称他们的学校为"康乐园"。此后,陈寅恪在这所环境优雅、绿树成荫的南国校园里,"燃脂瞑写费搜寻",先后写出了《论〈再生缘〉》和《柳如是别传》等百余万字文稿,创造了他人生中学术研究的第三个黄金时代。

汪荣祖在《史家陈寅恪传》中写道:"陈寅恪在广州一住二十年,……此二十年间其境遇不一,约可分为三个时期:前八年生活安定,教学与研究工作尚顺利;中间八年遭到文字上的批判,不再教书,但仍撰文,生活也受到照顾;最后四年受到'文革'狂风暴雨之袭击,身心俱受到严重损害,以致含冤逝世。"对于陈寅恪在新中国成立后的20年生活,汪氏说得大致不差。

当初,陈寅恪到岭南大学任教,是该校历史系、中文系两系的合聘教授,因陈寅恪视力不好,所以校方还专门派黄如文做其助手。后来,因黄如文的粤语口音太重,适逢陈寅恪的弟子程曦偕妻自北方南来投奔恩师,遂改由程曦接替黄氏。但时过不久,程曦于1951年即因故离职,陈寅恪只得让夫人唐筼作为助手。在此情况下,陈寅恪不得不辞却了中文系的兼职,仅在历史系任教,教授"两晋南北朝史"和"唐史专题研究"等课。

1950年夏初,夫人唐筼因担心家族受土改牵连,突然携小彭、美延两女到香港躲避。岭大校长陈序经闻知,亲赴香港劝解。陈寅恪对夫人携女香港一行,尽管表面上未曾有过什么表态,但从他当时所写的"领略新凉惊骨透"诗句中,倒也不难看出他此时的心境。6月6日,陈寅恪的弟子自发地赠予恩师一面锦旗,上绣"万世师表"四个金字,感谢他多年在教书育人上所付出的心血及贡献。此举对妻女出走香港的陈寅恪也是个不小的宽慰。

转眼便到了旧历五月十七日(7月1日),陈寅恪迎来了"周甲"寿庆,好友吴宓遥赠以诗,以示祝贺,并以"文化神州系一身"相许相勉。不过,吴宓在诗中却也发出了"今朝周甲初安度,漂泊频年无限嗟"的慨叹。

是年12月20日,台湾大学校长傅斯年列席台湾省参议会,在答复"大炮参议员"郭国基关于台大校政校务质询时猝然倒下,遽逝台北。噩耗传来,陈寅恪欲哭无泪,满含悲痛地赋《〈霜红龛集·望海诗〉云:"一灯续日月,不寐照烦恼;不生不死间,如何为怀抱"感题其后》七绝一首,隐晦地悲悼故友。

挚友傅斯年就这样悄无声息地走了,悲情难抑的陈寅恪鉴于当时的政治形势,只能默默作诗悲悼。死者长已矣,但令他略感宽慰的是《元白诗笺证稿》于12月底由岭南大学文化研究室出版。此后,陈寅恪先后还完成了两本专著和质量较高的论文18篇,此外尚有未定稿《寒柳堂记梦》等。

时至1951年6月,弟弟方恪忽从南京来信,内称海军某部拟在杭州牌坊山一带营建疗养院,父、母及长兄衡恪墓茔均在迁移之列。惊得此信,陈寅恪忧虑顿生,但又无计可施。所幸,时在北京的陈家旧交李一平先生上书中央高层,陈方恪也致信华东军区司令陈毅,父、母及长兄的墓茔方才得以保留。受了这番惊吓,惊魂甫定的陈寅恪还于是年父亲忌日八月初十这天赋《有感》以述其事。

对于陈寅恪这首诗,义宁陈氏家族文化研究专家刘经富认为,此诗可与其弟方恪的《为先母卜兆域至临安法华山中夜宿蓝若》一诗媲美,称得上是陈家众多的悼亡诗中的"双璧"。

新中国成立伊始,岭大对陈寅恪十分重视,因当时是工薪分数制和供给制相结合,陈寅恪被定为全校最高工薪分数的1000分。后来,学校改行工资等级制,学校将他又改评为特级教授,月薪381元,薪水较北京的同级教授还高,与姜立夫、岑仲勉等3人俱可享受到校长级别的用车待遇。

1952年秋,全国统一院系调整,岭南大学校址由中山大学迁入,原中山大学校址则归华南师范学院使用。新的中山大学从此也成为一所综合性大学,陈寅恪仍在该校历史系任教授。当时,新的中山大学历史系主任刘节,系清华国学研究院时期陈寅恪的学生。陆健东的《陈寅恪最后二十年》中对刘节曾做如是之评:"如果说刘节在学业上更多地得益于梁启超和王国维,在精神与士人气质上他得益于陈寅恪。"岭南大学改为中山大学后的翌年夏天,陈寅恪举家迁至中山大学东南区1号楼。该楼位于康乐园中心,是一幢典型的西洋风格别墅,原名"第一麻金墨屋",楼前植有两株巨大的木兰树。这里树木葱郁,花草丰茂,环境非常幽雅。当时,陈家居楼上,楼下则由岭大医学院院长周寿恺一家所居。黄萱为周寿恺的爱人,系南洋著名华侨黄奕住第四女,她国学根基扎实,后由建筑学家关颂声之妹关颂珊引荐,于是年11月22日被中大聘为陈寅恪的助手,直到"文革"爆发。后来,陈、周合住的这幢小楼被改为"陈寅恪故居纪念室"。

1952年下半年,轰轰烈烈的"思想改造运动"在全国蓬勃展开,与陈寅恪齐名的陈垣教授在《光明日报》发表了《自我检讨》长文。陈氏在文中检讨新中国成立前任辅仁大学校长期间充当美帝国主义文化侵略的工具,并表示要痛改前非。陈寅恪对此不以为然,并写下"白头学究心和喜,眉样当年又入时"等诗句,对这位史学界巨擘兼同人进行嘲讽。而与陈垣相反的则是,时任岭大校长的陈序经,在"人人过关"的要求下,于是年9月9日在全校师生面前做了长达4小时的"检讨",尽管他讲到动情处禁不住热泪纵横,却并未获得通过,仍被冠以"美帝文化侵略政策"的工具而接受全校师生的批判。

相对于陈序经来说,陈寅恪算是侥幸的。自他到广州后,在教学、研究之余时常还与岭南的文人学者唱和,其中除有"岭南才女"之誉的冼玉清外,尚有董每戡、王起、詹安泰等。反右开始后,董每戡被划为"右派",王起等被迫检讨,陈寅恪虽也被划为"中右",却幸免于被批挨斗,迫于压力,陈寅恪于1957年夏天只得与这班学者中断了唱和。

陈寅恪平生爱好不多,除看书、教书和写书外,欣赏京剧和昆曲可以说是他最大的业余爱好。但自1952年后因视力等问题,过去所谓的看戏,现在也只能是听戏了。对于看戏这一偏好,陈寅恪在1952年观十三妹新剧后所写的两首七言绝句中可见一斑。

1952年,新成立的中国科学院决定邀请分散于全国各地的大师级历史语言学家赴京任职,并由副院长陶孟和向陈寅恪表述此意,陈寅恪无意北上,遂荐弟子徐中舒以代。是年秋,中科院计划又邀其赴京担任哲学社会科学部第二历史研究所所长,章士钊等旧友也皆劝其进京履任。同年11月,中科院院长郭沫若、副院长李四光还联名致信给他,正式邀其就任第二历史研究所所长,同时又派陈寅恪原来的助手和学生汪篯南下广州,试探老师对进京履任的态度。12月1日,汪篯对陈寅恪的意见进行记录,并作《对科学院的答复》,提出进京的两个条件:第一是"允许中古史研究所不宗奉马列主义,并不学习政治";第二是"请毛公或刘公给一允许证明书,以作挡箭牌"。由于种种原因,后来坊间对陈寅恪所提的这两个条件有着不同的说法,但大同小异。

《对科学院的答复》一文由陈寅恪口述,汪篯笔记。兹录全文如下:

我的思想,我的主张,完全见于我所写的王国维纪念碑中。王国维死后,学生刘节等请我撰文纪念。当时正值国民党统一时,立碑时间有年月可查。在当时,清华校长是罗家伦,他是二陈(C.C.)派去的,众所周知。我当时是清华国研究院导师,认为王国维是近世学术界最主要的人物,故撰文来昭示天下后世研究学问的人,特别是研究史学的人。我认为研究学术,最主要的是要具有自由的意志和独立的精神。所以我说"士之读书治学,盖将以脱心志于俗谛之桎梏"。"俗谛"在当时即指三民主义而言。必须脱掉"俗谛之桎梏",真理才能发挥,受"俗谛"之桎梏,没有自由思想,没有独立精神,即不能发扬真理,即不能研究学术。学说有无错误是可以商量的,我对于王国维即是如此。王国维的学说中,也有错的,如关于蒙古史上的问题,我认为就可以商量。我的学说也有错误,也可以商量。个人之间的争吵,不必芥蒂。我、你都应该如此。我写给王国维的诗,中间骂了梁任公,给梁任公看,梁任公只笑了笑,不以为芥蒂。我对胡适也骂过。但对于独立精神,自由思想,我认为是最重要的,所以我说"唯此独立之精神,自由之思想,历千万祀与天壤而同久,共三光而永光"。我认为王国维之死,不关与罗振玉之恩怨,不关满清之灭亡,其一死乃以见其独立自由之意志。独立精神和自由思想是必须争得的,且须以生死力争,正如词文所示,"思想不自由,毋宁死耳。斯古今仁圣所同殉之精义,夫岂庸鄙之敢望"。一切都是小事,唯此是大事。碑文中所持之宗旨,至今并未改易。

我决不反对现在政权,在宣统三年时就在瑞士读过《资本论》原文。

但我认为不能先存马列主义的见解,再研究学术。我要请的人,要带的徒弟都要有自由思想,独立精神。不是这样,即不是我的学生。你以前的看法是否有和我相同我不知道,但现在不同了,你已不是我学生了。所有(以)周一良也好,王永兴也好,从我之说即是我的学生,否则就不是。将来我要带徒弟,也是如此。

因此,我提出第一条:"允许中古史研究所不宗奉马列主义,并不学习政治。"其义就是不要有桎梏,不要先有马列主义的见解,再研究学术,也不要学习政治。不止我一人如此,我要全部的人都如此。我从来不谈政治,与政治决无连涉,和任何党派没有关系。怎样调查,也只是这样。

因此,我又提出第二条:"请毛公或刘公给一允许证明书,以作挡箭牌。"其意是毛公是政治上的最高当局,刘少奇是党的最高负责人。我认为最高当局也应和我有同样的看法,应从我之说。否则,就谈不到学术研究。

至如实际情形,则一动不如一静。我提出的条件,科学院接受也不好,不接受也不好,两难。我在广州很安静,做我的研究工作,无此两难。去北京则有两难。我自己身体不好,患血压高,太太又病,心脏扩大,昨天还吐血。

你要把我的意见不多也不少地带到科学院。碑文你要带去给郭沫若看。郭沫若在日本曾看到我的王国维诗。碑是否还在,我不知道。如果做得不好,可以打掉,请郭沫若做,也许更好。郭沫若是甲骨文专家,是"四堂"之一,也许更懂得王国维的学说。那么我就做韩愈,郭沫若就做段文昌。如果有人再作诗,他就做李商隐也很好。我的碑文已流传出去,不会湮没。①

对于陈寅恪的态度,高层自然也是知道。即使如此,郭沫若仍于翌年1月以科学院院长兼私人的双重身份致信给他,还让其门生汪篯带信南下敦促他北上。周恩来特别批示道:"要团结一切爱国分子,如陈寅恪,要

---

① 见陆键东:《陈寅恪的最后20年》(修订本),三联书店,2013年版。

考虑科学家待遇。"鉴于周恩来的这份批示,陈寅恪在"文革"前的历次运动中才未受到大规模的冲击。

但陈寅恪仍一直未进京履任。此后,中国科学院副院长李四光、竺可桢及周培源、张奚若等旧友,他们在抵达广州后也都先后进劝,但都被陈寅恪以"广州天气暖和"为由婉拒。

此时的陈寅恪,意欲北上进京,无奈却惧"燕寒"和"做行政工作",再加上其他原因,使他对进京"望而却步",故终其一生也未再踏进北京一步。关于他拒绝进京履任一事,人们有着不同的猜测与叙述,以致后来传得纷纷扬扬。但陈寅恪提出就任所长的两个条件,他所表达的剖腹之言,也充分表达了他一贯的学术立场,这番"心曲"其实也无须用密码来隐藏,由此足见其勇气及风骨。但最终结果则是,关于中古史研究所所长一职,他推荐另一位史学名家、时任北京师范大学校长的陈垣代替,他本人则坚不北行并终老广州。

果然,陈寅恪对广州的气候和一切也适应起来,并怀着对陈端生"绝世才华偏命薄"的无限同情,自伤身世地写下了"文章我自甘沦落"的诗句。1954年2月,他在黄萱的协助下完成了对《再生缘》的研究。此后,即又着手开始对钱谦益、柳如是诗文的笺证研究。

1954年年初,时任中央人民政府秘书长的林伯渠南下广州疗养;1月16日,他到陈寅恪家中看望这位昔日在日本弘文学院读书时的老同学。

是年5月2日晚,中山大学历史系师生聚会,系主任刘节向师生隆重地介绍了陈寅恪、岑仲勉两位老教授,并称陈、岑是"我们系里拥有中古史两位大师",同时向师生介绍了两位教授在学术研究和教学育人上的动人事迹,师生还将绣有"诲人不倦""循循善诱"的两面锦旗,分赠陈、岑两人。

1955年5月9日,中国科学院党组致函中宣部,汇报中国科学院学部委员名单人选。据时任中国科学院党组书记的张稼夫在《庚申忆逝》中回忆,对陈寅恪入选哲学社会科学学部委员一事,毛泽东当时还有"要选上"的批示。而与此相反的是,陈寅恪的江西同乡、原同为国民政府中央研究院首届院士的胡先骕,却在此次评选中意外落马,终其有生之年也未得入中国科学院之"门槛"。

在教书育人之余，陈寅恪虽目盲不便，但还是参加了不少社会活动。早在1950年8月，时任中南局军政委员会委员、中共广东省委员会委员兼省文教厅厅长的杜国庠，还在广东省立文理学院历史学系教授李稚甫的引荐下，到陈寅恪家中拜访，并热情邀请他担任广东第一个社会科学学术团体的中国史学会广州分会委员，这是陈寅恪在新中国成立后第一次在新政府领导的学术机构担任职务。1956年，陈毅、张茜夫妇在抵达广州时，还特意到中大看望他。翌年，广东省省长、省委第一书记兼中南局书记陶铸，认为陈寅恪是"岭南学界最具代表性的精英"，对其学行甚为欣赏，指示中大对他的生活予以特殊照顾。当陶铸得知陈寅恪目盲且喜欢听戏时，特意又给他专配了一架收音机和一架电唱两用机，此举在学界也被传为美谈。此外，陶铸还提议，将原任中国科学院中南局广州分院筹委会委员的陈寅恪改为筹委会副主任，而主任就是陶铸本人。另外，陈寅恪还担任了史学界最具影响的杂志《历史研究》的编委，全国政协第二至第四届委员。

1956年6月25日（农历五月十七日），适值陈寅恪67岁寿辰，夫人唐筼置酒庆贺。

8月7日，中央文史研究馆馆长章士钊抵达羊城，登门造访陈寅恪。陈寅恪见贵客光临，分外高兴，并将此前所作的《论〈再生缘〉》及《丙申六十七岁初度晓莹置酒为寿赋此酬谢》诗请其指教。作为远道来客，章先生也即兴赋《陈寅恪以近著数种见赠（论〈再生缘〉尤突出）酬以长句》《和寅恪六七初度谢晓莹置酒之作。晓莹，寅恪夫人唐女士字，女士维卿先生（景崧）孙女也》两诗作答。

临别之时，章士钊还向陈寅恪建议将《论〈再生缘〉》带到香港赠予朋友。三年后的1960年7月29日，鉴于陈寅恪在学术界和社会上的声望，在中央文史研究馆馆长章士钊的举荐下，陈寅恪还被任命为中央文史研究馆副馆长。中央文史研究馆副馆长本是虚职，并非新政权的行政职位，但却列于"高干"行列，这也是陈寅恪一生中所任的唯一"显职"。

1957年2月，时任中国科学院副院长的竺可桢，赴南方考察及参加华南热带资源开发科学讨论会,在到达广州后,他会见了老同学陈寅恪及好友姜立夫。对于此次见面,竺可桢在2月18日的日记中写道:

至中山大学宿舍晤陈寅恪及其夫人,系复旦同学,十余年未见,眼半盲,但尚能识人。相询年龄,知我们两人和姜立夫均1890年生,我2月生,长他们五个月。

此次相见,竺可桢弥补了1955年5月来粤时未及与陈寅恪晤面的遗憾。此后,竺可桢每当来粤,都要与老同学陈寅恪晤面。1958年春,竺可桢赴广州参加广东科学馆开幕典礼及广东省科研规划(1958—1962)会议,他在会议间隙的4月21日至中山大学与陈寅恪相会,并与陈氏夫妇和姜立夫合影留念。1962年2月,竺可桢与另一位中科院副院长吴有训联袂来粤,参加科学技术十年(1963—1972)规划会议。开幕前的2月14日,竺、吴二人同至中山大学拜晤陈寅恪、唐筼夫妇。1964年4月,竺可桢赴粤视察南方科研机构,又顺便到中山大学拜晤陈寅恪、唐筼夫妇。1966年3月20日,竺可桢赴粤参加全国农业区划会议,在到达广州的当天下午,便前往中山大学与陈寅恪、唐筼夫妇晤面。此次相见,却是陈、竺两位老同学有生之年的最后一次晤面。不久,"文革"爆发,两人便再未谋面了。

在新中国成立初期的几年中,陈寅恪虽然视力不好,但生活各方面相对来说还算比较稳定,心情也颇为不错,所以写诗也多,只是后来运动接连不断,故写得少且遗失又多。

陈寅恪是中国现代史上一位卓有建树的史学大家,其平生学术著作,除晚年所写《论〈再生缘〉》和《柳如是别传》外,几乎全属中国中古史的范畴,也即魏晋南北隋唐史,使他成为中国现代第一代专业史学家。他在佛教史考证、唐史研证、诗史互证和六朝史论等方面,全属中古史的范畴,也是他生平治学的精华之所在。

陈寅恪晚年撰写《论〈再生缘〉》和《柳如是别传》,乃是时空剧变后的产物,故颇多逾越了学术规范的情绪与伤感掺杂其中,主要的贡献无非是展现一贯的考据长才。对此,当代史学大家何炳棣、钱钟书及严耕望等人均不能够理解先生晚年何以倾全身精力撰写这两部在学术上并无甚高价值的专著。

陈寅恪早年熟读十三经,且早已跳出了传统师门,他的史学也独立于经学之外,殊无必要自称既非经今文派,也非经古文派。陈先生习多种外国语言,通西方文化,但绝非不中不西或亦中亦西之辈。

陈寅恪最后所写的《柳如是别传》,初稿在1976年问世时,人们根本无法想象到,这位盲目衰翁能用十年的光阴,燃脂瞑写,完成了这部长达八十余万字的长篇巨著,所以,很多人在读完这部巨著以后,无不惊喜乃至惊异。以解决重大历史问题自期的陈寅恪,怎会为柳如是下如此大的功夫?其实,陈寅恪写这部书的旨趣也很简单,他在缘起中就已点明:在战时昆明偶得常熟钱宅红豆,即有释证钱柳诗的愿望,只是二十年后始偿夙愿。在他的心目中,钱牧斋虽属诗坛领袖,但柳如是的诗才却并不逊色于他,且柳氏人品远高于钱氏,更能摆脱"俗谛"之桎梏,以表现其"独立之精神,自由之思想"。

汪荣祖在《史家陈寅恪传》中称:"他(陈寅恪)虽一贯承袭乾嘉朴学的家法,但已较乾嘉诸别老,更上一层。在方法的训练上、材料的运用上,以及议论的发明上,即沈曾植、王国维也不可及,因寅恪更进而研究外国文字,吸收西方语文考评学派的精义。"

陈寅恪的治史门径承继的是"宋人的长编考异法"。宋人之长编考异法,亦称司马君实、李仁甫长编之法,也即考异述史之法。这种体裁的好处在于,取材详尽,宁详毋略。陈氏深信史学首在求真,为了真相,宁失之于详,而不要失之于略。

通观陈氏的著作,极大部分可说是考据文章,诸如纠正谬误、考求本事、别条异说、对勘互证、增订补遗,多少可略见乾嘉朴学的遗风。此一遗风的基本纲领乃是实事求是与读书必先识字两端。

陈寅恪距乾嘉诸老毕竟已有百余之年,时代多少有其进步性,乾嘉诸老虽重文字考订,但他们运用文字只限中文,而陈氏能用多种外语,作为治史工具,其成就势必超越,何况陈氏留学西洋,受到西方语文考证学派的影响。此一学派兴起于19世纪的德国,其治学途径与乾嘉朴学亦颇有暗合之处:两者均重视以语文来考核史料,以辅助学科(诸如天文、地理、金石、版本等)参证史事,至于实事求是、举证立义的学风,两者亦相仿佛。陈氏中西互观,取长补短,自可大收攻玉之效,提高考据学的水平。

考据原是一种汉学方法,乾嘉诸老用之于经学、音韵、训诂,而陈寅恪用之于历史与佛教的研究,并无伤方法的承袭。陈氏将注意力放在历史与佛教的研究上,亦有时代性。陈氏曾说过:"清代之经学与史学,俱为考据之学。故治其学者,亦并号为朴学之徒。"乾嘉之世,经学重于史学,史学虽有钱大昕等大家(陈氏称钱氏"精思博识,为清代第一人"),但风尚所趋,史学的地位是远不能与经学相比的。而陈氏之世,风尚已变,他不仅全力治史,而且要把史学完全从经学中解放出来,成为独立自主的学问。他批评经学不是离经叛道,而是指出经学流于"奇诡悠谬,尚不可究诘"。陈氏一再强调的"独立精神、自由思想、批评态度",既是求真所必需,也是实事求是地更上一层楼。

陈寅恪致力于佛教研究,并不是对佛典本身做哲理的探讨,也不把重点放在文献考订上,而是出于对文化史研究的兴趣。他由语文批评着手,正确理解佛教史料,以追求文化史的实质内容。陈氏因而能超越乾嘉朴学的烦琐饾饤之弊,发沉覆,烛隐晦,对历史的理解做出很大的贡献。由此可见,陈氏在史学上的成就,首在他史识的精当,掌握史料尚在其次。以史料来称谓一个历史学派固已不妥,将隐匿归之于史料学派,尤其不当。

陈寅恪曾批评清代史学之"不振",此一批评与他所说清代史学不如宋代一语,合而观之,之所以不如,不是考评方法上的不如,而是清代缺乏综合性、通论性的史学巨著可与司马光的《资治通鉴》相媲美,即使博雅如钱大昕也不能例外。由此亦可见,陈氏深知史家须超越考据,须攀登气象滂沛的著述境界。陈氏没有写一部通论性的鸿篇巨制,不是不愿或不能,而是由于种种不能控制的因素所致,诸如连年战乱、书籍与笔记丧失、政治气候的干扰以及目盲等。陈氏每自称其专著为稿,并非故意谦虚。陈氏晚年(七十五岁)又曾谓:"呜呼!此岂寅恪省时所自待及异日他人所望于寅恪者哉?"这并非谦辞,确实有感而发。

陈寅恪在民国史学上的最大贡献,仍是考据学上的成绩。他虽未完成宏观综合的中国中古史,但他的考据,给中国中古史的研究提供了许多指示灯。他精于考据,不可能避开中国考据盛世——乾嘉时代的影响。他继承了乾嘉考据学的遗产,但他所生时代及其具备的特殊条件,使他又较乾嘉诸老更上一层,绝不受乾嘉时代的束缚,进而为现代中国史学做出极大的贡献。

陈寅恪在《冯友兰中国哲学史下册审查报告》中写道:"思想囿于咸丰、同治之世;议论近乎曾湘乡、张南皮之间。"而胡适则自称:"我治中国思想与中国历史的各种著作,都是围绕'方法'这一观念打转的,方法实在主宰了我四十多年所有的著作。"他在《介绍几部新出的史学书》一文中更进一步写道:"《古史辨》是中国史学界的一部革命的书,也是一部讨论史学方法的书,此书可以解放人的思想,可以指示做学问的途径,可以提倡那深彻猛烈的真实的精神。"

早在1955年旧历新年到来之际,陈寅恪为家门上写了副"万竹竞鸣除旧岁,百花齐放听新莺"一联。巧合的是,这副对联在一年后的1956年5月2日竟成了毛泽东提出"百家争鸣,百花齐放"中的一句,从而也成为鼓励知识分子自由说话和批评的人所共知的一句话。"百花"放后及"百家"鸣后,全国性的"反右"运动揭地而来,有人竟说此乃"阳谋",以"引蛇出洞"。且不论毛泽东发动"反右"的真正动机何在,但所幸的则是,陈寅恪并未在这场运动中"中箭"倒地。他的谨慎,使他在"反右"运动中有幸躲过了一"劫"。

但是,陈寅恪却未能躲过紧跟"反右"运动后"厚今薄古"运动的批判。1958年4月13日,《人民日报》发表了《搞臭资产阶级的个人主义》的社论。是年6月11日,郭沫若在《人民日报》上也发表了《关于厚今薄古问题》一文,文中除对陈寅恪极尽冷嘲热讽外,还公开扬言:"在史学研究方面,我们在不太长的时期内,就在资料占有上也要超过陈寅恪。"这便是郭沫若发动的第一次批陈运动。

是年下半年,全国学术界便掀起了一场声势浩大的"厚今薄古"运动。8月,运动在中山大学也蓬勃开展起来。此后,中山大学历史系除激烈辩论教学与研究外,共完成71篇批判资产阶级的论文,其中的36篇都将斗争矛头对准陈寅恪的学术思想。更有甚者,一些批判者还不满中大历史系长久以来对资产阶级学者陈寅恪的"盲目崇拜",对其研究成果也予以否定,并指斥"陈寅恪先生是站在封建主义立场上的种族文化论者",而且他这种立场也是与"社会主义社会格格不入的"。除广泛批判外,对其研究成果也进行深层的批判,中大历史系一位名叫沈奕钜的四年级学生还批评《桃花源记旁证》的"烦琐的考证",竟"连仅有的一点考证工作也没有做好"! 在中山大学所有批判陈寅恪的文章中,最能吸引眼球也最有趣的则是,陈寅恪当年的学生金应熙对恩师的批判。当时,中山大学校园内的大字报可说是铺天盖地,在校园内展开对"反动历史权威"陈寅恪的疯狂批判,金应熙的反水一击显得分外醒目。金应熙在大字报中称陈寅恪是"封建遗少",唐筼将大字报内容抄后带回家哭着念给夫君听,陈寅恪听后十分生气地说:"永远不让他(金应熙)进家门!"

是年10月,金应熙在《理论与实践》上又发表批判陈寅恪的长文,并在文中责备陈寅恪"一直保留他的反对马克思的立场",同时还引陈寅恪的一首未刊诗稿"八股文章试帖诗,尊师颂圣有成规;白头宫女呵呵笑,眉样如今又入时",作为陈寅恪讥笑马克思主义的一个"罪证",指斥"陈寅恪先生的史学方法是形而上学的",更是唯心的,还说陈寅恪"不重视以至根本抹杀广大人民劳动生产和阶级斗争对历史发展的推动作用,却极力夸大各个民族的接触和外来文化的影响",同时又称"尊敬的老师"的史学方法乃是受胡适派的影响,建议一定要下决心"兴无灭资",以便"拔掉史学界中的白旗"。

是年12月,《历史研究》刊发了北京大学历史系师生所写的批判长文,对陈寅恪的历史观及其思想进行全面批判。此外,1958年10月的《历史研究》又刊发了中山大学对陈寅恪的批判文章《中山大学历史系批判资产阶级学术思想的情况》;11月的《史学月刊》也发表了南开大学批判陈寅恪的文章《评陈寅恪先生历史科学研究的方向》。

鉴于学校和社会对自己的种种批判,陈寅恪被迫结束了几十年的教学生涯,决定停掉所开的"隋唐史"和"元白诗证史"两门课程,此后也不再为学生上课,只担负学术研究工作。即便如此,他也被迫中断了多年对中古史和蒙古史的研究,开始对明末清初才女柳如是的研究。翌年,中宣部副部长周扬南下,陈寅恪对他曾有质问。对此,周扬在《一九六二年八月十日在大连创作座谈会上的讲话》中还谈及此事:

> 我与陈寅恪谈过话,历史家,有点怪,国民党把他当国宝,曾用飞机接他走。记忆力惊人,书熟悉得不得了,随便讲哪知道哪地方,英、法、梵文都好……一九五九年我去拜访他(陈寅恪)。他问:周先生,新华社你管不管?我说有点关系。他说一九五八年几月几日,新华社广播了新闻,大学生教学比老师还好;只隔了半年,为什么又说学生向老师学习,何前后矛盾如此?我被突然袭击了一下,我说新事物要实验,总要实验几次。革命,社会主义也是个实验。买双鞋,要实验那么几次。他不大满意,说实验是可以,但是尺寸不要差得太远,但差一点是可能的。

在1958年的"厚今薄古"运动中,陈寅恪虽然遭到了批判,其教学工作也被迫停止,但其生活和研究却并未受到大的干扰。也是这年,夫人唐筼也迎来了"周庆"喜寿。面对共同生活了40年的老妻,陈寅恪在赠夫人的对联中写道:"乌丝寓韵能偕老;红豆生春共卜居。"这副对联,既是对陈寅恪、唐筼数十年爱情的总结,又可说是对陈寅恪新中国成立后十年生活的总结。

1959年,为方便陈寅恪的学术研究,中山大学另增派胡守为做他的又一助手。在后来的工作中,胡守为一面与黄萱共同协助陈先生整理其著述,一面又传承着陈先生的学问。

1961年春,郭沫若赴岭南等地休假。在穗期间,郭沫若于3月13日还和冯乃超联袂拜访了陈寅恪。有趣的是,郭沫若与陈寅恪的此番晤会,表面上给世人虽然留下了"和解"的表象,但他们相见时却又留下了足供后人遐思的深层话题。对于此次晤面,郭沫若在日记中有这样的记载:"同乃超去看陈寅恪,他生于庚寅,我生于壬辰,我笑说今日相见是龙虎斗。"郭氏在日记中记载的只是"龙虎斗",实际却是"壬水庚金龙虎斗";郭氏以客人身份是"笑说",但在素来不苟言笑的陈寅恪看来,则是"郭聋陈瞽马牛风"。所谓"龙虎斗",乃是指陈出生于1890年,生肖属虎;郭出生于1892年,生肖属龙。而又所谓"郭聋陈瞽",陈寅恪则指自己目盲而不能视及郭沫若之"唯上是听"和"唯下不闻"了。

郭沫若在3月拜访陈寅恪过后,11月他在到广州时又与陈寅恪有过一次重晤。对于此次晤会,郭沫若在其日记中还称这次会面"谈约一小时",但中心问题却是关于谈《论〈再生缘〉》一事。

早在1958年8月,在美国哈佛大学的余英时,偶然间得到《论〈再生缘〉》油印本,于是便交由香港友联编译所并建议出版。是书出版后,余英时在香港《人生》杂志1958年12月号上还发表《陈寅恪先生〈论《再生缘》〉书后》一文,内称:"(《论再生缘》)实是写'兴亡遗恨'为主旨,个人感怀身世犹其次焉者矣!"

此次晤面过后,郭沫若马不停蹄地在报刊上接连发表一系列文章,对陈寅恪的《论〈再生缘〉》研究展开学术论战。在世人眼中,这就成了郭沫若发动的第二次批陈运动。尽管如此,郭沫若在《〈再生缘〉前十七卷和它的作者陈端生》等文中对陈寅恪的研究成果还是予以肯定的,而陈寅恪也只是将与郭沫若的论战当作一般的学术争论,因此便有"郭院长沫若撰文辩难"之说。由此足以得见两位史学大师的不同胸襟。

"文革"之前,陈寅恪一直未遭到大规模的人身冲击,所受的那些批判,也仅仅限于学术层面。尽管如此,陈寅恪对自己的处境却愈来愈不看好,这种局面让他既感到无可奈何,又使他为之局促不安。在此形势下,他只能眼睁睁地"与时俱进"地苟活下来。

第五节 一代宗师驾鹤归

1961年8月,吴宓从重庆的西南师范学院专程来粤到陈寅恪家中探望,得与分别已逾十年之久的老友重晤,陈寅恪自然兴奋异常,特赋《辛丑七月雨僧老友自重庆来广州承询近况赋此答之》赠予挚友。诗中写道:

> 五羊重见九回肠，虽任罗浮别有乡。
> 留命任教加白眼，著书唯剩颂红妆。
> 钟君点鬼行将及，汤子抛人转更忙。
> 为口东坡还自笑，老来事业未荒唐。

从这首诗中，可得窥陈寅恪对十年生活的诠释及其当时之心境。"任教加白眼"，系指其工作和所受的批判，当然也包括学生对自己的批判；而"颂红妆"则是指他诗中之自注："近八年来草论《再生缘》及钱柳因缘释证等文凡数十万言。"对此次晤面，吴宓日记中也有如下表述："寅恪兄之思想及主张毫未改变，即仍遵守昔年中学为体、西学为用之说（中国文化本位论）。在我辈个人如寅恪者，决不从时俗为转移。"此足见知己之言。

数天过后，吴宓辞别归渝。临行前，陈寅恪又特赋四首诗赠别。

1962年7月11日（农历六月十日），陈寅恪在寓所沐浴时，不慎摔跤，造成右腿跌折，疼痛难忍，不得不住进中山二院治疗。半年过后，终因年老不便而未动手术。被抬回家时，已是1963年1月22日了。1962年，是肖虎之年，陈寅恪本属虎，他在这一年虽然未像迷信中所说遭有"大厄"，却也因跌跤而摔折了腿，以致行走不便。此后的陈寅恪，目盲加腿残，再加上此前受到批判、此后又运动连连，心情更趋不佳。

陈寅恪住进医院刚有一周，其妹康晦即于7月18日在南京去世。康晦一生未育，丈夫去世亦早，新中国成立前随新午妹居南京，后随隆恪兄住上海。隆恪夫妇去世后，到南京依方恪兄生活，因病瘫痪在床，陈寅恪月寄生活费50元，从未间断。得此凶信，陈寅恪不胜伤感，故谓之"祸不单行"。

就在陈寅恪腿跌折住院期间，南京博物院院长曾昭燏、北京大学教授向达等知名专家学者先后远道前来探望，这给先生不少的安慰。

1962年年底至1963年年初，时任南京博物院院长的曾昭燏曾有南方之行。此次南行，她借工作之便，与阔别了整整15年的姻亲陈寅恪及其家人相会。曾昭燏先到陈寅恪家中，与表嫂唐篔和表侄女陈美延见面，之后又同往中山医院二院与陈寅恪相见。临别时，尚在医院的陈寅恪特

又赋诗相赠,使她感慨多多。对于此次相见,曾昭燏在日记中写道:

(1963年元旦 周二)上午八时半,林振名同志相陪,与尹往中山大学。下车,遇到梁剑韬先生夫妇及梁方仲先生,至陈寅恪表兄家,看到六嫂及侄女美延,同六嫂谈半小时余,同往中山医院二院看寅恪表兄,谈各家表兄弟姊妹少年时事及现在情况,甚欢,十一时五十分归。下午,准备明日的报告。三时余,张葱玉、谢稚柳、刘久庵三位同志来。五时,梁剑韬先生来。六时,社联杨荣国先生约晚餐,刘大年同志同席。晚上,看文件,邓裕志来辞行。

从曾昭燏留下的日记来看,曾、陈此次相见时间只有一个上午,在相见时甚至连顿午饭都未在一起吃,但两人还是谈了不少重要话题,其中就有关于台湾影印出版《李秀成亲供手迹》等事。对此,作家岳南写道:"当曾昭燏说到欲购海外新印太平军将领李秀成供状等事宜时,陈寅恪也一定为自己祖辈与曾家三世之交,以及祖父陈宝箴在为曾国藩幕僚期间曾施计活擒幼洪天贵福之事,于心头涌出一种白云苍狗、沧海桑田、聚散无常的感触。"①

就在曾昭燏临别时,陈寅恪当场又赋《病中,南京博物院长曾昭燏君过访话旧,并言将购海外新印〈李秀成供状〉,以诗纪之》。诗曰:

> 银海光销雪满颠,重逢胼足倍凄然。
> 涧瀍洛下犹余地,韦壮城南莫问天。
> 雄信谶词传旧本,昆明灰劫话新烟。
> 论交三世无穷意,吐向医窗病榻边。

陈寅恪的诗写得较为晦涩难懂,以至于不少研究者都说诗中像是隐藏着密语。随着曾昭燏与陈寅恪两位当事人的先后辞世,其中的"密语"

---

① 岳南著:《南渡北归》,湖南文艺出版社,2011年版。

自然也就难以破解了。

就在曾昭燏与表兄陈寅恪相见的翌年3月,曾昭燏的同乡兼好友、时任北京大学历史系教授的向达,从北京大学专程南下广州,到中山大学向陈寅恪请教《大唐西域记校注》中所涉及的梵文等事。3月20日,正是向达即将启程返京之时,面对即将分别的老友,双方不免都惺惺相惜,互道珍重,陈寅恪特作《甲辰春分日赠向觉明》绝句三首相赠老友。

1963年3月28日,中山大学鉴于陈寅恪腿折而不方便,于是专门报请广东省有关部门,要求对他予以特殊照顾,报告中还列出各项开支,以及每月需拨专款购买若干种进口药品。有关部门很重视,指示学校另派三个护士护理,并为他定做了个手推车,以方便他能常到外面呼吸新鲜空气。

中山大学对陈寅恪的特殊照顾,引起了许多人的不满,甚至一些高级干部对此事也颇多微词,认为对陈寅恪的照顾实在高得太过离谱,三个护士日夜护理也过于特殊化了。这些风言风语最后传到了陶铸耳中,他对中山大学党委副书记马肖云说:

你们学校有人讲,在省三级干部会上就有人讲了,远在新会会议亦有人不满了。陈寅恪先生,74岁了,腿断了,眼瞎了,还在一天天地著书,他自己失去了独立生活的能力,像个不能独立活动的婴儿一样,难道不需要人照顾吗?他虽然是资产阶级学者,但是他爱国,蒋介石用飞机接他,他不去。你若像陈寅恪这个样子,眼睛看不见,腿又断了,还在著书立说,又有这样的水平,亦一定给你三个护士。

马肖云回到中大后,将陶铸的这番指示做了传达。此后,那些谈论陈寅恪受到特殊照顾等事便销声匿迹了。1962年年底,陈寅恪长侄陈封怀调广州,此后常来叔父家探望,而陈寅恪侄女陈小从也常从武汉来看望。

1958年,陈寅恪被迫告别讲坛。对此,作为一代学术大师的陈寅恪,无疑有一种生不如死的痛苦。但是,幸而还有学术研究在支撑着自己,所以他才在"万念俱灭"的情况下忍痛苟活。早在1954年,他已完成了对

《论〈再生缘〉》的撰写,此后又开始了对《柳如是别传》的研究与撰写。

陈寅恪于中山大学

纵观陈寅恪对柳如是的研究与撰写过程,从中不难看出,这里面还有一个从以钱主、柳副,到钱、柳并重,最后到柳主、钱副的转变过程。其中原因固然甚多,但从陈寅恪学术生涯的"以表彰我民族独立之精神,自由之思想"这一主旨也可寻出端倪。对此,陈寅恪在1961年题赠老友吴宓的"著书唯剩颂红妆"诗句便是明证。虽然钱谦益与自己的研究有着许多相通之处,但胸怀大志、深明大义的柳如是则更让他佩服有加。一介女子柳如是固然博学多才,但她最让人感动的则是其压倒须眉的"气节"与"侠义",所以,尽管她最后嫁给了钱谦益,但在陈寅恪的心目中,她的才识与人品却远高于钱谦益。难怪,陈寅恪最后将原为《钱柳因缘有诗证释稿》改为《柳如是别传》了。此外,陈寅恪对柳如是所写的《次韵奉答诗》以及金明池的《咏寒柳》词十分推崇,并认为这是"明末最佳诗词"。陈寅恪晚年还将自己的书斋命名为"金明馆"和"寒柳堂",所整理的著作分别也命名为《金明馆丛稿初编》《金明馆丛稿二编》和《寒柳堂集》。

早年的陈寅恪,对明末清初一代文宗钱谦益的"埋没英雄芳草地,耗磨岁序夕阳天"诗句就颇为喜欢,随着时间的推移,他发现自己与钱氏在文史和宗教等研究领域也颇有相通之处,遂于抗战时期就萌发了注释钱谦益、柳如是夫妇诗词之念,但战乱频仍与颠沛流离,却使他又无暇兼顾,直到在完成了《论〈再生缘〉》,他这才将钱、柳研究提到了议事日程。

陈寅恪在撰写《柳如是别传》期间,中山大学虽给他调配了黄萱和胡守为两名助手,但对一个目瞽、足膑且又有心脏病的老人来说,研究困难仍有不少。漫长的十年过去了,也就是"文革"前的1964年,陈寅恪终于完成了85万字的鸿篇巨制——《柳如是别传》。试想,如果没有坚忍不拔的毅力,如果在研究与撰写过程中稍有懈怠,那么待稍后的"文革"到来,他这项研究是否能得以顺利进行也就是个未知数了。

寄情红妆,言情述史;痛哭古人,留赠来者。1964年,75岁的陈寅恪终于完成了《柳如是别传》一书。是年,正好也是钱谦益、柳如是逝世300周年,而此时的陈寅恪,倒像是完成了他生命中的一件大事,情不自禁地吁出了一口长气。

是年5月,陈寅恪的学生蒋天枢专程从上海来祝贺恩师的75岁寿诞。早在十年前的1953年9月,蒋天枢曾专程从复旦大学到花城拜谒恩师,陈寅恪、唐筼夫妇那时心情颇佳,均有诗馈赠答谢。此次,蒋天枢又远道前来拜寿,再加上《柳如是别传》行将杀青,所以自然也是分外高兴。晚年的陈寅恪虽然栖身于岭表,却以"默念生平,固未尝侮食自矜,曲学阿世,似可告慰友朋"自慰。所以,他在《赠蒋秉南序》中就直言相陈:

果未及十稔,神州沸腾,寰宇纷扰。寅恪亦以求学之故,奔走东西洋数万里,终无所成。凡历数十年,遭逢世界大战者二,内战更不胜计。其后失明膑足,栖身岭表,已奄奄垂死,将就木矣。默念平生固未尝侮食自矜,曲学阿世,似可告慰友朋。至若追踪昔贤,幽居疏属之南,汾水之曲,守先哲之遗范,托末契于后生者,则有如方丈蓬莱,渺不可即,徒寄之梦寐,存乎遐想而已。呜呼!此岂寅恪少时所自待及异日他人所望于寅恪者哉?虽然,欧阳永叔少学韩昌黎之文,晚撰五代史记,作义儿冯道诸传,贬斥势利,尊崇气节,遂一匡五代之浇漓,返之淳正。故天水一朝之文化,竟为我民族遗留之瑰宝,孰谓空文于治道学术无裨益耶?

蒋天枢一直牢记着恩师的勉励,不负于恩师厚望,在陈寅恪去世后,圆满地完成了对恩师著作的编辑、整理,此外还编写了《陈寅恪先生编年事辑》等著述。

1965年，陈寅恪76岁，他自称为"自验所学之深浅"及抒发心曲的《柳如是别传》业已完稿。

是年11月10日，姚文元在《人民日报》发表了批判吴晗新编的历史剧《海瑞罢官》等文。是文作为一个"信号"，预示着一场浩劫行将拉开帷幕。翌年2月，中央组成了以康生等人为成员的"文化革命五人小组"，并发表《关于当前学术讨论的汇报提纲》。4月，邓拓、吴晗、廖沫沙合著的《三家村札记》遭到批判并牵出"三家村"小集团。5月25日，北京大学贴出攻击该校党委的大字报；6月1日，《人民日报》发表了题为《横扫一切牛鬼蛇神》一文，"文革"在北京突起，迅即蔓延全国。5天过后，南方重镇广州也开始发动起来。此后，远在岭南的陈寅恪，无论在学术上，还是在精神上，甚至身体上，都遭到了不同程度的折磨。从这年9月开始，他的家多次被抄，工资及存款也被冻结，助手黄萱和3名护士也被红卫兵赶出了家门。对此，常到叔父家探望的侄子陈封怀所知甚详，他后来在《一代史学家之死——怀念我的六叔陈寅恪先生》一文中就写道："他（陈寅恪）晚年正值'史无前例'时期的高峰阶段。他以病弱之躯，在愚昧野蛮的黑暗里忍挨了四年，在'打倒反动学术权威'声中，凄然长逝。"

但所有这些，也仅是陈寅恪遭受厄运的开始。从1966年秋开始，尽管当时尚有陶铸保护，但陈寅恪仍被迫做出6次书面检讨，每次检查过后还要补充交代，交代重点则是他在新中国成立前后的"历史问题"和颇多复杂的海内外关系，就连原岭南大学校长陈序经当年邀请他到校任教及对他家的照顾也都被列为重点内容。1967年4月2日，陈寅恪被迫又做第七次书面检讨。此次，业已卧床不能动弹的陈寅恪只能让夫人唐筼代笔。对于此次的交代内容，陈寅恪重点作"我的声明"三点如下：

一、我生平没有办过不利于人民的事情。我教书四十年，只是专心教书和著作，从未实际办过事。

二、陈序经和我的关系，只是一个校长对一个老病教授的关系，并无密切的往来。我双目失明已廿余年，断腿已六年，我从来不去探望人。

三、我自己的一切社会关系早已向中大的组织交代。

多次的检讨交代，无休止的批斗，思想的压力，精神的折磨，生活的艰难，人身的迫害，都让陈寅恪一家难以忍受。对此，王川在《学界泰斗——陈寅恪》一书中，特别提到这样一个细节：

1967年年底的一天，红卫兵不顾寅恪心脏病恶化、身体极度虚弱，硬要用箩筐把他抬到大礼堂接受批斗，唐筼前去阻止，竟被年轻力壮的红卫兵推倒在地。刘节见状，挺身而出，自愿代表老师进会场挨批斗。批斗会上，有人问刘节的感想，刘节大义凛然地回答："我能代表老师挨批斗，感到很光荣！"刘节在老师危难时刻的挺身而出，显示出令人景仰的高风亮节，至今在中山大学仍然传为美谈。

1968年8月，"工宣队"进驻中山大学，时在学校工作的陈小彭、陈美延姐妹也被勒令到英德县茶场接受劳动改造，从此不能在家照看年迈多病的双亲。翌年2月，新成立的"工宣队"专案组，又对陈寅恪定性为"反动学术权威、戴帽、一批二养"，并多次对他抄家批斗。

其实，对陈寅恪这样的老教授来说，抄家原本也算不了什么，但无止境的精神折磨则实是让人难以忍受的。随着运动的不断深入，中南局书记陶铸也被作为"第四号人物"而被打倒，在陈寅恪完全失去"保护伞"的情况下，红卫兵更是肆无忌惮地对他进行百般折磨，并要他交代与陶铸的关系。对此，陈寅恪只能淡淡地回答："他是以中南局首长身份来看我，并无私人交情。"此后，四面八方都是批判和打倒他的声音，红卫兵甚至还将高音喇叭安到了陈寅恪居所对面的楼上，使他无法休息和睡眠，折磨得他精神几近崩溃。在一次抄家中，夫人唐筼不但被红卫兵打伤，就连家中的珠宝、首饰等财物也都被红卫兵搜刮一空。此外，红卫兵们还将各式各样的大字报贴到他家的门上和墙上，这些大字报宛如幡帜，随风扬起，就连过路的人看了也倍觉瘆人。唐筼不禁叹息说："人还没死，已先开吊了！"陈寅恪也哀叹道："我现在譬如在死囚牢！"

时为中山大学教授的诗人梁宗岱，当时也受到了剧烈的冲击，其妻甘少苏后来在《宗岱和我》中，对陈家当时的情形也做了如下描绘：

那时候,挨整的人及其家属都特别害怕高音喇叭,一听到高音喇叭声就战战兢兢,因为红卫兵经常用高音喇叭通知开会,点人出来批斗、游行;而出去一次也就是小死一场。历史系一级教授陈寅恪双目失明,他胆子小,一听见喇叭里喊他的名字,就浑身发抖,尿湿裤子。就这样,终于给活活吓死了。

而更让陈寅恪难以理解的则是,陈家住房的墙上还贴有一篇"别致"的大字报,上面竟写着"不学无术的反动学术权威"等语。唐筼将这些告诉夫君,陈寅恪对此百般不解,只能在无人时才喃喃地自我解嘲:"我搞了一辈子学问,想不到会落到个'不学无术'的考语。不过,不学无术的人怎么能成为学术权威?学术权威怎么会不学无术?简直不通!不通!!"

1969年春节刚过,陈寅恪已进入80虚龄之年了。此时,中山大学革委会勒令他全家从住了16年的东南区1号楼中搬出,迁至中山大学西南区50号平房宿舍。在一连串的抄家和此次搬家过程中,陈寅恪所剩不多的书信也损失殆尽。是年3月5日,中山大学革委会在《坚决落实毛主席对知识分子"再教育"和"给出路"的政策》中又宣称:

对于旧知识分子和反动学术权威要注意加以区别。像陈寅恪,一贯利用学术,坚持反动立场,恶毒地向党向社会主义进攻的应划为反动学术权威,要把他们批得比狗屎还要臭。以后,给予一定的生活费,养起来作反面教员。

是年3月,唐筼也被"家庭妇联"叫去参加学习,其间不能照拂患病在床的丈夫,且直到7月她本人也因患病这才结束学习。5月5日,革委会专案组再次要陈寅恪交代问题,并一直折磨到他说不出话来才停了下来。

这年夏季来临时,面对伤痕累累的唐筼,陈寅恪担心老妻恐将不久于人世。长女流求得知母亲病重回来探望,半个月后临走时,陈寅恪拉着女儿的手,依依不舍地说:"这次算是生离死别了!"而他内心深处,也为自

己无力保护老妻而愧疚不已,甚至感到老妻时刻都有离开自己的可能,于是便在床上忍痛为唐筼写了这样一幅"预挽联":

> 涕泣对牛衣,卅载都成肠断史;
> 废残难豹隐,九泉稍待眼枯人。

是年10月7日凌晨5时半,饱受折磨的陈寅恪,在心力衰竭和肠梗阻的情况下含恨离世,终年80虚岁。弥留之际,陈寅恪强忍眼泪,一言未发。10月16日,陈寅恪的遗体火葬。10月18日,广东的《南方日报》和《广州日报》刊登了一条字数不多的消息:"中国人民政治协商会议全国委员会常务委员、中央文史研究馆副馆长、中山大学教授陈寅恪先生因病医治无效,于本月七日在广州逝世,终年七十九岁。"

在陈寅恪去世前的10月初,红卫兵还逼他交代两点:第一,认为珍宝岛属于中国领土;第二,承认自己是反革命。陈寅恪去世后,夫人唐筼也卧床不能再动,延至11月21日晚,唐筼也含冤离世,此时距陈寅恪去世也仅1个月零14天。临终之前,唐筼曾说:"待料理完寅恪的事,我也该去了!"陈、唐夫妇的先后离世,虽然令人生悲,却也实现了中国传统文人所追求的"不求同年生,只求同年死"的爱情理想。

作为中国现代最杰出的学术大师之一的陈寅恪,在他生命的最后二十年中所遭到的种种磨难,令人实在难以理解,更令人扼腕称叹。对此,逯耀东先生在《陈寅恪有个弟弟》一文中写道:

> 就陈寅恪个人而言,他一生面临着两个绝境:一是文化绝继的绝境;一是他个人身世的绝境。前者,在王国维沉湖自尽后,变得更绝望了;后者,陈寅恪一生始终想挣脱现实政治的绊羁,寻觅一个可以栖身的桃花源,这卑微的愿望始终无法实现,晚年更陷于政治的泥沼,含恨而终。陈寅恪身负无法解脱的绝望,他的一生实在生活得太沉重了,太悲苦了……

而更令人不解的则是,在陈寅恪去世7年后的1976年,中山大学革委会政工组对陈寅恪竟又下了一个莫名其妙的"结论"："陈寅恪同志属人民内部矛盾,按国务院规定一次补发其遗属抚恤金五百二十元。"对此,中大的许多师生们不免发出质问："陈寅恪与人民又有什么矛盾？"

陈寅恪与唐筼在那场泯灭人性的浩劫中辞世后,夫妇俩的骨灰一直寄存于广州银河公墓。漫长的34年过去了,直到2003年4月30日,在义宁陈氏家族成员和社会各界的共同努力下,陈、唐夫妇的遗骸才被送往庐山植物园入土安葬,与其侄子陈封怀的墓茔为邻。

2003年6月16日(农历五月十七日),正值陈寅恪诞辰113周年之际,陈寅恪墓落成并举行揭幕仪式,著名艺术家黄永玉在墓上题写了这样的碑文："独立之精神,自由之思想！"

陈寅恪一生的理想与追求,都深深地雕刻在庐山植物园中那块巨大的冰川石上。庐山,这座与陈寅恪的故乡义宁不远的名山,也表现出了对文化的深深敬意。

纵观中国近现代大师级的学人,无论是从人格上来说,还是从学术成就上来讲,抑或是从当时和以后的影响来说,陈寅恪都堪称一代楷模。

第六章
玉树琼花满庭芳

◎

义宁陈氏家族文冠天下,光耀门庭,除前面所介绍的陈宝箴、陈三立、陈衡恪和陈寅恪"四杰"外,尚有不少优秀的俊才,他们在各自的领域都学有所成,并获得了世人的好评。在陈衡恪、陈寅恪这辈同胞兄弟中,有陈隆恪、陈方恪、陈登恪三兄弟,此外尚有他们的堂兄弟陈覃恪;在陈衡恪的儿子陈封怀这一辈中,除陈封怀享有"中国现代植物园之父"美誉外,其他如陈封雄、陈小从、陈云君等,也都是义宁陈氏家族中可圈可点的人物,并以自己的实绩继承和光大了义宁陈氏家族的门风。

陈宝箴育有两子两女,长子三立,次子三畏;长女嫁席宝田之子席曜衡,次女早卒。

陈三畏三岁时承祧其仲父观瑞,娶其父好友、翰林院编修、江苏嘉定人张修府之女为妻,生一子覃恪,二女静娴、绮庄。

陈覃恪,号陟夫,出生于光绪七年(1881),一度赴日本短期留学,曾任湖北候补知县、赣县盐务局主任、江西盐务总局赣北视察员等职。原配陈氏,继配颜氏,育生封鲈、封政。

第一节　学诗晚成陈隆恪

陈三立育有五子三女共八个子女。诸子当中,排行第二的陈隆恪,与兄衡恪和弟寅恪一样,早年也留学于日本,专攻财商经济,以作诗为余事,居然有成,创作颇丰,甚得诗坛名家的好评。

陈隆恪从日本归国后,随侍父侧长达八年之久,走上工作岗位后历经战乱,频换工作,他一生走南闯北,虽然一直将作诗视为"余事",却勤奋不辍,并终有晚成,从而成为义宁陈氏家族中又一位以诗名世的诗人。

一、陈隆恪生平简述

陈隆恪,字彦和,清光绪十四年正月初四(1888年2月15日)生于湖南长沙。

6岁那年,陈隆恪入家塾读书,蒙师为长沙名儒陶澍。

少年时代的陈隆恪,其祖、父罢官而携家居于江西南昌。平时,陈宝箴以读书弄孙为乐。陈家在南昌居住期间,陈宝箴多次鼓励孙子辈从小立定志向,勤奋读书,将来报效国家。有一次,他还给孙子隆恪写了一个扇面,上面写着告诫之言,借以鼓励孙子。其文略曰:

读书当正志。志在学为圣贤,则凡所读之书、圣贤言语便当奉为师法,立心行事俱要依他做去,务求言行无愧为圣贤之徒。经史中所载古人事迹,善者可以为法,恶者可以为戒,勿徒口头读过。如此立志,久暂不移,胸中便有一定趋向。如行路者之有指南针,不致误入旁径,虽未遽是圣贤,亦不失为坦荡之君子矣。君子之心公,由亲亲而仁民,(仁民)而爱物,皆吾学中所应有之事。故隐居求志则积德累行,行义达道则致君泽民,志定则然也。小人之心私,自私自利,虽父母兄弟有不顾,况民物乎?此则宜痛戒也。四觉老人书示隆恪。

光绪二十六年(1900),陈隆恪随父迁居南京。翌年又随家从南京的珠宝廊鸽子桥畔迁至中正街刘世珩的别墅。由于新迁的居所房舍宽敞，陈三立决定办一所家塾，以教授陈隆恪兄弟姊妹读书。主意定下后，他还聘请陶逊(字宾南)、王景沂(字义门)二人为塾师。陈三立当时还作有《视女婴入塾戏为二绝句》《王义门、陶宾南两塾师各有赠答之什韵赘其后》的诗。不久，在家塾的基础上，陈三立又开办新式小学堂——思益小学堂，由于亲戚、朋友家的子弟也来读书，学生增多，陈三立遂又将陈家隔壁的庐江会馆也租辟为学堂，增聘王伯沆、柳诒征、萧屋泉前来任教，并让陶宾南担任校长，具体负责小学堂事宜。当时，前来就学的除陈家子弟外，尚有宗白华和茅以升、茅以南兄弟以及两江总督周馥的孙子周氏兄弟等。

光绪三十年(1904)夏，陈隆恪与弟弟寅恪均考取江南官费留学资格。是年十月，隆恪偕弟寅恪同时赴日留学。

隆恪、寅恪兄弟抵达日本东京后，隆恪就读于日本庆应义塾大学，后入庆应大学理财科，三年级时再转入东京帝国大学(今东京大学)财商系。在东京留学期间，隆恪、寅恪与亦在此留学的长兄衡恪曾合影留念。此时，陈家兄弟皆已剪去发辫，留着短发。半个世纪后的1953年，陈隆恪在翻观旧照时，还看到了早年与兄弟在东京的这幅合影，不禁怆然有感，遂在照片背后另作题注云："四十九年前留学日本东京时，与先兄及六弟所摄影，有人拾得，持以还赠。怅触今昔，因于其上题一绝句。中坐者为六弟寅恪，其左右乃先兄师曾及余也，余时年十七。一九五三年癸巳冬日，彦和。"

陈隆恪在日本留学期间，读书之余尝学作诗。有一天，他拿着自己刚刚作好的诗向长兄衡恪请教。未曾想到的是，长兄衡恪的批评竟多于鼓励。此举使隆恪诗兴顿减，遂潜心于学，不复再向往作诗。

光绪三十一年(1905)冬，陈衡恪因归国与吴县汪春绮结婚，隆恪、寅恪随长兄一同回国。翌年春，由于寅恪改入上海复旦公学读书，隆恪与衡恪再次赴日留学。宣统元年(1909)八月，陈隆恪考入东京庆应义塾大学理财科，两年后再转入东京大学。

在日本留学期间，陈隆恪还经长兄衡恪介绍，与同在日本留学的周树人、李叔同、欧阳予倩等中国留学生相识并交往,此外尚有董必武、陈群、赵幼梅、张孟真等人。1912年夏,陈隆恪从东京帝国大学毕业,旋即归国。因感于时乱,故一直不曾择业,长期在家服侍父母长达8年。这几年当中,隆恪虽未公干,却也时常感时伤怀,忧国悯民。

1915年秋,陈隆恪奉父母之命前往江西萍乡,并于十月初二(11月8日)与早年有过婚约的喻兆蕃之第三女喻徽结婚。此后,隆恪在俞家长住近两年,其间与岳父喻兆蕃等谈诗论学,进步不少,作诗的兴致再次萌发。

陈隆恪之妻喻徽,字婉芬(亦作宛芬),又字秀群,出身于江西萍乡名门。其祖喻增高(亦作曾高),曾任翰林左庶子等职,著名学者;其父喻兆蕃(亦作兆藩,1862—1920),谱名宽植,字庶三,又字竹孙,复字艮麓,堂名"既雨轩",雅好经史,颇嗜藏书,博学能诗,有"萍乡才子"之誉,系陈三立的同年进士,点过翰林,散馆后任工部主事,后历官宁波知府、署理浙江布政使、宁绍台兵备道等职,诰授荣禄大夫,因丁母忧离职归乡。辛亥鼎革后,再未出仕。

江西义宁陈家,与浙江山阴俞家、江西萍乡喻家和贺家俱是世交,又是姻亲,故关系尤为密切。隆恪之妻喻薇,出身于书香门第,早年与姊妹同在家塾读书,在塾师教授下学习经史,工诗能画,也颇能文,民国后一度转入萍乡女校,著有诗集。

陈隆恪虚心向工于诗文的岳父喻兆蕃请学,获益匪浅,写诗作词也渐入门径。于是,学诗起步较晚的陈隆恪,竟在短时间内循规猛进。三年以后,当31岁的陈隆恪接到其兄衡恪从北京寄来的这些游春照片和诗作时,也就萌生和诗之念,遂赋《寄和大兄崇效寺集大学画法研究会同人及携眷再赏牡丹之作》一诗。

陈隆恪早年虽别有所学,未曾从文,但他幼承家学,故也喜诗,所作之诗后来由其女小从辑为《同照阁诗钞》传世。蒋天枢在《同照阁诗钞·序》中写道:"一日散原老人于刊物见以'彦和'署名之作,诧曰:'是隆伢之字,他也会作诗,写得还不错呀!'及老人年事已高,偶遇应酬,时命子隆恪代作。"陈隆恪在岳父家居住期间,于1916年曾有长沙一行。是时,其弟寅恪因事也路过长沙,兄弟俩相约在他们曾居住过的旧巡抚衙署晤面。

将及相见时,隆恪作《长沙将见六弟于旧抚署,计侍先祖去此二十年矣。抚念今昔,怆然有赋》。陈隆恪在诗中叙述了少时在长沙巡抚署内的情景,对那时的生活记忆犹新,并在诗中自注云:"东西内院各植桂树一株,大可合抱,童时与诸弟嬉游其下。"翌年春3月,喻兆蕃携陈隆恪、喻徽夫妇同赴南京,探望十余年未得晤面的亲家陈三立夫妇,双方相见,自然皆大欢喜。

1920年,33岁的陈隆恪应留日同窗赵幼梅先生之邀,北上奉天在四平铁路局供职,从此结束了"藜藿仰慈仁"的生活。此时,距他从日本留学归国已将及十年。感慨之余,他赋有《秋日出关》一诗,以寄情怀。

1922年夏初,第一次直奉战争猝起,陈隆恪赋《壬戌四月战兴感赋》一诗,慨叹"十年忧患碾烟尘",表达了对军阀置人民于不顾、为争地盘而混战的愤慨。但为了安全计,他只得辞去四平铁路局之职,携家人回到南京。

是年农历九月二十一日,适逢散原老人70华诞,陈隆恪一家和陈家兄弟姐妹齐聚于南京家中,欢庆喜日。寿庆事毕,陈隆恪即携家人赴北京,租居于兄衡恪所居不远的一小四合院——西城麻豆腐作坊八号,又在堂兄陈荣恪的引荐下在北京商业部门任事。此后,他与其兄衡恪时常晤见,颇得"埙箎之乐",并在兄长衡恪的引荐下,得与齐白石、王梦白、姚华等艺术名家订交。

翌年夏初,母亲俞夫人病危,陈隆恪与其兄衡恪至南京侍疾。恰在此时,夫人喻薇分娩在即,故他在探望过母亲过后便又北归。六月十四日,喻薇分娩得一女,取名小从。隆恪、喻薇夫妇欢喜自不待言。未料刚及半月,母亲便于六月二十九日病逝。噩耗传来,隆恪便匆忙赴南京奔丧。母亲去世刚过月余,其兄衡恪也因"冲雨市棺"及庸医误诊而于八月初七在南京遽逝。

这年夏秋,俞夫人和陈衡恪两代人的相继去世,对义宁陈家可以说打击很大。对此,陈小从后来在回忆时就写道:"家中连遭两次丧事,尤其是伯父的英年早逝,对于曾祖右铭公逝世后就定居在金陵的大家来说,不啻遭受一次毁灭性的大地震。父叔们担心已届古稀之年的祖父经受不住如此巨大的打击,就让三位姑母陪侍祖父前往西子湖畔养疴,并在九溪十八涧附近买了一块山地,准备作为祖母营葬之所。"

1924年,印度大诗人泰戈尔来华。到杭州时,在诗人徐志摩的陪同下,与陈三立在西湖湖畔相晤,所谈甚洽。俟后,陈三立还与泰翁合影留念,此照片后来还在《东方杂志》上刊载,翌年10月10日《申报》出版的"国庆纪念增刊"上也刊有此照,并名曰"今代亚洲二诗人合影"。另外,据当时也在杭州父亲身边的陈隆恪回忆,陈散原、陈隆恪、陈登恪父子与泰戈尔和徐志摩也有一张合影,惜此照业已不存。对此,1943年3月,陈隆恪还在致吴宗慈的信中称:"泰戈尔来游吾国,曾偕徐志摩特访先君于杭州,两人同摄一影外,弟及八舍弟登恪、徐君围侍,另摄一帧,至今犹存牯岭。"

1924年冬,陈隆恪应连襟文倬的兄长文群之邀,离开北京赴南昌,担任江西省财政厅高级职员。翌年十月,陈隆恪奉父亲之命,与弟弟登恪均携家人前往杭州,参加母亲及兄长的安葬仪式。其间,他与父亲的诗友们也有过交往并赋诗作,其中诸如《十月八日偕八弟侍大人及三舅闲止丈同泛西溪看芦花憩秋雪庵》《十月赴杭州归葬母、兄,舟中感念而作》《牌坊山之原叩别母、兄新茔》等。

1926年夏初,时在杭州的陈三立染病,陈隆恪得知后遂辞却省财政厅职事携家人赴杭侍奉。六月,父亲的病方才痊愈;十三日,隆恪携家人陪父亲到西湖游览观荷,三立老人虽然大病初愈,但游兴甚高,且有诗作,隆恪也赋《暑夜家人侍大人泛舟西湖纳凉》一诗唱和。

1927年冬,经父执辈谭延闿的推荐,陈隆恪被任命为南浔铁路局局长,驻九江办公。仅有数月,他即因不满官场黑暗愤然而去,旋又赴汉口担任电报局主任。

1929年夏初,陈隆恪的女儿小从患百日痉,久治不愈,医生称恐将转为肺炎,建议到空气清新的牯岭疗养。陈隆恪为女儿治病心切,遂辞却汉口电报局主任职事,携家人前往九江庐山疗养,并在牯岭正街的一座山坡上赁房以居。此房与俞家的庐山别墅"片叶庐"仅一墙之隔,陈隆恪一家在此度过了一个清幽而舒心的暑天,女儿小从的病竟得痊愈。

天下竟有这么好的地方！陈隆恪见女儿竟不治而愈，遂决定将年迈的父亲也接至庐山侍养。是年十月，陈隆恪到上海迎父上山。在上海临行之前，陈隆恪还陪着父亲到上海公墓探视两年前安息于此的幼妹安醴，并作《己巳十月，将侍大人入牯岭，至上海公墓视安妹茔地哀赋》。

陈安醴是陈三立的八个子女中最小的一个，从小娇生惯养，多愁善感，她长相淑雅，是位美丽的古典型大家闺秀。安醴出生于光绪二十一年（1895）冬，1927年因病去世，年仅32岁，她也成了陈家八兄妹中寿命最短的一个。

此次陈三立顺利地到达了庐山，实现了自己早年归隐于匡庐的夙愿，多年郁闷的心境不禁宽怀了许多，遂赋诗以纪，陈隆恪也作《十月二十一日，侍大人自沪入牯岭新居谨步原韵》与父唱和。陈隆恪这首诗是他入庐山后所作的第一首诗。

1930年，陈隆恪也仿照三舅俞明颐的做法，在庐山牯岭万松林附近购得一处西式别墅，以供家中老少来山疗养。陈隆恪在庐山的购房费用，一是陈家卖南京散原精舍的钱，一是江西省补给陈寅恪官费留德的费用。散原老人还为别墅取名"松林别墅"，又曰"松门别墅"，并在此度过了数年的时光。

陈家在庐山安家后，与也在庐山居住的云南大姚籍人李一平先生结下了深厚的友谊。当时，李一平正在山上开办存古学堂。此外，到庐山的各界名人特别是文人学士，在得知三立老人到庐山时，也都慕名来拜。是时，有"三造共和"之誉的段祺瑞也来庐山消夏，好事者便将段祺瑞与陈三立并称，誉为"庐山二老"。由此足见三立老人在当时的雅望之隆。

1930年夏，陈隆恪被任为九江税局主任；翌年五月，再改任为江西省财政厅秘书、科长。

1932年夏，陈登恪与贺黔云结为夫妇。贺黔云系陈隆恪的连襟贺鹏武之堂妹。陈、贺二人的婚礼仪式也在庐山的"松门别墅"举行。是年九月二十一日，值三立老人80华诞，在此之前，陈家兄弟姊妹及亲朋好友都纷纷从四面八方赶到庐山前来拜贺。这些活动也都由陈隆恪、喻徽夫妇一手操办。

翌年秋天,陈寅恪遣侄子封怀来庐山接父亲北上。陈三立依依不舍地离开了生活数年的庐山,在隆恪、封怀叔侄的陪同下乘舟东下。到南京后,陈家祖孙三代俱住在城北南禅师庵7号的俞大维家中。月余过后,陈封怀陪同三立老人前往北平,陈隆恪则携家人重返庐山。

1934年秋,陈隆恪携家人前往北平探望父亲,并在此住了一年零八个月。此时,三立老人希望他能待在自己身边,随时照拂。但是由于北平形势发生了急剧变化,陈隆恪担心在北平的亲日同学让他出任伪职,遂于1936年端午节后悄然南下。回到牯岭后,恰逢好友吴健陶来信相邀,请他赴粤担任粤桂闽黔统税局全权顾问,于是前往广州履任。原本以为此次任职只是短期,但直到翌年夏初四月时他才辞掉职务。

1937年夏,陈隆恪接到父亲病危的电报,于是急忙赶赴北平。此时,铁路也因战火陡起而不能通行,故只能沿水路经南京、上海前往北平。待行至上海时,正好与弟弟方恪相见,方知父亲业已亡故,兄弟俩不禁大恸。

不想,陈家兄弟所乘的英国商船行至塘沽港时,日本人借口船上发生时疫而将船扣留20余天。等到兄弟二人到了北平家中时,三立老人已经去世一月有余了。

在三立老人丧事"七七"过后,时值日伪活动猖獗之时,为防备敌伪拉拢,陈家兄弟在商量之后,皆悄然收拾行装,各奔前程。即便如此,当陈隆恪、陈登恪兄弟行至上海时,仍遭到了陈隆恪旧时留日同学陈群的拉拢。陈家兄弟拒为日本人做事,遂趁夜乘车离沪,间道赶回庐山。

1937年年底,由于日寇相继攻陷上海、南京等地,继又沿江而上,九江危在旦夕,陈隆恪便携家人下山,到江西萍乡的岳父家中避难。不想,他这一避就是5年。

陈隆恪到岳父家时,喻家儿女们也都纷纷从外地回到了家中,整个喻家大家庭多达二十余口,好在喻家住房宽敞,亲戚们也都是通情达理之人,故相处颇为和谐融洽。

此后,陈隆恪便在岳父的"松荫书屋"中长住下来,其间与岳父朝夕相处,切磋学问,诗酒唱和,间或以琴书诗文自娱。

1942年秋,为减轻岳父一家的生活负担,陈隆恪离开萍乡,前往战时的江西政府临时驻地泰和,任省财政厅专员,结束了他长达5年的乡居生活。翌年正月,时任江西省民政厅长的李中襄,以及修水同乡呈请国民政府表彰三立老人的爱国气节,遂请陈隆恪撰写三立老人的生平事略。陈隆恪辞谢不成,只得致信当时主持江西通志馆的好友吴宗慈,并请吴先生为其父撰写。吴宗慈早年曾供职于国民政府国史馆,又受知于散原老人,他在抗战前居住庐山期间还时向三立老人请益,又在陈三立提出重撰《庐山志》后担任主编一职,全面抗战爆发后才回乡主持省通志馆。陈隆恪在信中写道:

岭南一别,忽逾六稔,去岁即闻执事亦返省,主修省志,至为欣慰,以远还时乘,未获承教。弟月前自萍乡来泰和,而公又他徙,怅惘何极!先君弃养后,此间当局同乡,多欲吁请中央明令褒扬,弟曾委婉辞谢;近日李君立候等,复以此事相商,辞意坚恳,并索先君事略,以备呈词,挚情高谊,欲却不能,惟有感衔而已。伏念先君一生,不求闻达,仅以文章气节,韬晦横流,既无功于民国,自无凭借恩予表彰,又不能妄加事迹,诬渎先灵。故弟终日彷徨,于先君事略,不敢措辞,今拟恳公权衡斟酌,撰一节略,迅予赐寄。此外,尊处如收辑关于先君记载传述等,亦乞钞示。

接到陈隆恪的来信后,吴宗慈开始撰写《陈散原传略》,其后还多次与著名植物学家、时任国立中正大学校长的胡先骕多次商议,是文定稿后于1947年发表在《国史馆刊》创刊号上。

陈隆恪任江西省财政厅专员后不久改任科长,继而到兴业公司任事。到泰和一年半时,侵华日军又骚扰到了赣西,陈隆恪只得携家人随从省府机关避往偏僻的兴国,同行的还有侄子封怀一家四口人。

刚到兴国仅约半年,寇警又频然而至,陈隆恪遂又于1945年6月举家迁往更为偏僻的宁都。对于这一连串的逃难经历,陈隆恪后来还诉诸诗中,并在《六月日寇窜逼兴国仓促携家人避之宁都》一诗。

尽管陈隆恪一家在战时逃亡中接二连三地迁徙流离,但抗战胜利的曙光却越来越近了。就在陈隆恪将家迁到宁都后一个月时,忽然传来了日军投降的消息,中国人终于迎来了胜利喜讯。兴奋之余,陈隆恪挥笔大书《八月十日闻日本乞降喜赋》一诗。

抗战胜利后,陈隆恪携家人回到了省府南昌。1946年端午节前夕,陈隆恪携家人重又回到了庐山。是年秋,陈隆恪携家人从庐山牯岭沿江东下,前往南京与兄弟和亲友们团聚。

陈隆恪携家人抵达南京时,陈寅恪在此之前即因治疗眼疾从美国回到了南京,住于城北萨家湾南祖师庵7号的俞大维、陈新午夫妇家中。不久,陈方恪、陈登恪与妹妹康晦也先后到来,陈家六兄弟姊妹在战乱后的南京重聚,畅谈别后情景,无不悲欣交集,感慨万端,并与俞大维的母亲曾广珊夫人等合影留念,以纪其事。

是年冬初,陈隆恪从南京回到庐山后,即被任命为江西省邮政储金汇业局副经理,旧历年过后正式履任。到南昌任上以后,他常与时在南昌的程学恂、熊冰、王易、吴天声、宗远崖、熊柏畦等新知旧雨雅集唱和,并于1947年3月结一诗社,借"饭碗不全"之意,为诗社取名"宛社",他还被推为社长。

1948年端阳节过后,在俞大维、俞大纲兄弟的帮助下,陈三立的遗骸从北平运至杭州。此后,陈隆恪携妻女与兄弟姐妹们齐聚于西湖九溪十八涧牌坊山,终于使老人入土为安。

是年秋冬之际,时在南昌的陈隆恪,奉命到南京担任邮政总局秘书。临行之前,陈隆恪携家人前往南昌西郊的靖庐,祭祀祖父母。此次祭祀,也是陈家兄弟在新中国成立前的最后一次扫墓,也是陈隆恪生命中的最后一次赴南昌西山祭扫。当时,陈隆恪还赋有《重九日殊明,携家人陪往青山展墓,归途饮程翁家,纪之以诗》。

陈隆恪携家人到达南京后,暂住于俞大维南京城北南祖师庵7号的公馆。此时,正值战起,形势剧变,国民政府基于形势严峻,故将邮政总局从南京迁往上海,而刚到南京的陈隆恪只得再次携家人转赴上海。此后,陈隆恪一家就再也未离开过上海,直到他们夫妇去世。

解放军渡江前夕,陈隆恪所在的邮汇总局迁往台湾,陈隆恪考虑到寅恪、方恪、登恪等几个兄弟均拟留于大陆,遂辞掉了妹夫俞大维捎来的4

张机票,在上海常住下来。此时,因为俞大维、陈新午夫妇一家赴台定居,妹妹陈康晦不愿远离大陆,遂留下与陈隆恪一家同住。

上海解放时,陈隆恪与邮汇总局的留守人员一道,暗中保护金库一直到邮汇总局被新政府接管。上海解放后,陈隆恪参加了政府举办的3个月培训,之后被分配到北京的人民银行任职。但陈隆恪考虑到自己与夫人年纪已大,又都有病在身,更不想再经历迁徙之苦,故未响应分配,而女儿小从则在徐悲鸿、李一平等人的帮助下,赴京进入中央美术学院就读,此事倒使在家中待业的陈隆恪与夫人宽怀了不少。

1951年,赋闲在家的陈隆恪经好友齐燕铭、李一平等人之荐,被上海市文物管理委员会聘为顾问,不坐班,月薪90元,直到去世,他的弟弟陈方恪也因郑振铎等人之荐,到南京图书馆工作。在此前后,陈隆恪常与汪辟疆、陈病树、尹石公、冒鹤亭、吴健陶、李拔可、李宣倜、吴眉孙、苏渊雷、瞿兑之、赵剑秋、李佩秋、宋小波等诗友流连唱和,创作颇丰,故在生命的最后几年中,生活过得也算平和顺当。

1956年1月4日(农历乙未年十一月二十二日)凌晨,陈隆恪因膀胱癌逝于沪上寓所,享年68岁。

1956年6月2日(农历四月二十四日),陈隆恪的夫人喻徽也因乳腺癌逝于上海寓所,享年65岁。据其爱女小从回忆,其母俞氏出身于书香官宦之家,生前也喜作诗,并与夫君多有唱和之作,尝著诗稿一册,惜于战乱中散佚不存。

1956年10月,陈隆恪、喻徽夫妇同葬于杭州九溪十八涧景区的杨梅岭,与相距不远的父母和长兄墓茔相对遥望。

陈隆恪一生遭逢动乱,多受迁徙之苦,总想从艰难动乱的生活中觅得心灵的宁静,故在晚年时皈依三宝。他与夫人喻徽仅育一女,谱名封玖,学名小从,生于1923年。早年,因为战乱,陈小从随父母流离四方,1950年才在徐悲鸿、李一平等人的帮助下进入中央美术学院就读,毕业后分配到上海一家公司工作,后调到武汉。退休后,陈小从继承父志,潜心文史,并将精力转向收集和整理陈氏家族史料等事,还撰写了不少关于陈氏家族的回忆文章,同时还撰写并出版了《图说义宁陈氏》等书,颇受读者欢迎。

二、陈隆恪诗歌简评

陈隆恪的生平事略，前面已有所叙，此不赘述。关于他的个人传记，目前尚未见到。其生平事迹则散见于蒋天枢的《〈同照阁诗钞〉前言》、俞启崇的《〈同照阁诗钞〉题记》、陈小从的《〈同照阁诗钞〉编后记》及《诗话汇编》《本事摭拾》等。

作为诗人的陈隆恪，相对其兄弟来说，他的一生显得有些平淡，在战乱的岁月里，尽管他多次流离他乡，工作多变，但还是为世人留下千余首诗歌作品，如此数目可观，质量上乘，让人不得不刮目相看。20世纪80年代初，陈小从得悉陈寅恪的门生蒋天枢正在撰写《陈寅恪先生编年事辑》一书，于是就将其父的诗作遗稿选录后寄给蒋先生。蒋先生后来择取其中的十余首编入《陈寅恪先生编年事辑》，这可能是陈隆恪的诗作首次在世人面前大量呈现。

1984年4月，经蒋天枢等先生推荐，香港里仁书局出版了由陈小从选编的《同照阁诗钞》一书，这是陈隆恪诗歌作品第一次以诗集的形式正式出版。

2005年夏初，陈小从又携父亲的诗文作品从武汉赴粤，前往广州并请张求会先生再予整理。2007年4月，经张求会先生精心整理后，陈隆恪的诗集以《同照阁诗集》为名由中华书局出版。新出版的这部诗集共分15卷，集后另有附录数则，称得上是陈隆恪目前最为完备的诗歌集成。

晚清以降，义宁陈氏以诗文享誉天下，世代相传，影响甚巨。清末至民国年间的大诗人陈衍在《石遗室诗话》卷二十中写道："散原诸子多能文辞，余赠师曾诗所谓'诗是吾家事，因君父子吟'者也。"对于诗歌，陈宝箴、陈三立父子自不待言；陈三立的诸子，也都能承其家学，克绍箕裘，除精擅诗歌之外，他们在学术上也还都有自己的专攻。概括地说，陈衡恪以书画及美术胜，陈寅恪以史学胜，陈方恪以词曲及目录版本学胜，陈登恪以文学史论胜，独陈隆恪以诗歌胜，得享诗人之誉。

今人咏馨楼主，在网上对陈氏父子的诗歌也有不少评述，并分别以

"天剑星立地太岁阮小二""天罪星短命二郎阮小五""天败星活阎罗阮小七",分别喻陈隆恪、陈寅恪和陈方恪兄弟。而对于陈隆恪的诗作,今人胡迎建在其《民国旧体诗史稿》一书中,则又做如下之评:

  陈三立诸子均能诗,然最逼肖其父风的为次子陈隆恪。……有《同照阁诗钞》,具宋诗面目,峭丽雅炼,而意理气格稍逊其父,没有那种沉郁之气,诗风清淡,且世乱时艰的现实在其诗中反映不多。

  与兄陈衡恪和弟陈寅恪、陈方恪、陈登恪相比,陈隆恪学诗起步较晚,却有大成,且遗珠不菲。1930年,陈隆恪在庐山从一挪威巨商手中购得别墅一幢,父亲散原老人名之曰"松门别墅"。同时,陈隆恪还将二楼中的一室辟为自己的书斋,并名之曰"同照阁"。关于"同照阁"的由来,其女陈小从在《〈同照阁诗钞〉编后记》中曾述略曰:"'同照阁'者,匡山故庐'松门别墅'中的一亭阁。阁三面轩窗,日辉月映,晶莹敞亮,故名之曰'同照',为先君与家人侍杖起居之所。先君常燕坐吟啸其间,听松涛,观云海,送夕阳,迎素月,顾盼俯仰,怡然自乐,尘襟涤而遐想生,情景融而歌咏成,此殆'同照阁'所以答主人之眷爱者欤!先君九原有知,得悉以'同照阁'名其诗集,谅亦为之欣然也。"

  关于陈隆恪的诗作,近人汪辟疆所作的《光宣诗坛点将录》、钱仲联所作的《近百年诗坛点将录》中皆有选入,并予以很高的评价。

第二节 风流词客陈方恪

  陈方恪,字彦通,因排行第七故人称其为"陈老七",号鸾陂居士,系陈宝箴之孙,陈三立之第四子。他出身于官宦书香门第,幼承家学,倜傥多才,精娴诗词,在词坛上独占风流,甚得名家称誉,尤为其父三立老人所看好,称其是诸子中最有诗词灵性且诗词作得最好的一个。

  清光绪十七年十一月初五(1891年12月5日),陈方恪出生于湖北布政使衙署。此时,正是其祖父陈宝箴上任湖北按察使(并署理布政使)

不久;其父陈三立因得两湖总督张之洞激赏,被延聘为两湖书院都讲;其母为湖南知府俞文葆之女俞明诗。

关于陈方恪,熟知义宁陈氏家族掌故的人都知道,说他的前身为"峨眉老僧",这一传说来自于与陈家素有交厚的三湘诗僧黄敬安。黄敬安在他的《赠陈吏部第五郎七截五章并序》中,还隐约讲出了陈方恪为"峨眉老僧转世"的一段缘由。兹录其诗并序如下:

吏部五郎为长沙上林寺慧舲老宿后身。吏部尊人佑民中丞任鄂臬时,一日于衙斋见老宿忽至,转瞬已渺。正惊讶间,仆妇报少夫人产一男,合掌趺跌,端坐出胎。随函问湘中道俗,则是儿生辰即老宿寂日。老宿行脚时,曾住峨眉金顶,有《看佛灯》长歌一首,后为成都草堂知客。同治初,《别工部祠堂还湘》句云:"锦水春风公入蜀,草堂人日我还湘。"杨海琴兵备赠老宿有"雪天归自大峨来"之语。老宿平日持不杀戒甚严,雪中宿玉池山,曾驱一狐陷冰池死,常语人曰:"此狐与我有七世冤结,今又毙其命,当入轮回与之解释。"老宿与余师东老人为法门莫逆,常指余谓众僧曰:"此子骨相不凡,后当大建法幢,惜吾老不及见耳。"庚戌秋,余来白下,问吏部,则五郎年已十七,访余于毗卢寺,一见如故。其言简气肃,酷肖老宿。追忆前尘,竟成后会,佛说因缘,谛信不疑。因为五绝句赠之。

此身未得证菩提,罗汉投胎性亦迷。
后果前因谁省识?天人坠作落花泥。

前身汝是慧舲师,来作陈家第六儿。
记否峨眉金顶夜,长看五色佛灯垂?

浣花溪上旧徘徊,工部祠荒长绿苔。
锦水春风留不住,草堂人日却归来。

霜眉鹤发上林僧,一点尘心动未曾。
底事云间成小谪,驱狐陷落玉池冰。

慧业灵根不等闲，要留真面在人间。

待君了却君亲事，许与梅花共一山。

以黄敬安之观点，陈方恪既为"峨眉老僧"转世，则必有过于常人的"慧根"。而陈方恪一生所作所为，也自有他的过人之处。不过，在诗坛领袖陈三立的眼中，方恪最有"慧根"，赋诗作词也最具灵性，故他一直将方恪留在身边，就连方恪短时想出洋"转上一遭""玩玩看看"，老人也未准允。所以，陈方恪也就成了陈家同胞兄弟包括堂兄弟当中唯一没有走出国门的一个。但由于种种原因，陈方恪在新中国成立后却一直不为人晓知，许多研究民国文学的人对他忌讳莫深，就连专门研究民国诗词的专家对他也都避而不谈。总之，陈方恪是一个"谜"。但随着时间的推移，这个"谜"也终将被人解开。

对于陈方恪，陈小从在《图说义宁陈氏》中对她的这位"七叔"曾做有如下描述：

七叔不同他的三位兄长及一位老弟之处，是昆季之中唯独他一人留守家园，从未漂洋过海，但是七叔成名却要比兄弟早得多。青年时代的陈七少爷，以其敏捷华藻之文采、潇洒倜傥之仪表，加上辩才无碍的语言艺术，周旋于诗坛文苑耆宿之座，深获推奖延誉，就连《石遗室诗话》也对七叔的诗词称赏有加。

…………

七叔一生的经历颇不寻常：早岁浮沉宦海；中年开始即安贫陋巷；晚年虽说成了"徜徉在新社会的旧贵族"，却意外地"打了个三翻"，在高层人物的连连关照下，桑榆暮景堪称"难得"。不过无论处境如何，七叔坦荡旷达之襟抱却始终如一。尤其是经过了数十年岁月的磨炼，晚年的七叔特别珍惜知遇之恩。也正是基于此，他才一改名士习气，运用蕴藏丰富的文史知识，主动投入有关工作，因而备受推崇与敬重。

从陈小从的这番叙述中，不难看出陈方恪一生的"端倪"。陈方恪不但工诗精词,而且还擅长目录学,对书法也颇有一手。人称其书法酷似清朝大家翁方纲。据称,陈散原的应酬之作多出自于方恪之手,仅有少量出自于陈隆恪之手。当年的《青鹤》杂志曾刊有陈彦通所著的《婴筇楼谈荟》一书,此书后来似未见再版。其作尚有《鸢陂草堂诗词》,其中有陈方恪的《题王伯沆〈孤雁图〉》一词。词曰:

西风渐紧,对暮天杳霭,云意低暝。倦羽催归,迢递烟程,凄凉说与秋景。寒山占断相思路,盼不到书题斜整。怅玉楼缥缈香深,合是酒消人醒。还忆长门影暗,怨啼似诉语,封泪鸳枕。渭水波声,几点清晖,换了唐宫金镜。苍茫别下汀洲去,任瑟瑟秋江淘尽。更那知梦稳霜葭,自有寒心难省。

陈方恪"喜读阳春白雪、花间、草堂诸集,尤笃李氏二主,辄默诵于口"。另作有《鹧鸪天·寿林有道六十》一词。词云:

袖手长安罢弈棋,归来人海好须眉;赐书亲沫教儿读,家酿初斟待客携。呼鹤子,抗皇羲,荡胸云壑养清机,他年下溉秋粳熟,笑博新词换五噫。

从上面这两首词中,陈方恪的才情略见一斑。

光绪二十三年(1897)春,陈衡恪、陈隆恪、陈寅恪和陈覃恪在长沙城内合影留念;光绪二十五年(1899)冬,陈宝箴率陈方恪等孙子辈在南昌合影留念。这些新生事物在陈方恪幼小的心灵上留下很深的印记。

陈方恪10岁那年,祖父陈宝箴猝亡,父亲带着方恪的兄弟们回南昌奔丧,并将老人葬于南昌西山。祖父母墓旁侧尚有小山曰"鸢冈",此地四周环水,当地人谓之"鸢陂"。年幼的陈方恪记下了这个令他难忘的地方,他后来还以鸢陂为号,并作有《鸢陂草堂小记》《鸢陂词》等。

光绪二十七年(1901),父亲陈三立在家创办家塾,聘王景沂、王伯沆、陶宾南为家师,并与诸师相约:不体罚,不背书,男女同学,一视同仁。

陈方恪与兄弟姊妹们一道进入新学堂读书。

光绪二十九年(1903)夏初,陈三立在所居的刘世珩别墅的家塾基础上,又借庐江会馆的房舍,创办思益小学堂,是为南京最早的新式小学,方恪得入思益小学读书。

在思益小学除了读经以外,还要学习历史、地理、算学、格致、体操、音乐、图画等课。

陈方恪既学诗词,对音乐也情有独钟。南京的散原精舍中收藏有古琴数张,其中有唐、宋古琴各一,潞王琴三,其母俞夫人擅琴,故陈方恪也时常与诸妹从母习琴。

光绪三十二年(1906)夏,陈三立带方恪与陈锐、夏敬观等前辈赴南京北湖赏荷。看到父亲与长辈们在那里兴高采烈地谈词赋诗,方恪也悄悄地填了一阕《水龙吟·北湖田氏水阁咏白荷》。其词如下:

紫骝遍芳洲,旧家帘幕深深地。玉奴今夜,眠香正稳,瑶簪初试。骤雨方过,轻云暗染,顿添清致。怅翩然一舸,题红讯香,相思意,谁堪寄。

犹忆琅玕独倚,对西风,若有离思。翠腕欹凉,冰颐搁泪,素娥扶起。鱼澹波荒,梦魂不到,寒衣空委,怕明朝,碎尽芳心,分付断桥流水。

诸老对方恪所作的这首词颇感惊讶。陈锐许为"天赋词心,有少游神致"。后来,陈方恪在《殢香馆词草(甲)序》中还写道:"时卜居金陵,有园亭之致。每春秋花月临风低徊而天人清感,今古冥愁殆将不胜亦不喻,其所从也。偶效涂抹已多苦语,然秘不敢示人。时犹及承平,国家无故,大人好客,门多长者车辙。如番禺梁节庵、萍乡文道希、武陵陈伯弢诸丈时在宾榻。先伯兄师曾亦喜倚声,尝从伯弢、映庵丈相唱和。一日游湖赏荷,分韵为词,亦继作。弢丈大惊,诩为天赋词心,有少游神致,是予为词之始。"

在长辈们的鼓励下,陈方恪作诗填词的兴致大为提高。自此,他时常"向梁节庵、沈子培、樊樊山、朱古微、况夔生诸老请益",也"向康南海、郑叔问等词家求教",写诗填词技艺突飞猛进。

光绪三十三年(1907),陈方恪赴上海入徐家汇教会所办的震旦学院读书,并随父执、大学问家马相伯学习法文和拉丁文。翌年春,福建诗人陈衍根据海内诗坛评述,在北京排出"诗人榜":第一名空缺,郑孝胥和陈散原、陈宝琛分列第二、第三、第四名,诗坛将他们三人视为"同光体"诗派的领军人物。民国后,同光诗派遭到了以柳亚子为主的南社诗人的围攻,柳亚子于1912年2月27日在《民声日报》上发文,指名道姓地痛斥郑孝胥、陈三立等同光体诗人。逮至1916年,南社又爆发了尊唐还是尊宋之争,并波及陈三立、郑孝胥二位诗人,南社柳亚子还将陈、郑等人比作明末清初之钱谦益、吴伟业,有尊宋即是复辟之断言。此是后事。

宣统二年(1910)夏,陈方恪在上海震旦学院毕业,回宁随侍父母,以尽孝道。其母俞明诗病久,方恪作《说病词》一册,兄嫂之弟汪东先生为之题写集名并阅评圈点,方恪后来还将该集寄予思益小学同学、时居上海的周叔弢等人,多得好评。

翌年辛亥年(1911)10月10日,武昌新军起义。不久,驻守南京的新军第九镇在统制徐绍桢的率领下反攻南京,失败后又组织江浙联军光复南京。此前,由于突遭战事,三立老人恐危及家人,遂携家人匆忙出走上海。

1912年,民国肇始,陈三立在上海与李瑞清等诸老常在虹口的"章东明"和"王宝和"等酒肆宴饮,方恪也时侍于侧,参加遗老和诗人的雅集。当时,风华正茂、才华横溢的陈方恪,周旋于公卿之间,在游宴之乐中誉满沪上,沈子培、郑孝胥、樊增祥、陈仁先诸遗老都对他的华美诗词多有称评。著名学者兼诗人李审言曾称:"才子师曾、彦通,如太邱之有元方、季方,羔雁相属。"这年春,陈方恪在沪时赋有《浪淘沙·壬子海上王子展丈出示近作落叶词和爰填小令奉答》一词。

是年,陈方恪应狄葆贤之邀,在上海任《时报》编辑。其间,他与濮一乘一道协助毕倚虹办副刊《小时报》专栏。该栏目的诗词、小评论、小新闻,庄雅杂陈,雅俗共赏,颇受沪上读者欢迎。在狄葆贤、狄葆丰兄弟以及叶恭绰等人的带领下,年轻好玩的陈方恪时常随包天笑、濮一乘、贾碧云等人常走章台。对此,包天笑后来在《钏影楼回忆录》中就写道:"陈彦通最为活跃,以世家子弟风流文才,又好冶游。""因《小说月报》征求照片而猎艳,又以陈七公子浪漫作风,民影照相馆莺莺燕燕,亦成珠香玉笑之场。据史量才云:陈散原闻此情形抱怨狄楚青,说把他儿子老七引坏了。"

在《时报》期间,陈方恪所作的《洪都曲赋》广为流传,在沪上文人圈子里更是名噪一时。

当时,陈方恪因报界同事包天笑、陈佩忍、朱少屏、邓秋枚、郑逸梅、胡寄尘、高天梅、蔡哲夫等,皆是南社成员,故常与他们一起参加南社在上海的雅集。在参加这些活动时,有两件事情给陈方恪后来的生活留下了阴影:一是在上海随狄平子、狄南士等名士的交往中,沾染上了阿芙蓉癖,一生为其所累;二是随报界同人拜过洪帮老头子,且辈分较高。

由于陈三立担心报社那些"帮闲"带坏儿子,遂决计让方恪辞去报社职务。1914年,经梁启超引荐,陈方恪任中华书局杂志部主任。此后,他还在印书馆及《民立报》及《时事新报》做过编辑。是年夏初,陈方恪与周星誉①诸子游览扬州古城,与周氏兄弟各赋有词,方恪赋《春从天上来·海棠花下作》一词。

1915年春,陈三立见时局大定,于是携家人从上海迁回南京,陈方恪则随病中的母亲仍在上海塘山路的俞宅疗养。到了是年秋天,他才陪同母亲一起回到南京。

是年秋,在一个偶然的机会,陈方恪结识龙女士并与之私下同居。由于家人强烈反对,龙女士不能进入家门,故陈方恪与龙女士只得在外赁房别居。后经俞夫人及亲友说项,龙女士才勉强为陈家所纳,但她也只能以如夫人身份住在南京家中。

11月初,陈方恪到苏州小住,其间常与莫棠、汪钟霖、金天翮、费树蔚等文坛名流唱和,吴门文人遂给他送上了"彦老七"的雅号。

1916年4月,陈方恪由梁启超介绍,赴北京任北洋政府财政部盐务署秘书。8月,梁启超因助段祺瑞"再造共和"有功而被任命为财政总长,陈方恪仍以财政部盐务署秘书身份,兼任梁启超主办的《大中华》杂志编

---

① 周星誉(1826—1884),字叔芸,号鸥堂,道光三十年进士,历官翰林院编修、御史、两广盐运使等职,工诗善画。

辑,并于是年10月在该杂志上发表了所创作的四首诗词:《楼居风雨有作》《三姝媚·崇孝寺牡丹》《疏影·题伯沆师〈孤雁图〉》《浣溪沙·早春作》,颇受好评。

此外,陈方恪所作的《翠楼吟·癭公丈为程郎艳秋索词即赋题其小影》也颇为人称道。词曰:

怨粉阑珊,沉熏撩乱,相逢碧桃花底。楚衣香未减,浸秋剪、双瞳如水。瑶华持比。坐迓月梧帘,红牙亲记。东篱地,淡情刚称,冷香名字。

漫喜,艳冶销磨,趁凤城丝管,费春弹泪。沈郎应瘦损,忍重对、流莺身世。琼浆初试,便慧业愁根,一时都洗。金尊外,媵人无奈,绕梁尘坠。

上面这首词是陈方恪为程艳秋所填的,程艳秋本与陈方恪不熟,故他让北京文坛名宿罗癭公代为请题。

是年10月17日(九月二十一日),陈家在南京的散原精舍庆贺陈三立64岁寿辰,全家人还在俞园合影留念,陈方恪也偕龙女士回宁拜寿。不久,龙女士因陈家"对其没有好颜色,加之对独自一人的冷清环境不适应",遂不告而别,与陈方恪分道扬镳。

11月14日(十月十九日),陈方恪陪同父亲赴上海,郑孝胥、李拔可、夏敬观、朱古微、俞明颐等人在古渝轩为陈家父子设宴接风。

1917年,陈方恪回南京过旧历新年,并赋有《南旋旬日中庭栏已多春意作此却寄穆庵仁兄切希正和》一诗。

春节过后,陈方恪再赴上海,并来往于南京、上海、北京、苏州之间,复又优游于遗老名宿之林,日子过得可谓红红火火。消息传到北京,其兄陈隆恪曾赋《得七弟沪上书,谓移居舅氏家,夜闻风叶振撼声,颇发悲感云云,因戏答二首》寄弟。他在诗中既以"闭门文起凤"夸奖弟弟的才华,又以"应知色相虚"对弟弟玩世之风予以规谏。

1919年4月,梅兰芳率剧团赴日本演出,陈方恪作《风中柳·题缀玉轩话别图即送畹华赴日本》一诗相赠。

1920年春,陈方恪被任命为张作霖督军府的秘书,不久即辞职回宁。

是年秋,经总统徐世昌及徐又铮等人介绍,陈方恪前往南昌,投奔江西督军陈光远,先后担任督军公署副秘书长、景德镇税务局局长、江西省立图书馆馆长及田亩丈量局、厘金局、小池口统税局、二套口统税局局长等职。

当时,继陈光远任江西督军及省长的是蔡成勋,此人原系北洋政府陆军总长,后因失意而被放任江西接替陈光远的督军一职。蔡成勋到任后,对陈方恪也较中意。江西省府批准地方士绅许殿爵等人的"办理官荒,开设花捐"的条陈,以推行省政之名,出卖官荒土地以大敛其财,并成立"田亩丈量局"的专门机构,会同各地调查已垦土地和未垦的官属荒地,分等级出售,官价规定:膏腴之地每亩6元,一般地每亩4元;夹沙土地每亩2元。所以,陈方恪在任职丈量局时,也就执行这一措施。

1921年,陈方恪在一次到上海时与孔紫萸相识,此后便交往密切。

1923年8月11日(六月二十九日),俞明诗病逝于南京的散原精舍,时年仅59岁。陈方恪代拟《谢母丧小启》云:

谨肃者:猥以先母之丧,辱承宠唁。荷缣帛之遥颁,祗萦哀悚。抚梧槚而益怆,敢忘隆施;恭维教孝垂形,阐幽蕴德。范大夫耆舟之谊,卓媲高纵;徐孺子鸟束之将,远追盛轨。领言矜恻,感动殁存;厄运奋遭,闵凶屡遘。甫释鸰原之痛,复增鸟哺之悲。回思灯影机声,永隔春晖于泉怀;深感素车白马,难铭高义于云天。肃谢稽迟,尤深所疚。永切台绥,伏维垂鉴。

9月17日(八月初七),陈衡恪因为母亲治丧所累,染上伤寒后又被庸医误诊,竟一病不治,卒于南京家中,时年仅48岁。

早在是年8月,东方学会在上海成立,陈三立与王国维、罗振玉、郑孝胥、辜鸿铭、王秉恩等20人被列为发起人。但自夫人和长子去世之后,三立老人不胜哀痛,以致体弱不能支,远在杭州的陈仁先来宁时见此情形,力劝他赴杭州疗养。陈方恪乃与兄隆恪相商,留隆恪与安醴在南京守护双灵,方恪则与康晦、新午一道,将老人送至西湖养病,并在西湖南屏山下太子湾旁的顾氏旧庄安居下来。11月,陈隆恪、陈方恪、陈安醴、南晓楚、罗棣生、陈小文等护送俞夫人和陈衡恪之灵柩从水路抵杭州，将灵柩暂厝于顾氏山庄附近南屏山下的净慈寺内，等候卜葬。

1924年春天，赣南镇守使方本仁仰仗手中有兵数万，遂生觊觎江西督军之心，于是率军北上，进逼南昌，向督军蔡成钧发难，陈方恪见江西情势危急，只得离开南昌，并带数年积蓄从九江径往上海。

重回上海后，陈方恪的生活极其奢侈豪华。对于他当时的荒唐生活，著名掌故文史专家、"补白大王"郑逸梅曾有如下之说：

回到十里洋场，先生如鱼得水。生活铺张，挥金如土，张灯开宴、偎红听曲，奢靡非同一般，是四马路上书院、花楼的常客，冶游中结识沪上名校书花雪南。该女喜侣文士，初为叶遐庵物色得之，与先生一见钟情，叮嘱臂盟，相携北上，同居津沽，被称为"麽二大王"。不久，钱财散尽，两人情缘亦绝。分手后，先生独自一人返回上海。

不久，陈方恪与情侣孔紫萸握手言欢，重归旧好，二人前往南京，尽管家人反对，却又无可奈何。

是年夏天，三立老人实不忍再居于使其丧妻失子的南京，遂将散原精舍出售，并让儿子方恪将室中多年珍藏的千余箱图书运至苏州出售。陈方恪于是偕孔紫萸、陈小文、黄觉明等，在苏州观前街附近的柳巷租房住下，又在闹市区的护龙街开了一家"含光阁"书肆，由表舅黄觉明负责门市管理。曾任上海市立图书馆馆长的周连宽，新中国成立后在中山大学任教授，是陈寅恪的同事，当年曾经常出入于"含光阁"，故对这家书肆的经营情况多有了解，后来在他的《书林谈屑》中写道："书肆在文艺书局旁，店中陈列旧藏图书千余箱，琳琅满目，缥帙之富，为一时之甲。惟彦通出生望族，雅好儒素，不谙商情，店务悉交一伙计主持，对书籍版本，完全外行，开业未久，其中善本尽为沪估辇去，不数年间即行歇业。"潘益民、潘蕤在《陈方恪年谱》中又写道："军阀杜锡珪也指使部下巧取豪夺，以致书店无法正常营业。"由于书店经营不善，再加上一些当政者的巧取豪夺，遂导致陈家这些珍贵的书籍很快告罄。两年后，雄心勃勃的陈寅恪学成归国,因他素知家中藏书甚丰,且多为珍善之本,但当回到上海得知家中藏书全被弟弟卖光时,不禁大为气恼,故终其一生都对这位弟弟抱有成见,往来不多。

陈方恪二十六岁留影

1925年8月,江西籍学者兼诗人汪辟疆所作的《光宣诗坛点将录》在章士钊主编的《甲寅周刊》上连载,对当时诗坛名家逐做点评,称陈三立、郑孝胥、陈衍俱为诗坛圣手,评价颇高;陈三立诸子衡恪、方恪也均在被点评诗人之列,并称方恪为《水浒传》中的"地进星出洞蛟童威"。

是年秋天,陈方恪为母卜葬,并作《为先母卜兆域至临安法华山中夜宿蓝若》一诗。诗曰:

  荒山独夜自惊神,鼠落鸱腾籁屋尘。
  灯影扑床疑有魇,松涛如海欲沉身。
  免怀顾复承家日,换却艰难拜墓人。
  明日出门愁雨脚,麻鞋茧足仰苍旻。

老诗人陈衍认为,陈方恪所作的这首怀念其母的悼亡诗,置其父《散原精舍诗》"崝庐之作"中,几不能辨,由此可见陈方恪的功力之深。

是年十月十八日(12月3日),陈家兄弟姊妹将母亲俞明诗和长兄陈衡恪安葬于杭州西湖九溪十八涧的牌坊山黄泥岭。是日,陈方恪作《遣怀诗七律》,因悲泣而未成,晚回寓所后又强打精神作《牌坊山述哀诗》。

是年,陈方恪将近年所作诗词及文章,汇集为《彦通词稿》和《吴市杂抄》各一册。

1926年夏初,陈方恪陪侍病中的父亲,不意也染病在身。病榻之上,他回思近些年来家中数遭变故,神思不靖,感慨系之,赋诗多首,集为《丙寅消夏录》。

1927年6月2日(农历五月初五),国学大师王国维自沉于北京昆明湖中。陈方恪闻之悲痛,并有题挽之作。是月,方恪又作有《古历丁卯夏五月恭逢三水梁太封翁保三先生重游泮水盛典敬献七律二章为颂》二首。

是年冬,陈方恪遵父命结束苏州售书之事,回沪侍服同居。其后,陈方恪多次参加上海、苏州等地的诗友聚会,并多有唱和之作。

1929年冬初,陈隆恪夫妇赴上海,迎养三立老人居庐山。之后,方恪将上海的赁室名为"婴荓楼"。是年,上海私立正风文科大学易名为正风文学院,曾任《小说月报》编辑的王蕴章被聘为该院院长,陈方恪与王氏来往频繁。当时,叶恭绰失意于官场,由北平南下卜居上海,两人也时相过从,谈诗论词,交往颇密。是年11月27日(农历十月二十七日),叶氏在上海觉林素菜馆还发起并成立"清词钞编纂处"会议,邀陈方恪、徐乃昌、董康、潘飞声、周庆云、夏敬观、刘翰怡、易大厂、黄孝纾、龙榆生等25位沪上名宿与会,方恪也将近年所作之词整理为《㼆香馆词草》,并分送陈曾寿、叶恭绰等人,陈曾寿还题曰:"慧业多生,身香不减,使逃禅人读之,更增惆怅耳。"

翌年10月,陈方恪与朱彊邨、夏敬观、黄孝纾、吴湖帆、叶恭绰、赵尊岳、陈祖壬、冒广生等人在上海发起词学团体组织——沤社,公推朱彊邨为社长,每月聚会一次。该社成立后,集会20余次,填词284阕,后编为《沤社词钞》一册,1933年在上海印行。

是年秋,陈方恪应唐文治①之聘,任无锡国学专修馆分校教授,主讲诗词等课,同时还在暨南大学、持志大学等校兼课。不久,陈方恪迁居于霞飞路葆仁里16号的一幢别墅,这里多是欧洲人、白俄人和韩国人所居,中国居民仅有3户,黄觉明、夏寅仁、孔紫萸和陈小文皆一同迁入其中,并在家中养哈巴狗5只,均为黑色,外出散步时一同牵出,颇为引人注目,照料爱犬之事由夏寅仁担任。

1931年秋,应王蕴章之邀,陈方恪到上海胶州路上的正风学院担任教授,主讲诗词韵文等课,教学之余尚写有《中国音韵学的变迁》等文,并与同在该校任教的姚明辉、蔡哲夫、王福庵、龙榆生等人诗酒唱和,交往密切。他的课颇受学生欢迎,当时的学生顾国华后来还回忆说:"先生虽弱不胜衣,但风度不凡,聊天时,偶出冷语最为有味。"翌年,陈方恪任正风学院教务长,又协助王蕴章之子王贞运,兼管正风中学的校务。

1932年1月28日,日军进攻上海,陈方恪冒险将在虹口区的亲属与朋友一同撤出到安全地带,罗棣生一家也迁入他的家中。

1932年10月20日(九月二十一日),三立老人在庐山举行80寿诞,全家人都到庐山祝贺。在此前后,徐悲鸿等在北京的文艺界人士集资,请著名雕塑家滑田友和江小鹣各塑一尊陈三立的雕像,以作纪念。

陈方恪在庐山为父祝寿期间,整理了来庐山以后所作的诗词,辑入《屯云馆行卷》一册,并将《和海宁王国维观堂长短句》小令23首另辑为《适屦集》一册,他还在序中写道:

刖足适屦,言非顺也。然庄生有谓忘足屦之适也,忘要带之适也,忘是非心之适也,则有几乎道矣。予于壬申九月末居匡庐,自秋涉冬,屡衍归轼。时迫岁暮,云雪荒荒,空山寂寥,伏处小楼,轧沕昏旦。每至深夜,狂飙撼屋,石落有声;一灯荧然,饥鼠出壁。彷徨偃啸,无复自聊。枕函适

---

① 唐文治(1865—1954),字颖侯,号蔚芝,晚号茹经,光绪壬辰年进士,曾任农工商部侍郎、尚书等职,民国后致力于教育,先后创办北京实业学堂、吴淞商船学校和无锡国学专修馆等,并担任上海高等实业学校监督长达14年,有《尚书大义》《诗经大义》《十三经提纲》《性理学大义》等著述遗世。

有彊村老人辑刻《观堂长短句》一卷,为海宁王君静安所著。喜其清丽有则,且为词仅二十三阕,率多小令平调,因尽取和之;不若长调有锵声揣韵之烦也。……岁在昭阳作噩,夏正元夕鸾陂居士识于庐山羖岭之松门别墅。

自1930年以后,一直到抗战全面爆发,陈方恪在上海经常与诗家词人交游唱和,教学之余也多有诗词之作,作品也多刊发于《青鹤》《词学季刊》上面。

1933年9月,陈三立与冒广生赴上海参加由吴湖帆主持的"午社"词会雅集,不久又参加了龙榆生、林葆恒等组织的"沤社"雅集。

1935年7月18日(农历六月十八日),在上海沪西康家桥夏敬观宅中成立同人词社"声社",参加者有陈方恪、龙榆生、卢冀野、赵尊岳、黄孝纾、黄秋岳、林葆恒、吴湖帆、叶恭绰、夏敬观、杨玉衔、高毓浵12人。是年,陈方恪还由吴梅、潘承谋、张茂炯等人介绍,参加他们组织的词社——"酪酊社"。

1935年8月12日(农历七月初七),是日为南唐后主去世的"千年"之日,时在上海的叶恭绰招邀陈方恪、易大厂、冒广生、梁鸿志、吴湖帆、龙榆生、夏承焘等在其寓所设蔬果祭奠。时至凌晨正要结束之时,突然外面传来枪炮声音,"八一三"战事爆发,与会诸人急忙四散离去。

次日,陈方恪感于战事,赋《临江仙·丁丑七夕为南唐后主逝世千载之期,遐庵招同诸子设奠寓斋,未及奠事兵祸骤作,座客俱仓皇罢去,明日遐庵出示此调属余继声》一词。词曰:

惊狂蝶骤浑多恨,那堪槛凤分飞。石城秋讯隔帘西。起来搔首,银汉碧天垂。

争管拂帏还坠涴,与君一样凄迷。空王应许念穷儿,僧祇弹指,春梦了无痕。

他在词后还另写有附文曰:"南唐后主殂于宋太宗太平兴国三年七月

辛卯七夕,史称其亦以七夕生,生死巧合,岂佛氏所谓别有因缘者耶。距今岁丁丑,洽值千载。是日,遐庵先生招邀同社诸子,设蔬果之奠于沪上寓斋,未成事而兵锋骤接,警耗频传,座客俱仓皇散去。翌日,鹤亭丈赋此调,谨依原韵奉和。惟囿于次叶,愧未能工耳。"同时,他另外还又作了一首《虞美人》。

中日战争全面爆发后,陈方恪虽人在上海,却也时刻忧虑远在北平的老父。逮至9月初,北平来电称父亲病危,他立即收拾行装,拟往探视。9月14日(农历八月初十),散原老人一病不起,与世长辞,享年85岁。谢世之前,陈寅恪、陈登恪与陈衡恪遗孀黄国巽俱随侍在侧。下午,父丧噩耗即达上海,全家人都陷入一片悲哀之中。陈方恪捶胸顿足,后即派人四处报丧,袁思亮等在沪好友闻之,也都前来登门慰问,或送赙仪,或赠盘缠,或送祭悼诗文及挽联等,并帮助他联系奔丧事宜。17日和18日,上海《申报》上刊登了陈三立去世的消息,并附陈方恪撰写的《丧启》。

当时,上海水陆交通已被日军封锁,幸有陈隆恪的留日同学陈群从中帮忙并送来船票,陈方恪才如期启程。上了船,他正好与从庐山赶来的陈隆恪碰面,兄弟两人不禁抱头痛哭。

行至塘沽港时,发现船上有染疫病的人,客轮被迫停下,一拖竟延误了二十余日方得再行。等到陈家兄弟到了北平时,已是11月了。此时,陈寅恪一家已于11月3日南下。

陈隆恪、陈方恪兄弟抵达北平后,方恪即撰写了《谢父丧启》(是文又称《谢帖》),以答谢亲朋。

此时,华北诸交通要道已被侵华日军封锁,海上交通也被迫中断,陈方恪与陈隆恪、陈登恪只得将父亲的灵柩暂厝于北平宣武门的长椿寺,棺外用沙袋堆围。之后,陈家三兄弟又将父亲所遗诗词文稿等略为收集整理,并辑成《散原精舍文集》初稿,这才同船南下。

1938年年初,上海正风学院校舍因遭日机轰炸,再加日军肆虐导致上海治安环境恶劣,学院暂时停办,陈方恪失去了经济来源,生活备为艰苦,只能靠给人写寿文、寿联及诗词补贴,后来不得不变卖家藏物来维持生计,并拟迁价钱较低的住房。

是年春,梁鸿志、温宗尧、陈群等人从上海到南京,成立所谓"中华民国维新政府"。陈方恪将家迁到极司菲尔路附近的地丰路口三义坊78号。不久,陈方恪与冒鹤亭、张元济、李拔可、周梅泉、袁志亮、夏敬观、陈庸庵等,假"湖社"社址为散原老人举行祭奠仪礼,上海文坛友人多来参加。

夏天到来后,陈方恪移居九江路19号,不久又迁至霞飞路葆仁里16号。有感于接连的搬迁流离之苦,他赋有《戊寅中元,连日堪户块居,念乱伤离,抚然成咏》一诗。此后,为生活计,他便与李释勘、李霱秋等人协助陈世镕为梁鸿志辑注《爰居阁诗》。

进入11月,陈方恪被梁鸿志拉拢到南京"维新政府"任事,并暂居于王蕴章与其妹夫吴观蠡所租的北首巷2号。12月1日,陈方恪与季鼎麟等人被聘为"维新政府教育部"编审委员,又在表弟俞旷生的帮助下,在长乐路241号的花园别墅中暂住下来。

1939年5月1日,王揖唐、江亢虎聘陈方恪、徐光达、赵雄武、蔡哲夫等8人为"维新政府"的"考试院考选委员会"专门委员。7月中旬,他又被任为南京国学图书馆馆长。在与前任馆长郑为成交接的这天夜里,南京地区突降大雨,国学图书馆与南侧隔墙的原两江总督马新贻公祠的围墙倒塌,柳诒徵在撤离南京前所藏于夹墙中的两箱字画和善本书籍露出。陈方恪次日到任时,发现这些东西除部分潮湿外,幸无大碍。郑为成为此还上报"维新政府教育部",梁鸿志、陈群、吴用威、顾澄、袁思亮、曹靖陶等人也前来现场察看。后来,这些书籍和书画还被梁鸿志携至"维新政府行政院"的西花园内陈列展出。

陈方恪上任以后,发现图书馆中许多图书都不见了踪影,不少珍贵的古籍还为日军劫掠,库中仅有少量普本,一时无法对外开放,因此感到颇为不安。此后,他很少到馆中上班,仅安排原正风学院学生石学鸿为编目主任,编抄目录,借以周旋应付。是年8月,国学图书馆奉命迁至国府路282号,并于翌年元旦正式对外开放。

1940年1月1日,"维新政府"组织的"中国文艺协会"在南京福昌饭店成立,陈方恪任理事并成为该协会机关杂志《国艺月刊》的三名编辑之一。3月29日,"维新政府"解散。翌日,汪伪政府粉墨登场,陈方恪与谈月色、郭枫谷、张江裁等被任命为"印铸局"技师。

4月,国学图书馆易名为"国立中央图书馆",陈方恪的馆长一职被撤掉,改由赵正平兼任。5月1日,陈方恪与徐光达、赵雄武、蔡哲夫等10人被梁鸿志、江亢虎聘为汪伪政府"考试院考选委员会"专门委员。

此时前后,陈方恪心情郁闷,并作有《庚辰初夏屯云馆品茶诗五首》,以抒复杂的内心情感。

8月下旬,参加"全国高等文官考试院"会议,陈方恪等4人被推举为1940年"全国高等文官考试院"负责人。9月11日(八月初十),陈方恪在长乐路寓所举行陈散原去世三周年祭奠仪式,汪精卫、夏敬观、叶恭绰、李拔可、冒鹤亭等人撰写了纪念诗词和祭文,梁鸿志、陈群、江亢虎、李释成、袁思亮、陈病树、王蕴章、蔡哲夫等登门致祭。

10月25日,汪伪高等文官考试在南京举行,江亢虎任典试委员长,陈方恪等担任主考官。

12月,陈方恪迁居于花露冈4号一处西式平房,户主姓沈,是南京世家,邻居则为《南京新报》记者吴养公,两人此后关系密切。迁入新居后,陈方恪过50寿日,孔紫萸也过40岁生日,他的学生石学鸿将祖父收藏的"两函四十本有批注的明万历年刻本《金瓶梅》和有刻画文字的三十片殷商甲骨送给他们夫妇作为贺礼",此本后为陈群闻知,借去不还。

有一次,南京状元境幼海书店老板杜仁济之子杜信孚来找陈方恪,请他找个差事谋生。他真诚地对杜开导说:"我在这只是为了混碗饭吃,解决全家十余口人的生活。"命杜千万不要卷进汪伪政府里来。夏敬观在《天风阁学词日记》中曾记载了1939年7月28日的一件事:时在上海的陈病树与夏敬观相晤,"谓陈彦通近日自金陵来诗,有'一往已拼人共弃'之句,其志可哀矣"。

1941年1月26日(农历十二月二十九日),是日为除夕,陈方恪与孔紫萸在家中守岁,作《庚辰除夕》一诗,道出既不愿依附汪伪又万般无奈的复杂心理。春节期间的2月9日,陈方恪在吴养公等人陪同下登明城墙远眺,倚长干桥,漫步凤凰台,凭吊方孝孺墓,抚胡家花园古槐,思绪万千,感叹不已。

是年春,南方大学在石鼓路天妃巷口成立,江亢虎任校长,何嘉任教务长,陈方恪任该校文学院教授,主讲诗词和骈文等课。

4月,《民意》杂志刊登陈方恪在上海正风学院所写的《中国音韵学之变迁》教材。8月,陈方恪任金陵刻经处流通部经理和董事会代表,一家人迁入延龄巷49号的金陵刻经处居住。

是年,周隆庠邀陈方恪担任其汪伪政府文官处文官长私人秘书,负责撰写来往骈文及文墨事宜。

1942年11月,柳雨生、周化人、潘序祖等赴日本东京参加所谓的"第一届东亚文学者大会",陈方恪对此颇有几分鄙视。是年年底,陈方恪开始与南京地下反日组织联系。是年,汪伪"中央大学"文学院聘陈方恪任教授。

1943年7月16日,汪精卫签发"第伍壹三号"令,任命陈方恪为"国民政府"秘书。

是年,齐白石、溥心畬在日、伪的挟持下,从北平到南京,陈方恪与李宣倜、张次溪等负责接待工作,齐白石住于中山北路178号的首都饭店第202室,石学鸿随侍于左右,溥心畬则住于南京城南甘家大院内的溥侗寓所。齐白石、溥心畬在宁期间,曾在洪武路香铺营的中日文化协会举行笔会,后又到夫子庙游览并在大成殿举办画展。

1944年6月,曾任汪伪政府"印铸局"局长、陆军中将、"军事委员会"委员、"陆军部"次长的李宣倜,得知汪伪"中央大学"校长陈尊柱改任浙江大学校长,遂四处活动欲得"中央大学"校长一职,而汪精卫也在私下相许。李宣倜便准备让陈方恪担任"中央大学"教务长,后因陈昌祖突然被任命为汪伪"中央大学"校长,李宣倜及陈方恪的愿望也由此落空。

是年秋,陈方恪与莫老太等应洪帮大亚山正义堂主朱亚雄之邀,参加其收徒仪式,并以前辈身份坐于上席,接受跪拜。此后,他还常与朱亚雄、尚武、顾震、吴养公等人在太平南路党公巷的甄家烟馆畅谈南京洪帮发展历史;安徽当涂县的张四郎也时常来宁活动,邀其在中华路大德钱庄楼上抽烟聊天,还为先生收藏的册页封面题写"劫余拾烬,屯云馆藏"。

1945年5月,德国战败投降,日本也露败象,汪伪群奸纷纷私谋出路。8月5日,日本宪兵突然搜查金陵刻经处,许庆沂、钟祖昌等在此设立的地下电台被日本宪兵发现,许、钟二人当场均被捕走,同院的丁老二等人也一同被逮。陈方恪怕连累亲友,遂于次日回刻经处并被早已守候在此的日军抓去,关进了新街口东南侧的日军宪兵队地下室。

事发之后,陈公博特意打电话给驻宁日军酋首,要他们对陈方恪予以照顾,但日本宪兵还是对陈方恪进行了严刑拷打。9日,日军将陈方恪押至上海,到缪斌家中对质。13日,陈方恪被日军关进了马棚,在饱受战马踢踩之后,被折磨得奄奄一息。14日,电台广播了日本投降的消息,陈方恪的事情遂再无人过问。在短短的10天中,陈方恪的头发竟被折磨得几乎全都白了,全身上下也只剩下了皮包骨头。15日,在周隆庠的斡旋下,陈方恪方才被日军放了出来。

11月,石学鸿在南京吉兆营46号筹办《建国周报》并任董事长兼副社长,又请陈方恪任社长兼发行人,林约三兼任印刷人,姚潜任副社长兼总编辑,于波任主编。在此前后,陈方恪还受军统南京办事处之邀,参加鉴定陈群在泽存书屋所存的善本图书,以及肃奸抄家所抄的其他珍稀古籍。

1946年,为解决金陵刻经处的工人生活,陈方恪动员弟子梅华南兄弟投资200万元储备币,郭仲豪从中协助管理,拟恢复经房木刻版经营生产。

这年夏天,由于陈方恪过去借钱用于地下工作,债主现在催逼还款,而军统此时则无还钱之意。百般无计,他只得私自做主将刻经处的房地产向钱庄抵押,借贷1500万元旧币用于还债,书约还约定:次年春如不还钱,钱庄将接收金陵刻经处的房地全部业权。杨仁山的后辈杨缘生、杨立生、杨雨生等人闻知,担心所押房地产易手,遂要求陈方恪收回刻经处的全部管理权。

杨缘生等以陈方恪擅自抵押金陵刻经处房地产和他曾任过伪职为由,大肆宣扬,强烈要求进行人事改组,迫使陈方恪离开金陵刻经处。为妥善解决此一难题,陈方恪赴镇江请陈宜甫前来调停。最后约定:陈方恪暂时离开金陵刻经处,并暂时不过问金陵刻经处的具体事务。

离开金陵刻经处后,陈方恪迁至城南大油坊暂居,候等事情解决。此时,陈方恪无任何经济来源,仅靠出售藏书和亲戚朋友及弟子接济度日。

是年秋,因陈方恪在南京沦陷期间掩护过军统地下电台,还都前夕又遭日军宪兵的逮捕,且在酷刑之下并未出卖地下抗日组织,国防部保密局要员在接见表彰后,发给他奖金和"军统地下工作者证明书"。此举使陈方恪在社会上和亲友眼中的形象有了实质性的改变,其身份也由落水汉奸变成了抗日功臣。不久,俞大维、陈新午夫妇还特意到大油坊看望他及孔紫萸。9月20日(八月二十五日),俞大维、陈新午夫妇又邀他一家到俞家做客。当时,陈隆恪、陈寅恪、陈登恪等陈家兄弟姐妹也都齐聚于南京,大家有了一次重聚的机会。

陈寅恪一家在北上之前,曾专门到金陵刻经处观看所藏的历代经版,并参观了杨仁山生前所居的深柳堂和安放遗骸的塔院,之后还在院中品茗聊天。不久,章士钊也来南京,陈方恪又陪同章先生参观了金陵刻经处。

11月,陈方恪一家全部搬离金陵刻经处。临行前,他将自己精心保管的物品悉数移交,此后即在弟子梅华南兄弟的帮助下,在夫子钞库街51号的梅家房舍第三进暂作安顿。

不久,国防部保密局紧缩编制,大量人员被汰,陈方恪再次失业,没了固定经济来源。他曾到上海找徐亮诉说生活困难,徐则介绍他参加"中国新社会事业建设协会"筹建工作,但他表示不愿参加而作罢。

是年11月16日,汪伪政府要员梁鸿志在上海以汉奸罪被处决。梁氏与陈方恪素来交厚,陈方恪闻讯后叹息不止。1950年5月6日,他还作《题〈爱居阁诗〉集后》一文,以亲身经历述梁氏之为人。其文略曰:

去秋旅沪,一日冒孝鲁见访,出《读〈爱居阁诗〉集书后》诗相示。余与爱居(系指梁鸿志)交最久,知之弥稔。论者类以其诗可传,人则伤其局度褊狭,用世之念太急,功利贡高之心牢固于中,不能自拔,其罹祸也固宜。余顾不能有以非之。惟观其临命之际,赋诗不迫,掷笔就刑,苟非素养有自、天怀澹定者,未易臻此。因继赋一律。孝鲁见之曰:"子诚不失忠厚,吾辈有愧色矣。"余曰:"忠厚则吾岂敢,亦性情流露不能自己耳。至末句以周忠介事相喻者,只断章取义,读者毋以词害意可也。诗云:'亦因人患仰天憐,同异元难世论齐。祸乱不常诗总好,交期如在意为悽。杀身毕竟真名士,行己终疑副品题。要是知君容未尽,请看掷笔小云栖。'"庚寅立夏,陈彦通记。

全面抗战爆发后,陈家兄弟姊妹皆迁徙内地,唯有陈方恪留在了上海,后又迁至南京。因此,陈家的亲朋好友也都担心他被人拉拢而致"落水"。对陈家亲朋的这份担心,2004年8月4日的《中华读书报》第七版刊登了俞小济所写的《读〈图说义宁陈氏〉有感》,文中叙道:

弟兄羁旅各西东、无家问生死的情况下,最为父亲悬系的是方叔的安危及出处。及抗战胜利全家复员返庐山故居,父亲第一要紧事就是探听方叔的状况,幸不久得知情人转告,七叔在南京只做了文教部门之职员以糊口而已,并未参加到认贼作父这帮汉奸的圈子里去,父亲得此消息大为宽慰道:我一直担心的是怕老七以他的社交关系复杂,加上人又圆通,难以守住中国人应有之骨气,被人拉下浑水,现今得知他处逆境尚能自重自爱,没有辱没先人,使我久悬之心落了下来。

1947年1月,陈方恪迁居南京城南门东的边营。5月,再迁至丰富路的一幢二层小楼,并请表弟黄德济在此开了一家"丰富旅社",以作安身糊口之计。是年7月,陈方恪因与孔紫萸、郭仲豪在大油坊寓所食大烟而被告发,警方将其关入戒烟所强制戒烟。次月初,他走出戒烟所后即前往上海。11月初,金陵刻经处召开董事会;8日,陈方恪正式辞去流通部主任一职,并与该处正式脱离关系。

翌年3月,陈方恪赴北平联系筹运安葬父亲事宜。端午节过后,陈家兄弟扶散原老人灵柩从北平经天津南下,6月16日抵达上海招商局虬江码头,陈家兄弟姊妹与俞家亲戚等皆在此奉迎,时在上海的张元济、陈仁先、陈诒先、陈病树、陈叔通、李拔可、沈昆山、吴孟复等诸老,齐至江边码头奉迎致祭,陈病树还将此次祭诗《戊子五月义宁师卜葬杭州过沪迎祭次苍虬韵》题赠陈方恪。陈方恪作《谢启》如下:

> 敬启者:先君之丧,日月其除,虽已逾夫虞禫,而祸乱频仍,迄未安于窀穸,慎终是懔,即远怀伤。今始由平护运灵輀,经沪转杭,合窆于黄泥岭生圹。洒重荷锡类之仁,或宠赙隆仪,猥照祖奠;或枉涂执引,襄事劝防。高义云天,深感无地。专肃敬谢。敬颂潭安,伏维矜鉴!
>
> 棘人陈隆恪、寅恪、方恪、登恪顿首拜启

父亲落葬后,陈方恪作《戊子五月会家人安葬先君于杭州牌坊山生圹,述哀一首》。7月13日,陈方恪闻知诗友乔大壮①在苏州阊门外的梅村桥下自沉,时年仅54岁,不胜哀悼。适接诗友陈诵洛来信并附寄挽悼诗作,述及乔大壮去世前后之情形,陈方恪感慨至深,遂作《吊乔大壮次诵洛韵》诗二首,以作挽悼。10月,陈方恪前往上海,在朱蕴山、汪运之等主持的方治中学任诗词教师。

翌年春夏之间,陈方恪还参加了朱蕴山、李明扬等领导的民主进步运动。汪运之等酝酿组织向往进步、赞同共产党主张的民主自由党,陈方恪也名列其中,并希望将来能参加新政协工作。

1950年3月19日,奉中央文化部之令,设于南京的原国立中央图书馆易名为国立南京图书馆,由原中央大学历史系教授贺昌群任馆长,直属于中央文化部文物局,同时接受华东军政委员会文化部领导。8月,陈毅、柯庆施等华东局暨南京市军政领导在玄武湖公园接见南京文艺界知名人士,与胡小石等在交谈中问及陈方恪和傅抱石等人的近况。不久,陈方恪从上海回到南京,应约前往南京市委统战部,史永副部长在与其谈话

---

① 乔大壮(1892—1948),原名曾劬,大壮为其字,又字壮殹,别署伯戢、劳庵等,号波外居士,四川华阳人,著名音韵学家、诗人、翻译家和篆刻家,任北洋政府教育部图书审定专员时与陈衡恪为亲密同事,与陈方恪交谊也颇深,此后又任中央大学、台湾大学等高校教授,著有《波外楼诗》《波外乐章》《乔大壮遗墨》《乔大壮印蜕》等,译有《你往何处去》《马兰公主》等。

中鼓励他追求进步,积极学习,发挥专长,多为国家和人民做好事。10月,陈毅、柯庆施等领导邀南京文艺界名流小范围集会,陈方恪也应邀参加。席上,陈毅还与陈方恪谈论陈散原老人的诗文。宴会结束后,柯庆施还特意派车送他回家。

1950年秋,陈方恪偕孔紫萸迁居古林岗东侧的琅琊新村五号的花园洋房居住,与诗人陈器伯同住于一幢楼中。是年冬初,陈方恪再迁至四卫头54号的平房居住。是年11月,南京市委统战部介绍陈方恪到南京大学中文系教授诗词韵文,因有不同意见而作罢。

1951年2月4日,孔紫萸因肝病日重,陈方恪常侍于榻侧,并赋《少年游·庚寅十二月二十八日立春作》,以寄心事,抒发心中的不安和忧虑。次日,又作《浣溪沙·庚寅除夕》,以寄情怀。2月14日,孔紫萸在琅玡新村5号去世,因陈方恪家中经济困难,陈器伯只得出售家中古书助以安葬。第三天,孔紫萸遗体告别仪式在中山南路殡仪馆举行,金陵刻经处附近的老邻居闻讯也前来祭奠,陈方恪作《室人殁已三日,哭以短章》,在学生石学鸿的陪同下,陈方恪又到清凉山火葬场送孔紫萸最后一程。后葬孙紫萸于雨花台望江矶公墓。

1951年夏初,陈方恪在夫子庙古董市场上闲逛时,恰与郑振铎相遇,两人相谈甚久,当郑振铎得知他尚无工作并以出售旧书为生时,便向国立南京图书馆推荐,让他到该馆工作。

6月,杭州牌坊山陈散原墓看守人应品森给陈方恪来信,告知解放军海军某部要征用牌坊山之地建疗养院,根据征地布告通知要求,陈散原墓也在应征之列。陈氏兄弟得信后都十分焦急,分头向陈叔通、章士钊、李一平等人写信求助。此外,陈方恪还致信华东军区司令员陈毅,恳求政府保留父母和长兄的长眠之地。

恰在此时,一向急公好义的李一平先生在接到陈家兄弟信后,在北京也向有关方面反映情况,申说此事,受到了高层领导的重视。对于此事,李一平的后人也称:当时某部拟在牌坊山下修建疗养院,限令陈家迁墓。散原诸子得此讯,震惊不安,乃函告李一平先生。李向周总理报告。周总理以中央名义电令华东局保护好陈墓。令某部撤销占用墓地的计划,并批准在陈墓若干距离范围内,不准建造任何建筑物。后来华东局领导请李一平吃饭,陈毅说:"接到总理电报,我立即将那些人狠狠批评了一顿:如果我们共产党人把陈三立的墓都挖了,那我们将何以谢天下!"

李一平是云南大姚人,名玉衡,系著名学者吴梅之弟子,与陈家祖孙三代都有交往,他早年参加过北伐,曾在庐山芦林创办过存古学校和交芦精舍学堂,与陈三立父子交往密切。1936年,陈三立还为新婚的李一平撰写了"笃行鸿光维世教;高风陶翟峦山居"的贺联。抗战期间,李一平担任云南省参议会副参议长,是龙云最主要的幕僚之一,曾协助龙云策划云南起义,对新中国的成立建有大功。新中国成立后,他曾向中央建议迎陈寅恪居庐山自由研究和讲学,惜此事未果;1986年,他又建议有关部门重修陈家父子的墓茔,故陈家对他也十分感谢。

1952年10月,陈毅与柯庆施邀南京文艺界名流到玄武湖秋游,陈方恪也在被邀之列,南京市委书记柯庆施还将自己的名片送给他。次月,南京市委文教机关组织知识分子赴皖北参加土改,接受思想改造,陈方恪积极报名参加并且获准。同年12月2日,南京图书馆馆长贺昌群带领陈方恪等数十名南图职员赴安徽阜阳太和县参加土改,至翌年五一节前才回到南京。陈隆恪在得悉弟弟赴皖北乡下参加土改时,担心一向体弱的弟弟不能适应乡下的生产劳动,却又鼓励他积极投入思想改造当中,他还寄去了《病卧未起十一叠前韵答七弟》一诗,以"嬴骨更无祛病术,穷乡应有采风章"的诗句来安慰弟弟。

陈方恪从皖北回到南京时,位于朱雀路(后易名太平南路)与白下路路口的文化茶室刚好开张。此后,陈方恪常到这里品茗,这里正是当年他的父亲携全家的所居之地,后来还在此创办了思益小学。诗人宋词在忆文中称,他就是在文化茶室与陈方恪邂逅相识的。

11月1日,江苏省图书馆并入南京图书馆,陈方恪在南京颐和路二号的城北分馆任"近百年史料"编纂,职称为副研究员。农历九月二十一日,逢陈散原百年冥诞,杨仲子招文艺界名流举行纪念集会,陈方恪在集会上赋《九月廿一日为先君百岁生日,仲子先生赋诗见柱,谨以短韵持答》一诗。

是年,陈方恪还被选为南京市文联理事。时任江苏省教育厅厅长的吴天石,是陈方恪早年在无锡国学专修学校的学生,他在上任之后,常带夫人邓洁与江苏省教育厅副厅长陶白等到陈方恪家中拜访,并向他请益诗词及文史方面的知识。

1953年3月,陈方恪将对古籍的版本、目录和修补有专长的杜信孚推荐到南京图书馆工作,使他从此得以发挥专长并服务于社会。后来,杜信孚在古籍版本、目录学研究上也取得了很多的研究成果。

这年春天,章士钊从北京南下来宁,并与陈方恪相晤,相晤时还谈到了他的《殢香馆词》《浩翠楼词》和《鸾陂词》等诗词作品,并建议他及早结集出版。此后,陈方恪时常还与商衍鎏、谈月色、杨仲子、胡小石、曾昭燏、苏昌辽、邓振瀛、赵敬谋、缪镇蕃、陈器伯等南京文化界的名流雅集,并常到饭店、茶室、书场、剧院及风景名胜游览唱和。有时,陈方恪的邻居毛英奇和南京图书馆馆长李仲融也前来参加。

1955年,陈方恪已感到"身体大不如前"。是年6月6日,他应邀参加政协南京市委员会第一届委员会,并在第二次全委会上被增补为南京市政协常务委员。11月28日,在政府的关怀下,陈方恪一家从南京市四卫头54—2号迁入环境优雅的牯岭路26号花园别墅居住,直到生命的最后。

1956年1月4日,陈隆恪病逝于上海,享年68岁。得悉噩耗,陈方恪即赴上海料理丧事,并安慰嫂子喻徽、妹妹康晦和侄女小从。6月2日,陈隆恪的夫人喻徽也因病去世,因杭州市规定风景区内不准再建新坟,陈隆恪、喻徽夫妇不能再葬于牌坊山,最后只得葬于西湖杨梅岭。

进入1957年夏初,中央下发《关于整风运动的指示》,根据上级指示精神,南京市各文化单位号召党外同志对党开展批评和提意见,帮助党整风。对此,陈方恪凭着多年的经验,预感似有不妙,于是在此后的公开场合下讲话都格外小心,如实在躲避不开,讲话也不多,并尽量讲些"顺风"之言,往往还将话题转移到诗词歌赋上面,甚至还大谈美食等非关政治的题外话。他之所以"顾左右而言他",目的是让人"抓不着把柄"。对此,有人还批评他"从无间言,平时学习文件和讨论时政,三言两语,颇得要领。真是日对千宾,不犯一言"。迫于各种压力,年轻时素以果敢仗义而闻名上海滩的"陈老七",此时却只能以"糊涂"的老到处世以作应付。也许正是此因,才使他得以躲过"反右"之劫,右派帽子也便与他擦肩而过。

陈隆恪、喻徽夫妇相继去世后,妹妹康晦因身患尿毒症而不便行动,生活更为艰难。鉴于妹妹生活无人照料,陈方恪遂于是年9月将康晦接至南京,为减少不必要的麻烦,他还将妹妹的户口也迁到了南京市牯岭路26号与自己同住。康晦到南京后,远在广州的陈寅恪每月都让夫人唐篔寄来50元,作为康晦的生活费,直到康晦在南京去世为止,兄弟深情,溢于言表。

1958年1月,在吴天石和陶白等人的推荐下,陈方恪被借调到新成立的《江海学刊》杂志社上班。该杂志由江苏省委宣传部主管,所聘编委也都是江苏省内屈指可数的专家学者,陈方恪名列所聘的35位专家当中。

旧历年前的一天,陈方恪与从山西回宁过年的好友陈器伯同逛夫子庙的古董店,忽然看到丙辰年(1916)与萧屋泉、梁公约在南京毘卢寺雅集时,萧、梁合作所绘的一幅山水画,上面还有陈方恪的题款。看到四十年前的旧作,陈方恪分外高兴,尽管当时手头也不宽余,但还是将这幅画作买了下来。陈器伯既感动,又觉有趣,后来还赋《斛珠玉·萧屋泉、梁公约合画》一词以纪。

是年3月,《江海学刊》创刊并出版第1期。7月,江苏省哲学社会科学联合会筹备委员会成立,陈方恪名列其中53位筹备委员之中。

1959年5月,俞姗从上海迁到南京五马街13号,被分配到江苏省京剧团工作。到南京后,俞姗便去看望方恪、康晦一家。两个月后的7月25日,俞姗还将家迁到牯岭路26号与陈家兄妹同住。

1960年春,胡小石因病住于上海华东医院,其间曾与陈方恪通信数封,间有诗词唱和,他在其中的《庚子三月卧床淞滨柬彦通、白匋》诗中写道:"乱眼风花上步廊,阑干斜照晚苍苍。招携未许穷春草,牢落偏教住病坊。独塔獮人灵谷月,柔波渐梦北朝航。明年此日江鲥壮,载酒须迟海客尝。"

在此前后,由于工作关系,陈方恪扑下身心对中国古典文学进行了深入研究,并认真地阅读了蒋瑞藻的《小说考证》和《小说枝说》、孔另境的《中国小说史料》、赵正一的《中国小说史》、任二北的《敦煌曲校录》和《敦煌曲初探》、孙楷第的《也是园古今杂剧考》和《元曲略》及《傀儡戏考略》、叶德钧的《宋元明讲唱文学》、李啸仓的《宋元会艺杂考》、傅惜华的《曲艺论丛》、阿英的《雷峰塔传奇伤叙余》、鲁迅的《小说钩沉》等专著,以适应编辑工作。也就是这年年终,陈方恪编发了胡小石的一篇金石考据文章,编辑部未予同意,他便愤而辞离编辑部,重回南京图书馆。

经过历次运动的洗礼,此时的陈方恪,已不再像年轻时那样果敢无畏和疏财仗义了,在"人不可俗,但也不能不随俗"的慨叹之余,只能过着随波逐流、与世无争的生活。1961年,时在南京市文联从事戏曲研究的曾宪洛,系南京博物院院长曾昭燏之亲侄,因与萧亦五等发起同人杂志《江南草》以及发表文艺批评文章而被打成右派,送去劳动改造。一天夜里,曾宪洛从农场潜逃出来,翻墙进入牯岭路26号的陈方恪家中。陈方恪不敢收留,劝他投案自首,但曾宪洛不愿,遂又逾墙而走。

自1962年后的两年当中,陈方恪身边的亲朋好友接二连三地发生变故乃至去世,对他的精神打击颇大。是年3月16日,著名学者、南京大学中文系教授胡小石先生去世;4月,俞姗因调入中国戏剧研究院而迁往北京;是年7月18日,妹妹康晦病逝于南京,陈方恪与夏文仲在冬至前将其安葬于望江矶公墓;是年,常与陈方恪交游唱和的杨仲子先生也因病去世。1964年12月22日,他的亲戚、时任南京博物院院长的曾昭燏,在南京城东的灵谷寺跳塔身亡……

这一连串的打击,给陈方恪的心理也造成了很大压力,精神也垮了下来。1963年秋,他因前列腺炎、膀胱炎等症住进了设于南京市中央路136号的江苏医院接受治疗,因他是南京市政协常委、统战对象和高级知识分子,故享受高级病房的待遇,住的是单人病房。直到年底方才出院,前后历时两月有余。直到是年12月24日,陈方恪还参加了政协南京市委员会第四届全会,并当选为市政协常委。

1965年夏初,陈方恪因痼疾再次住院,时在江苏医院中山北路分院病房,时间月余。其间,他的侄女小从由武汉赴杭州扫墓,回武汉途中到南京前来探望,并在南京住了两天。

进入秋天,陈方恪突然小便阻塞,腹痛如绞,住在他家隔壁的毛英奇闻讯后,急派小车将他送进了南京军区总医院抢救,在腹部开洞插管排尿,辅以药物治疗,方才脱离危险。待病情稍一好转,他便转入中央路136号的江苏医院本部接受治疗,夏小文每天前来服侍,他的诗友陈道量先生也派孙女陈思丰前来探望,他闻知陈道量家生活困难时,即送思丰40元钱。周晓楚也常来医院探望,并告诉他说,陈寅恪来信要他前往广州,但因身体状况不佳未能成行。周晓楚去了广州住了近3个月,至年底方才回宁。

11月,陈方恪病情加重,心绪不佳,显得十分痛苦,数度病危。在他住院后,南京图书馆副馆长陈毅人、办公室主任何人俊及杜信孚、沈燮元等常去看望,并予以照顾。是月,在政协南京委员会第五届全会上,躺在病榻上的陈方恪仍被选为市政协常委。鉴于陈方恪年老体弱,又时常患病,经陶白等人提议,南京图书馆对他予以照顾,并破例给他增加了两级工资。

1966年1月31日12时30分,陈方恪在南京市的江苏医院与世长辞,享年76岁。临终之前,夏小文和杜信孚两人守候于榻前。

陈方恪去世后,南京图书馆分别打电报给广州的陈寅恪和武汉的陈登恪,两地来电均称:不来南京参加治丧,后事委托组织进行处理。南京市有关方面成立了"陈方恪先生治丧委员会",南京市市委书记刘中担任主任委员,委员则有王照铨、邓洁、田芜、江靖宇、汤池、刘中、李仲融、朱启銮、孙望、孙叔平、汪长炳、吴白匋、陈毅人、陈瘦竹、陈中凡、郑康、范存忠、姚任、唐圭璋、秦宣夫、陶白、钱静人、顾尔钥等24人。2月2日,《新华日报》刊登了陈方恪去世的消息。

是年2月3日,南京市有关方面为陈方恪举行了公祭和遗体告别仪式,公祭由李仲融主持,各界代表及他的亲朋好友100余人参加。陈方恪的遗体在南京清凉山火化后,被送往城南望江矶公墓安葬,与其妹陈康晦、如夫人孔紫黄之墓毗邻,墓碑上刻着"陈方恪先生之墓——南京图书

馆立"字样。南京大学的吴白匋先生所作的《挽陈彦通丈》五律祭诗,基本可以概括陈方恪的一生。兹录如下:

> 少日风华盛,衰年学习勤。鸿词抛旧院,鹤貌接新春。
> 雅量如翁少,多方馈我贫。重过牯岭路,凝望泪沾巾。

在陈三立的诸子当中,陈方恪是唯一没有踏出国门留学的,但他在诗词方面却最有才华,也最得其父散原老人的器重,故一直将他留于身边,随侍左右。陈衡恪的几个兄弟,经历也大都简单,不像祖、父那样经历复杂且大起大落,但陈方恪却在他们兄弟中显得有些另类,而且也颇带传奇色彩。

综观陈方恪一生,以1949年4月为界,其经历可分为两个时期。前一时期居所、工作不断变更,经历也比较复杂;后一时期则显得较为简单,一直居住在南京,在图书馆工作,间或从事编辑之类的工作。

陈方恪一生始终未正式娶妻,却有如夫人数人,但均无子女,曾领养一女,不幸早殇。他虽然未留下后代,但他的生活却一直颇为安逸。对此,今人逯耀东在《陈寅恪有个弟弟》一文中就写道:"陈寅恪身负无法解脱的绝望,他的一生实在生活得太沉重了,太悲苦了。远不如他的七弟陈方恪一生过得逍遥自在,又那么洒脱。在众多兄弟之中,陈寅恪排行第三,老七陈方恪是特殊的一个。"

陈方恪在陈散原身边时间最久,他能诗工词,老诗人陈衍曾以"名贵"论其诗词,认为他的诗与其父散原老人最为酷肖。散原老人的许多应酬诗作,也多出自于方恪之手。

由于种种原因,陈方恪一直不为研究者重视,所以很少有人知道他,但其传奇经历却在学界流传。

陈方恪生前所作诗词颇多,除少数发表外,结集出版则仅见潘益民先生辑注的《陈方恪诗词集》(江西人民出版社,2007年1月版)。

第三节　文史名家陈登恪

陈登恪(1897—1974)，字彦上，陈宝箴之孙，陈三立之幼子，陈衡恪、陈寅恪之幼弟，著名古典文学研究专家。

光绪二十三年正月十一日(1897年2月12日)，陈登恪出生于湖南抚署内的"又一村"。他从小在父亲陈三立创办的家塾和思益小学诵读经史，习书学画，打下了深厚的文史根基。

1913年，17岁的陈登恪考入上海的复旦公学，后来成为国家主义魁首之一的曾琦，即陈登恪在复旦读书时的同窗室友。后来，陈登恪又转到北京大学文学院。1919年，陈登恪在北京大学毕业，旋即赴法国巴黎留学，专门研修法国文学。

在法国留学期间，陈登恪与徐悲鸿、蒋碧微夫妇及谢寿康、张道藩等中国留学生过从甚密，且均为"天狗会"的成员，他还参加了少年中国学会，与王光祈、李璜、曾琦、宗白华、魏时珍、张梦九等时相过从，交往密切。蒋碧微在她的《回忆录》中，多次出现留学欧洲的陈登恪，如："这时俞大维先生和陈寅恪、登恪两先生都在柏林，他们也很喜欢到我们家里吃饭，谈笑风生，极为欢快。陈登恪先生是陈散原先生的八公子，文章才华，冠绝一时，他也是从巴黎来小游柏林的。"又如："某次，我和谢寿康、常玉、陈登恪三位先生往游柏林附近的方济湖，湖面辽阔，两岸距离遥远，但是那时我们的兴致很高，轻舟小桨，我和谢先生挥汗划行，居然抵达了对岸。"又如："陈登恪比我们先回法国，返法后，写来一封信，他淋漓尽致地描绘出战败后的德国，'人穷志短'的可哂情状……"在蒋碧微的心目中，陈登恪是活泼的小青年，而且远要比其兄陈寅恪才华出众。

1922年，陈寅恪在德国柏林留学时，还是通过陈登恪才与曾琦相识并交往的。陈登恪留法期间，还加入过少年中国学会。据当时同在欧洲留学的李璜回忆，他留学德国期间，还常与陈寅恪、陈登恪兄弟在康德大道街头的咖啡馆中把酒清谈，陈寅恪常赞誉清末名臣曾国藩、左宗棠等人的学术和政绩，而对袁世凯媚外篡国的卑劣行径则深恶痛绝。陈家兄弟还常与中国留学生一起探讨中国将来的政治、教育、民生等问题,如民主如何使其适合中国国情现状,教育须从普遍征兵制来训练大众,民生应尽量开发边地与建设新工业等。这些言论和见解,表达了他的是非善恶观念,浸透了他深沉的爱国之情和为国家寻求富强之路的探索精神。

1925年,陈登恪学成回国,被南京的东南大学聘为教授,与王伯沆、楼光来、姚仲实、闻一多等均为文学院教授。翌年,东南大学改组为第四中山大学,陈登恪仍在该校任教。

1928年,闻一多担任武汉大学文学院院长,力邀陈登恪前往武汉大学外文系任法语教授,后为系主任。他在武汉大学任教期间,先在外语系任教,讲授"法国文学"等课,后又改为中文系教授,讲授"中国小说史"等课,一度担任文学院院长。陈登恪在教课时十分认真,对学生更是和蔼慈祥,故颇受学生的敬重。朱东润在《自传》的第八章"武汉大学前八年"中,就有关于他与闻一多、陈登恪的相关记载。新中国成立后,陈登恪为武汉大学中文系教授。他擅长诗词,于经学、小学等领域都有极深的造诣,深得黄侃的真传,"谈论时略有口吃之病,然颇多风趣,形容细致,令人解颐"。后来,武大的师生们还将他与刘颐(字博)、刘永济(字弘度)、席鲁思(字启炯)、黄焯(字耀先)等四位教授并称为武汉大学文学院的"五老"。

对于陈登恪教授法文课的情形,他的学生张培刚后来回忆说:"老师真是一位忠厚长者,穿一身长袍,却口授外国语,在一般人看来,与其说他是一位洋文教师,还不如说他是一位八股中文先生。陈老师对学生和蔼慈祥,教课认真细致,很受学生的敬重。"

1932年夏,陈登恪与江西萍乡籍同乡贺国昌之女贺黔云在庐山结为夫妇。1936年旧历七月初七,陈、贺夫妇在武汉大学喜得一子,取名陈星照。

陈登恪早年甚有文名,他还是义宁陈氏家族中唯一出版过长篇小说的作家。1928年,陈登恪模仿作家向恺然的《留东外史》,撰写《留西外史》一书。在这部纪实小说中,他以自己留学欧洲的亲身经历和见闻,讲述中国留西学生的趣闻轶事,并以"陈春随"的笔名在上海新月书店出版,流传甚广,风行一时,颇受好评。这部书与作家王独清的《我在欧洲的生活》(1936)一样,都是以文学传记的形式记述作者在欧洲留学、工作的亲身经历。

陈登恪为人正直,交游甚广,中国现代史上有名的徐悲鸿、闻一多、许德珩等人也都是他倾心相交的朋友。

陈登恪工诗能文,是武汉大学文史界的活跃人物。陈小从在《图说义宁陈氏》一书中写道:"八叔也常写诗,但尚未发现他与四位善诗之兄长作'埙篪之和'。不过,在武大校区诗友间,八叔却是位活跃人物,常常与席鲁思、李国平(著名数学家)等教授酬唱。"

自1949年以后,陈登恪一直在武汉大学任教,1951年被评选为高等学校劳动模范,1960年又当选为湖北省第三届人民代表大会代表。

1974年11月18日,陈登恪因病逝于武汉,享年78岁。是月28日,《湖北日报》登载了他去世的消息。其妻贺黔云,是陈家世交的江西萍乡贺氏后裔贺国昌之女、贺鹏武之堂妹,生于光绪三十三年(1907),逝于1973年,享年66岁。

陈登恪、贺黔云夫妇仅育一子,名星照,谱名封烈,字育武。1958年,陈星照以全部学科均为5分的优异成绩毕业于华中工学院动力系,他因学的是热动力装置专业,故毕业后被分配到北京建筑科学研究院采暖通风研究所工作,此后又调到北京市环保局,退休前是高级工程师。陈星照还是一个勤于钻研的科技标兵、劳动模范,先后被评为北京市科学技术先进工作者、技术革新积极分子、北京市支援乡镇企业有功科技人员、北京市有突出贡献专家,并获得过首都劳动奖章、全国科学大会奖、全国发明奖、全国星火银奖、北京科技进步奖等。陈星照娶妻殷惠君,育有一儿二女。儿子陈欢明(毕业于天津师范大学生物系),女儿分别是陈欢平(毕业于武汉大学化学系)、陈欢欣(毕业于北京师范大学音乐系)。

新中国成立后,由于种种原因,陈登恪与其兄陈方恪一样,同样都不大为人所知。对此,邵江天于2008年9月6日在《羊城晚报》上发表《名门的式微无可避免》一文,邵氏在该文中不无惋惜地写道:"陈寅恪、钱钟书和冯友兰诸位,因其巨大的学术成就而发射出万丈毫光,……实际上,陈寅恪的胞弟陈登恪,同是一代名宿,……于经学、小学等领域都有极深的造诣。"

第四节 绿色情缘陈封怀

陈封怀,字时雅,系陈三立之孙、陈衡恪之次子,光绪二十六年四月十八日(1900年5月16日)生于江宁(南京)珠宝廊鸽子桥畔陈家临时寓所。他是我国著名植物园专家、植物分类学家,并被誉为"中国植物园之父"。

一、陈封怀生平简述

陈封怀出生后正好一个月,其母范孝嫦即病逝于金陵。此后,陈封怀便由其祖父、祖母抚养。宣统二年(1910),陈封怀的父亲陈衡恪从日本留学归来,应南通名士张謇之邀,担任江苏南通师范学校教员,年方10岁的陈封怀和继母汪春绮随同前往。到南通后,陈封怀就读于南通小学,两年后转读上海。小学毕业后,陈封怀以优异的成绩考入美国教会在南京创办的金陵中学。1922年,陈封怀又考入南京的金陵大学农科,师从著名学者、中国第一代植物学家陈焕镛。在陈先生的影响下,他对植物学研究产生了浓厚的兴趣。早在十多年前留学于美国即将毕业时,陈焕镛的美籍老师就热情地劝这位才华横溢的中国留学生能留在美国从事植物的专业研究,并称他如留在美国必将前途无量。那位外籍老师还恳切地对他说:"年轻人,中国还没有让你发挥天赋的起码条件,那里既没有植物园,又没有标本室,更没有植物志,甚至连植物学这门学科还没有建立起来呢!"陈焕镛回答说:"不错,情况正是如此。惟其没有,我才更需要回去。种子不是总会发芽的么,将来一切都会有的:植物学、植物园、标本室、植物志……都要在我们这一代人手里创立起来!"

恩师陈焕镛先生给陈封怀留下了深刻的印象,并直接影响了后来他在英国留学结束时的抉择。

1923年夏,陈衡恪因为继母去世奔波而不幸染病,时在金陵大学农学系读书的陈封怀,常回家中侍疾榻前,以尽孝道。是年秋,陈隆恪奉父亲陈三立之命,与诸弟妹将母亲及长兄衡恪的灵柩运至杭州,暂厝于西湖湖畔的净慈寺,候卜安葬。当时,陈隆恪随侍于父侧,并写有《甲子春感赋》一诗,诗中另有自注云:"母、兄柩厝西湖净慈寺,待择地卜葬。"长兄去世三周年时,陈隆恪还作《送封怀侄返南京入学》一诗,赠予侄子封怀。他在诗中以无比沉痛的心情,叙述了长兄去世对义宁陈家所造成的栋梁摧折的悲怆与无奈,并以写实的笔调叙述了陈衡恪临终之时的遗愿和对后辈的殷殷之情,鼓励侄子勤奋读书,以振家声。

叔父隆恪在诗中的谆谆教诲和殷切希望,使陈封怀更加坚定了树立远大志向、读书有成报效祖国以及振兴家声的决心。

1925年5月30日,上海发生了震惊中外的"五卅"惨案,神州大地的反帝革命浪潮一浪高过一浪,时在金陵大学读书的陈封怀,也为爱国热情所驱使,积极投身于反帝斗争的"五卅运动"行列。但是,教会大学是决不允许学生参加爱国运动的,故陈封怀宁可牺牲一些学分,延迟一年毕业也在所不惜。他愤然离开了教会所办的金陵大学,转入国人创办的东南大学农学院。

1927年,陈封怀在东南大学农学院毕业,前往上海吴淞的中国公学、沈阳文华中学执教,后转到北京的清华大学担任助教。

陈封怀进入清华大学时,他的叔父陈寅恪此时正在清华国学院担任导师,陈封怀的未婚妻张梦庄也就读于清华。

1931年年初,陈封怀加入江西同乡胡先骕①等人在北平创办的静生生物调查所并担任研究员。此后,他便在胡先生等前辈学者的亲切指导下,一面寻找可资创建植物园的最佳园址,一面专心从事植物资源的调查和菊科植物分类研究,并先后赴河北、东北、内蒙古等地采集菊科植物标本,撰写论文,积累了丰富的实践经验。1933年年底,北平的静生生物调查所与江西农业院签订共建庐山植物园的协约;1934年8月20日,在中华教育文化基金会的资助下,胡先骕主持的北平静生生物调查所与江西

---

① 胡先骕(1894—1968),字步曾,号忏庵,江西新建人,著名科学家、文学家,中国近代植物分类的奠基人之一,以发现和命名"活化石"水杉而闻名世界植物界。

省农业院在九江庐山兴建我国第一座正规的植物园,并决心将此园建为国际第一流的植物园。由于陈封怀对植物研究兴趣颇大,既年轻有为,又是胡先生的同乡,故胡先生在陈封怀参加了建园典礼后不久,就将他派往英国爱丁堡皇家植物园深造,专攻报春花科、菊科分类研究以及植物园的建设与管理。此时,胡先生为解决他的后顾之忧,还将他的夫人张梦庄调入静生生物调查所任专职图书管理员。

在英国留学期间,陈封怀师从世界著名的植物学家史密斯(Smith)先生,并在英国的邱园研究实习,此后相继又赴德国、法国、奥地利等地,到那里的各大标本馆从事短期研究,眼界渐开,学识渐长,为他后来开拓中国的植物园建设奠定了基础。

陈封怀的外籍老师史密斯等都十分喜爱这位勤奋好学且朴实无华的中国小伙子,对他说:"植物是没有国界的,植物学也没有国界,在哪儿研究都一样。"并再三婉劝他能留在英国从事植物学研究,但陈封怀却对史密斯说:"植物学没有国界,而我是有国籍的。报春花发源于中国,我的根也在中国!"这时,陈封怀没有忘记陈焕镛、胡先骕等敬爱恩师的嘱托,更没有忘记灾难深重的中华民族需要摆脱贫困和落后,于是谢绝了英籍老师的恳请,毅然回到了祖国的怀抱。

1936年7月,学成归来的陈封怀兴高采烈地偕夫人张梦庄同赴九江的庐山植物园担任园艺教师。陈封怀归国之前的1936年5月22日,庐山植物园第三次委员会在江西省南昌市洪都招待所召开,会议通过了胡先骕的聘请即将归来的陈封怀担任植物园园艺技师的提议,以加强对庐山植物园的全面规划和建设。

陈封怀来到庐山植物园后,担任植物园的技师兼副主任,庐山植物园的各种园林布置便出自于他的精心策划与构思。在短短几年中,陈封怀倾注了整个身心和全部精力,与胡先骕、秦仁昌等人一道,跋涉于荒山峻岭之中,不辞劳苦,终于将占地4000余亩的植物园变成了一处花木葱郁的锦绣世界,所引种的数十万株各种树木也在植物园内生根、开花、结果,中国第一座以亚高山植物为主要特点的园林,奇迹般地出现于庐山之巅。与此同时,陈封怀还以自己的辛勤劳动,与王秋圃先生一起建造了中国的第一个岩石园。所以,庐山上的一草一木,一石一垅,都可以说倾注有陈封怀的辛勤汗水。对于陈封怀的这一贡献,他的老师胡先骕曾称:"陈封怀君担任园艺质量,园艺进展实多策划。"此语可以说是对他的最好褒奖。

1937年7月抗战全面爆发后,陈封怀坚守庐山植物园,虽然外面战火纷飞,但他仍孜孜不倦,潜心于植物研究,毫不动摇地坚守工作岗位。直到1938年日寇攻占庐山前夕,他才偕夫人与秦仁昌等植物园同人一道撤到云南丽江工作站。1940年,国立中正大学成立于江西省的临时省会泰和县杏香岭,陈封怀的老师胡先骕由于资望而被任命为该校的首任校长。胡先生上任后,即将陈封怀调到该校担任园艺学教授。1944年,由于胡先骕与蒋经国等人的矛盾,胡先骕辞却了国立中正大学校长一职,而陈封怀此时则与恩师共进退,再赴植物园的云南丽江工作站从事专门研究。

抗战胜利后,百废待兴。陈封怀与恩师胡先骕等急赴庐山,胡先生还让陈封怀负责植物园的全面恢复工作。1946年11月,已迁到南昌的中正大学再次聘陈封怀担任该校教授。此后,年近半百的陈封怀奔波于庐山、南昌之间,虽然倍觉辛苦,但当他看到学子们能安心在校读书且学到知识,庐山植物园也得以如期恢复时,自信而又惬意的笑容便像花朵一样绽放在他那未老先衰的脸上。

1949年,陈封怀与恩师胡先骕一样,谢绝了朋友们要他们前往台湾的邀请,两家人都留在了大陆。胡先生此后因曾担任过国立中正大学校长等事而被闲置不用,并在后来的运动中受到了许多不公正的待遇,他虽然在1948年即被评选为第一届院士,名列首届81名院士之中,但自新中国成立后却一直都未能再迈入中科院的大门。相对于恩师胡先生来说,陈封怀算是比较幸运的,他沿着恩师指引的道路,长期在植物园建设上扑下心来,扎根于基层,潜心学术研究,辛勤耕耘,终有大成,并被誉为"中国植物园之父"。

从1934年庐山植物园创建开始,到新中国成立后的1953年,在漫长的20余年中,陈封怀先后参与和主持了庐山植物园的创建工作,对这座中国当时唯一的高山区植物园倾注了几乎全部的心血和汗水。

在植物分类学方面,陈封怀对报春花科、菊科、毛茛科以及栽培植物均有深入研究。陈封怀早年就对报春花科植物研究极为关注,在留学英国期间学习、研究的主要内容又是报春花科植物。回国到庐山工作后,他一方面为建设植物园献计献策,另一方面仍继续对报春花科植物进行研究。1936年,他发表了《述植物名实图考所记载报春之种类及植物名称》,1940年发表了《云南西北部及其邻近之报春研究》和《报春种子的研究》,1948年又发表了《中国报春研究补遗》等文章。他所主编的《庐山植物园栽培植物手册》,总结了自己20余年引种驯化的成果,详细记载了1250余种栽培植物的原产地、生长习性、栽培繁殖方法、经济用途以及引种后的生长情况等,受到了植物界人士的广泛好评。

1953年,陈封怀被浙江杭州市建设局请去,主持对西湖玉泉桃源岭一带的杭州植物园进行整个规划设计,完成工作后又回到了庐山。

早在1952年,苏联尼基斯基植物园园长来中国考察植物园及植物,他认为"南京是亚热带植物分布的最北边缘,是驯化各种植物自南而北或自北而南的理想地点",于是建议我国应在南京建立一座植物园。中国科学院采纳了苏联专家的意见,决定在南京创建中山植物园,鉴于陈封怀在庐山植物园建设中所取得的显著成绩,他与助手王秋圃等都被调到南京,陈封怀又担纲中山植物园的全面规划设计工作。陈封怀到南京后,在认真调查研究的基础上,又结合南京虎踞龙盘的形胜特点,决心为古老的南京城再设计出一幅美丽的画卷——中山植物园。

功夫不负有心人。陈封怀终于完成了对南京中山植物园的规划,并在南京植物园一直工作到1958年。

陈封怀对庐山植物园的恢复工作,以及后来对杭州植物园的规划设计、对南京中山植物园的设计,这些出色的表现受到了社会各界人士的广泛好评,并在我国植物界引起了轰动。

1958年,中国科学院又决定在素有"九州通衢"的武汉三镇再建一座植物园。此时,陈封怀又受命前往主持对该园的整体设计规划。当时,陈封怀已年届花甲之年,但祖国的号召使他刻不容缓,在接到上级的指示后即带着精干的设计小组赶赴武汉三镇。陈封怀来到武汉后,经过三年多的调查研究,终于如期完成了武汉植物园的整体设计与规划工作,一个新的植物园诞生了。

1962年年底,一封来自广州的信件落在陈封怀的桌上,这是他的恩师陈焕镛先生邀他前往广州参加华南植物园建设的邀请信。此时,陈封怀自忖,武汉植物园业已规模初具,而华南植物园建设行将上马,人才需求更是迫在眉睫。经过一番思考过后,他愉快地答应下来。

不久,陈封怀即与夫人张梦庄携家人南下,前往广州。此时,陈封怀虽然已是63岁的老人了,但当他看到比自己年纪更大的恩师陈焕镛先生还在为祖国建设而默默奉献时,感动的泪水再次充盈了他的眼眶,于是他自觉地与另一位植物学家何椿年先生共同当起了陈焕镛的左右助手,师生三人一起共同承担起创建华南植物园的重任。

来到广州后,陈封怀一边从事科学研究,一边在业余时间到广州的中山大学对身患多种疾病的叔父陈寅恪及其夫人唐筼予以照拂。

陈封怀从小受家风的影响,国学根基扎实,从父亲陈衡恪那里学过画,拥有丰富的植物学知识,对所参与或主持创建的几个大型植物园,他都富有创造性地做到了古今结合、中外结合和科学与艺术的结合。陈封怀对中国植物园创建做出的巨大贡献,可谓有目共睹,他也因此而成为中国植物园的最重要创始人之一。特别是他倾注心血最大的庐山植物园,经过多年的精心建设与发展,已建成展览、生产、试验区十余个,保护与繁衍了4000种左右的珍贵植物,收藏各种植物蜡叶标本近20万号,收藏各类图书期刊10万多册,从而成为我国最著名的亚高山植物园。1996年5月,庐山申请加入联合国"世界自然和文化遗产名录",而庐山植物园也以其美丽诱人的风貌得到了前来考察的世界各专家的好评。

陈封怀对植物园建设上的突出成就也引起了世界各国专家学者的浓厚兴趣。1963年下半年,陈封怀应朝鲜民主主义人民共和国之邀,代表中国前往平壤参加朝鲜中央植物园的协助设计工作。翌年,他又代表中国前往西非加纳等国,参加国际学术会议,并在会上做"新中国植物园的发展"的学术报告。1976年,陈封怀又代表中国前往泰国进行学术访问交流。1981年8月,第九届国际植物园协会会议在澳大利亚召开,尽管年事已高的陈封怀因病未能出席会议,但以他对植物园建设的贡献和在植物界崇高的声望仍被增选为国际植物园协会的常务理事。

"文革"期间,陈封怀也受到了不公正的待遇。即使这样,他也从不放弃自己的研究,并于1975年7月开始与另一位植物学家胡启明先生合作,集中精力对中国报春花科植物进行全面而系统的研究。在此后长达15年的岁月中,陈、胡二人在广泛研究的基础上,又将报春花研究的范围扩大到东南亚地区,最后将报春花分为13属517种,同时还对报春花属30个组的界限也进行了划分,他们研究的结晶则集中地体现在《中国植物志》第59卷当中。

除对植物研究卓有成效外,陈封怀从小饱受家教之熏陶,特别是受父亲影响较大,故成年后也精擅绘画,工诗能文。他的堂妹陈小从在《图说义宁陈氏》中就称:"封怀二哥是一位与草木花卉同呼吸、共命运,毕生兢兢业业的科学家,但他也有业余兴趣,画大写意花卉就是其偏好。写诗却起步较晚,大约在他古稀过后,我才拜读到他的大作,因之遂有'诗简往返追轼辙'的兄妹唱和之乐。"陈封怀晚年所绘的《兰花图》,借岩石上怒放的一株兰花以自喻,并题诗句云:"兰蕙生山谷,与世隔尘埃;悠悠入仙境,阵阵送清香。"

1980年,陈封怀迎来了他的80寿庆。寿诞到来前夕,他还精心绘制了一幅《苍松图》,以悬崖峭壁上的一株老松自喻。

1983年,庐山植物园邀请陈封怀回山,商讨建园五十周年的庆典方案。故地重游,多少美好的往事都涌现心头,兴奋之下,陈封怀还赋有诗作。1986年,陈封怀已是虚龄87岁的老人了,他在回忆往年的生活经历时又赋有七言诗一首。

陈封怀一生主要成就虽在植物研究和植物园建设,但他自幼深受家教影响,故所写之诗也颇得情韵。他的夫人张梦庄(1909—1978),系陈衡恪的继配黄国巽的姐姐黄国厚之女,毕业于清华大学,能诗善绘,曾绘有《报春花》。他与陈封怀同甘共苦四十余年,育子贻松、贻竹二人。贻松幼年因病早殇,贻竹成年后就职于华南植物园,育一子一女,儿子陈海羿,女儿陈菊羿。1978年,陈封怀的爱妻张梦庄病故,他怀着无限悲痛的心情写了一首悼亡诗,来纪念相濡以沫数十年的伴侣,足见他与爱妻之间的恩爱情感之深。

晚年的陈封怀,虽然年事已高,体弱多病,行动不便,但他仍一直关心着祖国植物园的建设事业。"莫道桑榆晚,为霞尚满天";"老夫喜作黄昏颂,满目青山夕照明"。每当回忆起自己一生的历程,陈封怀总是情不自禁,激情难抑。

1993年4月13日19时20分,陈封怀因病逝世于广州,有关单位按照他生前的愿望,将他安葬于庐山植物园,具体地点位于植物园内松柏区的水杉林中,距陈三立在抗战前所居的地方不远,又与庐山植物园的两位创始人胡先骕、秦仁昌的墓地毗邻。

一代科学巨匠陈封怀虽然去世了,但他留给我们的植物园事业,他和他的学生完成的报春花科、菊科的研究成果,则犹如庐山之巅的苍松翠柏永远葱郁常绿;他那为中国的植物科学事业奋斗终生的高尚品德,也将永远激励着后人!

二、陈封怀的主要著述

陈封怀将自己的一生都奉献给了祖国的植物园建设事业和植物研究,他一直奋斗在中国植物科研和园艺教育的第一线,先后担任过庐山植物园主任、国立中正大学园艺系教授、江西省农业科学研究所副所长、南京中山植物园副主任、武汉植物园主任、华南植物园主任、华南植物研究所所长、广东省植物学会名誉理事长、世界植物园协会常务理事等职,同时还兼任了中国建筑学会、中国园林学会顾问。他以对我国植物园建设、植物研究和园艺教育所做出的杰出贡献,名正言顺地成为中国植物园建设史上具有开创意义的一代大师。

在植物分类学方面,陈封怀对报春花科、菊科、毛茛科以及栽培植物均有深入研究。他主编的《庐山植物园栽培植物手册》一书,总结了20余年的引种驯化成果,记载了1250余种栽培植物的原产地、生长习性、栽培繁殖方法、经济用途和引种后的生长情况。

报春花科是被子植物进化中的一重要类群,分布于全世界,主产北半球暖温带,种类繁多,有22属,近1000种。中国种类特别丰富,但由于此科植物多数为高山种类,形态变化较大,而且标本资料较少,在分类上难度较大,无人做过全面的整理。

陈封怀早年便注意到了报春花科植物,下决心去研究它。留学英国时,学习、研究的主要内容便是报春花科植物。回国到庐山工作时,他一方面为建设植物园献智出力;另一方面继续积极钻研报春花科植物。1936年他发表了《述植物名实图考所记载报春之种类及植物名称》,1940年发表了《云南西北部及其邻近之报春研究》和《报春种子的研究》,1948年发表了《中国报春研究补遗》。1979年,他发表了《中国珍珠菜属植物的分类与分布》一文,对该属约120余种植物进行了深入的研究,从理论上对该属植物的演化、地理分布和起源做了全面的分析,提出了新的见解。这些论文的发表和他所积累的原始资料,为他和他的学生完成《中国植物志》"报春花科"的编著奠定了坚实的基础。

陈封怀到华南植物园工作后,自1975年7月至1989年7月,他和他的学生集中精力对中国报春花科植物进行了系统研究,经十余年的努力,终于首次全面清理了中国报春花科植物的种类,共13属517种,并进一步把研究的范围扩大到整个东南亚地区。经过深入研究,论证了中国西南山区是珍珠菜属、点地梅属和报春花属的现代分布中心和多样化中心,也是其起源中心。对珍珠菜属的分类系统做了重大修正,根据花部构造将中国的种类分为5个亚属,克服了前人分类系统中亚属之间的性状交叉和混乱,纠正了西方学者将中国沿海岛屿种类与夏威夷种类归为一亚属的错误。对点地梅属的分类系统也做了部分修正,认为此属起源于中国西南中海拔湿润森林地带。随着时间的推移,一支向高海拔地区迁徙,保持了多年生习性,并出现了木质根茎;另一支在高纬度地区发展,演化为一年生植物,从而改变了长期以来认为一年生种类是从具有木质根茎的高山种类演化而来的观点。他们的研究,在传统分类的基础上,还进一步用扫描电镜和透射电镜对珍珠菜属98种植物的花粉形态的演化与花部构造进行了深入研究,证明在亚属水平上花粉形态的演化与花部构造的特点密切相关,花粉特征在各亚属中十分稳定,从而证实了修正后的系统更趋自然。通过研究和分析,他们发现点地梅属和报春花属是报春族中的两个主要分支,并在各自的演化过程中分化出一些近缘的小属,否定了近年部分西方学者将点地梅属归并于报春花属的主张。他们还重新划定了报春花属30个组的界限,对部分种类的隶属做了调整,使组的划分更趋自然,纠正了前人著作中的许多错误。他们的研究成果,集中反映在编著的《中国植物志》第五十九卷第一分册(1989年11月出版)和第二分册(1990年1月出版)中。

在已出版的《中国植物志》各卷中,陈封怀等编著的报春花科被认为是研究模式标本最多、清理种类彻底,并从演化趋势和亲缘关系进行全面探讨的少数卷册之一,与国外同类研究相比,其深度和广度都居领先水平,此项成果荣获1993年度中国科学院自然科学奖一等奖。

第七章 与时俱进启示录——一个文化世家的绝唱

◎

毋庸置疑,义宁陈氏家族是中国近现代史上屈指可数的文化世家,并在中国近现代文化世家中具有典型的代表意义。

义宁陈氏家族在中国近现代史上一个半世纪的浮沉,不但是中国近代文化人命运的缩影,而且也是中国近现代文化世家的绝唱。对义宁陈氏家族文化的探秘之旅,也是对中国近现代家族文化的一次梳理。

义宁陈氏家族自陈宝箴发迹后,子孙相继,薪火相传,先后走出了"五杰"。陈家除"五杰"外,其他成员也都学有专攻,各有所成,并在各自领域中有所作为,贡献颇著。

义宁陈氏家族的"五杰"当中,陈寅恪、陈封怀叔侄还因荣膺院士而为海内外所知。因此,有人又称义宁陈氏家族为"院士世家"。义宁陈氏家族人才辈出这一现象,特别是陈氏家族的家庭教育和家族文化特色,不但引起了世人的广泛关注,更引起了研究专家的高度重视。对此,著名作家陈祖芬在《陈寅恪的后世有缘人》一文中就写道:

陈三立的儿辈,陈衡恪、陈隆恪、陈寅恪、陈方恪、陈登恪,个个脱俗拔萃,或诗人或画家或教育家或史学家或很难一言以蔽之曰哪个家。今人对陈家三代的研究文字越来越盛,但我不知有没有人研究陈氏家族的育子经?我在材料里看到曾有几位学生问陈三立怎样才能写好诗,散原老撒下一片阳光:"你们青年人,目前的任务是怎样做人。"陈氏后人说,有一次学生来请教陈三立,陈寅恪只端立父亲背后,断然不敢坐下的,虽然那时陈寅恪已学贯中西,难有出其右者。

以前,学界对陈氏家族的研究,大都局限于陈氏家族成员的生平活动及其学术贡献,但陈祖芬女士上面这番话却提出了"陈氏家族的育子经"的命题。也就是说,作为中国近现代史上一个卓越的文化世家来说,其家教特色和文化特色还有待于今人乃至后人进行深入的探索与研究。

一、义宁陈氏家族的文化成因

中国近现代史上有着众多的文化世家,相对于这些众多的文化世家来说,义宁陈氏家族无疑是其中最为突出、最有特色的一家,这也是陈氏家族卓然屹立于众多文化世家之林的一个重要原因。

历史上任何一个卓越人物的成才都有各自的原因,这里面既有内因,也有外因,但归根结底不外如下三种:一是师承,二是家传,三是自学。但作为一个文化世家来说,其成因缤纷多姿。尽管如此,也不外乎是耕读传家、官宦世家、家学传承等。义宁陈氏家族之所以能够成为中国近现代史上屈指可数的文化世家,在耕读传家、官宦世家、家学传承这三方面都有相应的体现。

其一,义宁陈氏家族从福建汀州迁到江西义宁后,第二代就过上了半耕半读的生活,并从此走上了耕读传家的道路。其二,义宁陈氏家族自陈宝箴的祖父陈克绳起,即研习诗文,之后子孙相继,薪火相传,特别是在作诗方面,自陈宝箴以后,其子孙也皆能诗,故大诗人陈石遗就以"诗是吾家事"来称赞义宁家族。特别是陈三立,既是清末至民国初期的诗坛领袖,又是"同光体"诗派最杰出的代表人物。其三,义宁陈氏家族自陈宝箴中举走上仕途后,最后官至朝廷的封疆大吏——湖南巡抚,而其子陈三立也在进士及第后被任命为吏部主事,后来因新政失败做"袖手人"而退出官场。陈家虽然只有父子两代为官的数十年经历,但也算与官宦有缘,故也能称得上是官宦之家。

1949年前的中国,是一个真正意义上的农业大国,众多的文化世家基本上也都立足于传统的耕读传家方式来维系其生存、繁衍与传承。而考量义宁陈氏家族这样一个具有重大影响的文化世家,自然也不难看出,耕读、官宦和家学这三个方面对其家族文化成因的形成所产生的重大影响。也就是说,义宁陈氏家族在教育和文化上的成因,概不外乎以上所述。

但是,义宁陈氏家族自清雍正八年陈公元携家从福建汀州迁至江西义宁后,这个家族如今已经过了整整十代,并以其独立与自由之风骨风标于世,为人钦仰,义宁陈氏家族的命运,既是一个家族的命运,也是一种文化的命运。义宁陈氏家族最早所依赖的耕读传家方式逐渐让位于官化和文化,特别是自陈三立之后,陈宝箴这支族裔不但完全脱离了赖以起家的农耕生活方式,而且从此也与官场仕途绝缘,走上纯粹性的读学道路,即以文化立命。

古云:"君子之泽,五世而斩。"又云:"富不过三代。"作为中国近现代史上著名的文化世家的义宁陈氏家族来说,既是中国文化世家中的一面大旗,也是中华民族在特定时代的一个绝唱。义宁陈氏家族就其自身的发展进程来说,不过是中国近现代众多文化世家中的个案,但透过全球化文化发展的局势来说,却又不能不说是一种历史的宿命!

作为中国近现代著名的文化世家的义宁陈氏家族来说,其后裔之所以抛弃了赖以起家的耕读传家的生活方式,这既是陈氏家族发展进程中的宿命,也是中国现代应试教育的宿命。随着社会的发展,中国人的生活也在发生着日新月异的变化,耕读传家的生活方式所造就出来的文化世家也将成为历史,以耕读传家的生活方式造就大规模的文化世家的模式也随之破灭。也就是说,古代中国可以诞生出许许多多耕读传家的文化世家,而处于现代教育特别是现代教育之下的中国,是否还能诞生出众多新的文化世家? 这个与文化紧密相关的教育命题只能留给后人去解答了。对此,义宁家族文化研究专家刘经富先生在《眉毛山下的昔日书香》

一文中就给世人敲响了警钟。刘先生在该文中还直言不讳地写道:

> 科举制度的缺陷,主要是所教所学不切实用,难以担负起救亡图存的重任。近代中国社会改革变法是按船坚炮利、"机关枪对打"的逻辑思路展开的。在主张变法改革的先行者和主政者面前,"线装书"与"机关枪"相比,自然微不足道了。但问题是实现"机关枪对打"并不是终极目标,一个国家、一个民族要得到全世界的尊重和赞赏,最终还是要靠政治、道德、人文,而新教育体制与科举制度难以承担救亡图存重任一样,也难以承担培养道德、人文的重任。它至少产生了两个弊端。其一是彻底抽掉了教育民间化、家族化的筋脉,剥离了使农民世代受惠培养子弟的耕读模式,大大提高了农民培养子弟的成本。我们至今也没有找到一个比耕读模式更适合农民培养子弟的体系、模式。像眉毛山这样的山区,如果没有民间耕读门风的培育,没有几代人打下的基础,不可能产生陈宝箴这样的封疆大吏和其他几个书香门第。其二是剥离了读书与书香亲缘关系。即使一个生产队甚至一个公社能够建起像城里人那样的洋学堂(实际上不可能),能上新学堂,读上新书,以新教育体制的意识形态化,它的课程设置、培养目标和教学效率,仍然没有书香氤氲、人文气息。它使读书求学从"道"下降到"器"到"技"的层面,这是许多教育界、文化学术界有识之士感同身受的,毋庸絮聒。我们急于创造一个新的体系,便毫不吝惜地砸烂一切坛坛罐罐,却没有去冷静分析筛选其中有益于世道人心、符合国情的成分。对此,涂公遂《重九先君诞辰》诗中有一联说得好:"怀旧何须珍堕甑,维新岂必毁长城。"细审其意,这是为了照顾韵脚而形成的一个倒装格,应倒过来理解:革命、变法何必一定要毁掉其中好的东西;甑已破矣,何须顾欤!

二、义宁陈氏家族的文化特色

上面简要地谈了关于义宁陈氏家族的文化成因,而与义宁陈氏家族文化成因相关联的文化特色,还有必要再做简略的交代。

义宁陈氏家族自陈宝箴1851年中举发迹开始,这个家族已经走过了一个半世纪。在这漫长的岁月里,作为一个为世所重的文化世家来说,自然也有其彪炳史册的文化特色。笔者认为,义宁陈氏家族的文化特色即在于:凛凛风骨爱家国;与时俱进行维新;崇尚独立与自由。

(一)凛凛风骨爱家国

考究义宁陈氏家族史,不难看出,这个家族有一种傲然的风骨和凛凛的正气,或称一种精神。而义宁陈氏家族这种精神的基础则是爱国、爱家。

自陈公元于清雍正八年携家人播迁至江西宁州后,这个家族在第二代即走上富裕道路,此后便一直急公好义、广行善事,且代代相传而从不稍减,诸如修桥补路、捐款赈灾、资助办学等,不一而足。所有这些,既体现了义宁陈氏家族推己爱人的风格,也体现了这个家族倾心爱国的博大胸怀。

太平军起事后,陈宝箴的父亲陈伟琳不顾年事已高和体弱多病,率诸子创办团练,维护一方百姓的安定。而其子陈宝箴年方弱冠,即遵从父亲所嘱,襄赞父兄,训练乡勇。

1894年夏,中日甲午战争爆发,时陈宝箴正在湖北按察使任上,他虽然身在内地,却心系时局,关注战事,待他就任直隶布政使兼任粮台后,更为战事出钱出力而不遗余力。光绪帝召见时,他便详尽地陈述了应对当前战事的策略。觐见翌日,他又条分缕析了京畿防备的诸项事宜——《觐奏兵事十六条》,其内容包括"固畿辅""择军将""严津防""简军实""筹急款"等项。战争失败后,清廷派李鸿章与日本议和,并在日本马关春帆楼签订了《马关条约》,内容包括割让台湾、澎湖等岛屿。消息传来,国人震惊,陈宝箴悲痛难抑,失声痛哭道:"无以为国矣。"中国战败后,陈氏父子皆痛心疾首,立志维新救国,于是也就有了后来的湖南新政。

陈宝箴的长子陈三立,虽然为官时间不长,却也有一种蔑视权贵的风骨。后来,他因看不惯官场的腐败与黑暗,毅然辞职回乡襄赞其父在湖南推行新政,引进新人,实行改革,张扬新学,多有建树。此外,陈三立还以才学、诗名和政绩闻名天下,与谭嗣同、吴保初、丁惠康一起在当时被誉为

"四公子"。即使在湖南新政失败后,陈宝箴、陈三立父子仍然心系天下苍生,为社会公益事业而努力奔波。1937年7月底,北平沦陷于日寇之手。此时,身在北平的陈三立已至暮年,闻讯后情绪不佳,身体状况更是急转直下,终至卧床不起。亲戚来探望时,总说些中国打了胜仗的"好"消息,他前几日听到打胜仗的消息时还稍感欣慰,后来当发现这是哄他多进点饮食的善意谎言时,即不肯再进食服药。即使弥留之际,他仍忧心外界战事,问儿子陈寅恪:"外传马厂之捷确否?"最后拒服药食而逝。对于陈三立的去世,学者汪荣祖称赞道:"三立之死更象征老一代的凋零,随风而逝,永不会再有如此人物。"

陈宝箴在任湖南巡抚后,成为朝廷倚重的封疆大员,但他多次告诫儿孙们努力向学,不积蓄金钱,不坐商行贾。尤其难能可贵的是,陈宝箴在走上仕途后,历任多职,为官数十年,始终如一日地以振兴一方为己任,为官清正廉洁,两袖清风,以致在维新失败遭到罢官后连置办房产的余钱都拿不出来。

陈衡恪48岁去世时,梁启超无比沉痛地说:"师曾之死,其影响于中国艺术界者,殆甚于日本之大地震。地震之所损失,不过物质,而此损失,乃为无可补偿之精神。"

这样的家风,这样的精神,怎能不令人神往!

(二)与时俱进行维新

义宁陈氏家族原本生活于福建汀州,自迁居到江西义宁后,能因地制宜地发展生产,搞活经济。在走上富裕道路后,又一心向善,潜心于学,以适应家族日益发展的新要求。陈宝箴走上仕途后,虽未走出国门一步,但他在为官之余,对西学多有涉猎,并深深地体会到学习西方先进思想和科学技术的重要性,特别是他在担任湖南巡抚后,积极在湘省推行新政,发展实业,搞活经济,改变了湘省的风气,使湖南的面貌焕然一新。陈宝箴的雄才大略虽然未得完全展露,但其雄魄和气度,却为当时各省督抚所仅见。这种胸怀天下、以解救天下苍生为己任的精神更是为人所敬。

父子同心,子承父志,陈三立与其父陈宝箴一样有着与时俱进的宽广胸怀,积极襄赞其父推行维新变法。湖南新政失败后,陈三立虽然在诗中自称为"神州袖手人",但仍然关心时局,推行善举,造福桑梓。

陈三立诸子皆年少好学,受家风浸染,承其家学,并打下深厚的国学根基。除陈方恪未走出国门外,衡恪、隆恪、寅恪、登恪皆出洋留学,将外国新知识收入囊中,为己所用,并在各自领域里成就非凡,为世人所钦仰。义宁陈家除陈三立诸子出洋留学外,其堂侄辈还有陈荣恪等5人先后都走出国门,留学国外,其中成就最突出者为陈衡恪、陈寅恪兄弟。陈衡恪从日本归国后,将西方绘画技法与中国传统绘画技术相结合,成为当时最具影响的绘画大师。而其弟陈寅恪先后到日本、美国、德国等国留学,前后20余年,精通十余种语言,成为中国近现代学术史上的传奇式人物。

到陈衡恪之子陈封怀这一辈时,他们虽然也继承家学并打下了良好的国学基础,但为了祖国建设的需要,适应时代发展的要求,基本上都改学文科为理学,尤其是陈封怀在出洋留学归来后,还因成就突出而被评为科学院院士。

这样的气度,这样的胸襟,怎能不令人神往!

(三)崇尚独立与自由

义宁陈氏家族成员虽然都饱读诗书,国学根基扎实,却都不因循守旧,而是眼光开阔、胸怀宽广,这不仅体现在精神上,也体现于学术研究上。陈氏家族崇尚独立与自由的精神集中体现在一代史学大师陈寅恪身上。

如今,陈寅恪甚至成为某种文化符号。学问以外,这恐怕与他赞誉王国维的"独立之精神,自由之思想"不无关系。

有人称,在众多的忆文中,可以发现两个不同的陈寅恪。有些人着意于挖掘他作为历史研究者在学术上的意义;另一些以思想、政治、文化为视角对他进行描摹和想象,将他看作思想史或政治史上的象征性人物。对此,著名学者葛兆光就说:"如果一个人的学术研究很差,恐怕他再有独立之精神、自由之思想,大家也不会把他当成象征性的人物。陈寅恪作为学者,学术研究的伟大成就,支持了他作为思想者的影响力和公信力。"

的确,陈寅恪是现当代文化史绕不过去的重要人物,他贯通中西的渊博学识,卓尔不群的学人风骨,以及杰出的学术成就,可称举世无双。更令人叹为观止的是,陈寅恪这座高峰,则是拔起于义宁家族的群峰之中,如果翻开新编《辞海》,陈宝箴、陈三立、陈衡恪、陈寅恪四人分立条目,一家祖孙三代4人享此殊荣者,《辞海》中也仅此一家。

王国维纪念碑在清华园落成之时,陈寅恪应约撰写碑文。其文可谓字字珠玑:

士之读书治学,盖将以脱心志于俗谛之桎梏,真理因得以发扬。思想而不自由,毋宁死耳。斯古今仁圣所同殉之精义,夫岂庸鄙之敢望。先生以一死见其独立自由之意志,非所论于一人之恩怨,一姓之兴亡。呜呼!树兹石于讲舍,系哀思而不忘。表哲人之奇节,诉真宰之茫茫。来世不可知者也,先生之著述,或有时而不章。先生之学说,或有时而可商。惟此独立之精神,自由之思想,历千万祀,与天壤而同久,共三光而永光。

透过王国维先生身后那块沉重的石碑,我们看到了中华文化的绵延薪火,它集中展现了中国传统文化的精义和个体的人格风范。"我要为学术争自由。我自从作王国维纪念碑文时,即持学术自由之宗旨,历二十余年而不变。"陈寅恪义正词严地说这番话的时候,二十余年的光阴倏忽闪回,一瞬间他又回到了清华园。新旧两个时代,对于他来说,都在自由和独立的追求中转换。

陈寅恪的学术精神和崇高人格,还集中地体现在他与弟子汪篯的一次正式长谈。陈寅恪口述、汪篯记录的《对科学院的答复》,结构严谨,通篇闪耀着自由思想和独立精神的光辉。可以想象得到,一个饱经沧桑的历史学家在秉笔直书时的壮烈情怀!

陈寅恪去世后,其墓地多年一直未能落实。直到2003年,他才与爱妻唐筼合葬于江西庐山植物园。墓地的前面立有一块巨石,上面刻着:"独立之精神,自由之思想!"

独立精神和自由意志是必须争的,且须以生死力争。正如他为王国维所写的碑文那样:"思想而不自由,毋宁死耳。斯古今仁圣所同殉之精义,夫岂庸鄙之敢望。"

这就是一代史学大师陈寅恪的精神与思想的丰碑!

参考书目

[1]《图说义宁陈氏》,陈小从著,山东画报出版社,2004年第1版。

[2]《齐白石回忆录》,齐白石著,东方出版社,2012年第1版。

[3]《遗老与遗少》,焦静宜著,国际文化出版公司,1994年第1版。

[4]《陈宝箴与湖南新政》,刘梦溪著,故宫出版社,2012年第1版。

[5]《陈寅恪家世》,叶绍荣著,花城出版社,2001年第1版。

[6]《文史资料选辑》第87期,中国人民政治协商会议全国委员会文史资料研究会编,中国文史出版社,1987年第1版。

[7]《纪念陈寅恪先生百年诞辰学术论文集》,王永兴编,江西教育出版社,1994年第1版。

[8]《纪念陈寅恪先生诞辰百年学术论文集》,北京大学中国中古史研究中心编,北京大学出版社,1989年第1版。

[9]《陈三立》,刘纳编著,中国文史出版社,1998年第1版。

[10]《追忆陈寅恪》,张杰、杨燕丽编,社会科学文献出版社,1999年第1版。

[11]《曾国藩家事》,田树德著,江西人民出版社,2008年第1版。

[12]《寂寞陈寅恪》,刘斌等编著,华文出版社,2007年第1版。

[13]《学界泰斗陈寅恪》,王川著,广东人民出版社,2006年第1版。

[14]《一代宗师陈三立》,胡迎建著,江西高校出版社,2005年第1版。

[15]《史家陈寅恪传》,汪荣祖著,北京大学出版社,2005年第1版。

[16]《散原精舍诗文集补编》,陈三立著,潘益民、李开军辑注,江西人民出版社,2007年第1版。

[17]《陈衡恪诗文集》,陈衡恪著,刘经富辑注,江西人民出版社,2009年第1版。

[18]《同照阁诗集》,陈隆恪著,张求会整理,中华书局,2007年第1版。

[19]《陈方恪先生编年辑事》,潘益民著,中国工人出版社,2005年第1版。

[20]《陈方恪诗词集》,潘益民辑注,江西人民出版社,2007年第1版。

[21]《陈方恪年谱》,潘益民、潘蕤著,江西人民出版社,2007年第1版。

[22]《一门四杰——陈宝箴、陈三立、陈衡恪、陈寅恪史料》(江西省文史资料第52辑),江西省政协文史委员会、修水县政协文史委员会合编,1994年。

[23]《陈寅恪先生编年事辑》,蒋天枢撰,上海古籍出版社,1997年第1版。

[24]《陈寅恪的最后二十年》,陆键东著,生活·读书·新知三联书店,2013年第1版。

[25]《陈三立一家与庐山》,刘经富著,作家出版社,2001年第1版。

[26]《义宁陈氏与庐山》,刘经富著,中国文史出版社,2004年第1版。

[27]《学术的双峰》,荆竹著,宁夏人民出版社,2008年第1版。

[28]《陈师曾印谱》,荣宝斋出版社,1988年第1版。

[29]《竺可桢与陈寅恪:科学巨匠与史学大师的交往》,张荣明著,漓江出版社,2013年第1版。

[30]《陈师曾》,俞剑华著,上海人民美术出版社,1981年第1版。

[31]《陈三立年谱》,马卫中、董俊钰著,苏州大学出版社,2010年第1版。

[32]《现代性视野中的陈三立》,杨剑锋著,中国社会科学出版社,2001年第1版。

[33]《根在中原:闽台大姓氏探源》,尹全海、孙炜主编,九州出版社,2013年第1版。

[34]《花随人圣庵摭忆》,黄濬著,上海书店出版社,1998年第1版。

[35]《寒柳堂集》,陈寅恪著,上海古籍出版社,1980年第1版。

[36]《晚清淮系集团研究——淮军淮将和李鸿章》,陆方、李之渤著,东北师范大学出版社,1993年第1版。

[37]《陈宝箴集》(上、中、下),陈宝箴著,汪叔子、张求会编,中华书局,2003年第1版。

[38]《陈寅恪与中国文化》,刘克敌著,上海人民出版社,1999年第1版。

[39]《陈寅恪家族稀见史料探微》,刘经富著,中华书局,2013年第1版。

[40]《陈寅恪先生年谱长编(初稿)》,卞僧慧纂,卞学洛整理,中华书局,2010年第1版。

[41]《也同欢乐也同愁:忆父亲陈寅恪母亲唐篔》,陈流求、陈小彭、陈美延著,生活·读书·新知三联书店,2010年第1版。

[42]《一代宗师陈寅恪:兼及陈氏一门》,刘以焕著,重庆出版社,2001年第1版。

[43]《寻访大师——江西历史文化巨匠之生命与生活的探寻》,郑晓江著,二十一世纪出版社,2012年第1版。

[44]《中国书法名鉴》,铃木洋保、云野隆之、菅野智明著,王丹丹译,山东画报出版社,2012年第1版。

[45]《义门陈文史考》,陈月海主编,江西人民出版社,2006年第1版。

[46]《义门陈文史续考》,陈月海、陈刚编,江西人民出版社,2011年第1版。

[47]《民初"文化遗民"研究》,罗惠晋著,武汉大学出版社,2011年第1版。

后 记

本书是在我未出版的、六十万字的《义宁陈氏家族的一个半世纪》一书的基础上,经过重新整合而另行成书的。这两本书都以义宁陈氏家族为主,但写作主旨、内容以及承载容量各不相同:一为纪实写史,翔实有据;一为据史兼评,取舍有度,并融入自己的观点。

《义宁陈氏家族的一个半世纪》一书,从义宁陈氏家族发迹人陈宝箴中举写起,到陈氏家族最后一位大师级人物陈封怀先生去世止,历经四代,约一个半世纪。其中心内容中是通过义宁陈氏文化世家这一个案,集中反映中国从第一次鸦片战争起到20世纪末的150年间的历史,透视出中国几代学人在历史巨变中所经历的种种艰难遭遇,反映中国社会以及中国文化在新旧交替时代的演变进化历程。

晚清以降,江西义宁陈氏家族名播天下,称得是一个响当当的文化世家。但在新中国成立后的数十年间,由于种种原因,陈氏家族几被湮没而在社会上默默无闻。直到改革开放之后,随着文化热的回归与高涨,义宁陈氏家族及其成员,才得以在世人面前重新"亮相"。特别是陆键东先生的《陈寅恪的最后二十年》出版后,学术界对义宁陈氏家族的反响更为强烈,尘封多年的陈寅恪也成了焦点人物,不但引起了学术界的高度重视,而且逐步由学术界走向了大众。

早些年我在南京师范大学、南京大学读书期间,就对陈寅恪先生的著述和其人其事颇感兴趣。后来,《陈寅恪集》由生活·读书·新知三联书店推出。他的著作首先与读者见面的是《柳如是别传》,首印一万册,在短短数月间即销售一空。"陈寅恪热"丝毫未见消退。前几年,陈寅恪的三个已是耄耋之年的女儿,又出版了她们回忆双亲的《也同欢乐也同愁:忆父亲陈寅恪母亲唐筼》一书,以她们亲历亲闻的珍贵记忆,向世人打开了陈寅恪、唐筼夫妇那些鲜为人知的一桢"秘窗",在社会上又引起了很大的反响。

毫不讳言,在义宁陈氏家族中,我最佩服的是陈寅恪先生;而在诸多现代学人当中,陈寅恪先生也是我最喜爱者之一。原因何在？先生不独年高德劭,著述闳富,潜心于学,孜孜以求,又实可为人之则,为世楷模。我这个还算爱书的晚生后辈,向往之余,不免又多了几分的敬重。

近些年来,对传统文化和文化家族的研究颇为流行。为了更好地解读中国现代文化家族的传承及其对世人的启示,郑州大学出版社适时隆重推出"中国现代文化世家丛书",负责这套丛书的骆玉安先生,将义宁陈氏家族的撰写工作嘱我承担。基于对义宁陈氏家族的钦佩之情和一腔热忱,我不揣浅陋地应承了下来。但虑及自己才疏学浅,故而又殊感不安。接到撰写工作时,虽然我撰写的《义宁陈氏家族的一个半世纪》一书已近过半,但本着阅读、学习、研究和撰写的基本原则,一边继续学习,一边深入研究,继而整理撰写,并在这些年对义宁陈氏家族文化研究的基础上,将陈氏家族的传承脉络及其形成缘由完整地呈现出来,对义宁陈氏家族的文化基因、积淀原因及其传承成因等方面,又进行了认真的研究和探索,从中梳理,终于草成此稿。

在撰写本书期间,我曾采访了一些知情者和专家学者,尽管经过多次修改,但由于学力有限,错误仍可能存在,甚望有关专家学者和文史爱好者指正。最后,乘本书付梓之际,谨向我素来尊重的义宁陈氏家族的学人表达一份真挚的敬意,并向郑州大学出版社的骆玉安先生以及对此书付出辛劳的责任编辑表示由衷的谢意！

苏克勤
2015年10月于南京